教育部人文社会科学重点研究基地
中山大学中国非物质文化遗产研究中心成果

非物质文化遗产研究丛书

宋俊华 ◎ 主编

晋中国家级文化生态保护实验区非遗传承与保护实践

钱永平 ◎ 著

·广州·

版权所有　翻印必究

图书在版编目（CIP）数据

晋中国家级文化生态保护实验区非遗传承与保护实践/钱永平著 .—广州：中山大学出版社，2019.12

（非物质文化遗产研究丛书/宋俊华主编）

ISBN 978-7-306-06778-4

Ⅰ. ①晋… Ⅱ. ①钱… Ⅲ. 非物质文化遗产—研究—晋中 Ⅳ. ①G127.253

中国版本图书馆 CIP 数据核字（2019）第 265357 号

Jinzhong Guojiaji Wenhua Shengtai Baohu Shiyanqu Feiyi Chuancheng Yu Baohu Shijian

出 版 人：	王天琪
责任编辑：	罗雪梅
封面设计：	曾　斌
责任校对：	井思源
责任技编：	何雅涛
出版发行：	中山大学出版社
电　　话：	编辑部 020-84111996，84113349，84111997，84110779
	发行部 020-84111998，84111981，84111160
地　　址：	广州市新港西路 135 号
邮　　编：	510275　　　传　真：020-84036565
网　　址：	http://www.zsup.com.cn　E-mail:zdcbs@mail.sysu.edu.cn
印　刷　者：	广州一龙印刷有限公司
规　　格：	787mm×1092mm　1/16　14 印张　272 千字
版次印次：	2019 年 12 月第 1 版　2019 年 12 月第 1 次印刷
定　　价：	48.00 元

如发现本书因印装质量影响阅读，请与出版社发行部联系调换

教育部人文社会科学重点研究基地中山大学中国非物质文化遗产研究中心成果

晋中学院山西省"1331工程"优势特色学科——社会学研究成果

非物质文化遗产保护研究的学科独立（代序）

21世纪初联合国教科文组织全面开展的全球性非物质文化遗产保护，对传统文化和学术生态都产生了重大影响。一方面，国家的、族群的、地区的、社区的传统文化正在以新的符号形态被人们所认知、重塑，许多人们习以为常的传统生产和生活技能、经验、知识、习俗和仪式等正在被一种新的概念符号——"非物质文化遗产"所统称，与1972年联合国教科文组织所启动的物质遗产保护相呼应，"文化遗产"正成为新世纪的一个主流词语，"遗产时代"已经正式开启。另一方面，与传统文化一样，学术生态也在经历一个重塑的过程，从"文化遗产""非物质文化遗产"保护视角开展的学术研究和学科建设正在兴起，关于人类生产和生活技能、经验、知识、习俗和仪式的某一侧面、某一领域特殊性的传统研究和传统学科，正在以一种新的面貌进入人们的视野。

从认识论来看，人类对事物的认识要经历从整体到部分再到整体不断循环递进的过程。"非物质文化遗产学"在21世纪的兴起，正是人类学术研究和学科建设从关注"特殊性"部分到关注"普遍性"整体转变的一个体现。非物质文化遗产所涵盖的对象如民间文学、传统戏剧、传统音乐、传统美术、传统技艺、传统曲艺、传统体育、游艺和杂技、传统医药、民俗等，曾经被作为文学、戏剧学、音乐学、美术学、工艺学、曲艺学、体育学、医学、民俗学以及人类学、民族学、历史学等学科的特殊对象，也是这些学科之所以独立的基础。"非物质文化遗产学"的提出，正在改变这些传统学科的现有格局，推动人们关注这些学科对象背后的一些普遍性问题，即这些学科对象所指的传统文化是如何被当下特定国家、族群、地区、社区、群体乃至个人视为其文化遗产的，如何传承和传播的，以及如何保护和发展的。对这些问题的解决，不是依靠一个短期的社会运动所能完成的，而是需要一个长期、持续的理论研究和科学实践才能实现。这就是非物质文化遗产学之所以兴起、发展的一个主要原因。

联合国教科文组织的《保护非物质文化遗产公约》把非物质文化遗产的保护界

定为"采取各种措施，确保非物质文化遗产生命力"，保护措施包括"确认、立档、研究、保存、保护、宣传、弘扬、传承（特别是通过正规和非正规教育）和振兴"。可见，让非物质文化遗产"活着"，是非物质文化遗产保护的核心所在，所有保护措施都要围绕这个核心来实施。在过去十多年间，联合国教科文组织和我国政府在非物质文化遗产保护中所采取的措施，主要可分为两类：一类是宣传性措施，如确认、研究、宣传、弘扬等，主要以评审、公布各种非物质文化遗产名录为代表，如"人类非物质文化遗产代表作名录""急需保护的非物质文化遗产名录""非物质文化遗产优秀实践名册""国家级非物质文化遗产代表性项目名录""国家级非物质文化遗产项目代表性传承人名录"等。另一类是行动性措施，如立档、保存、传承、振兴等，主要以开展普查，建立档案馆、数据库、传习所，开展传承教育、生产实践等为代表；在中国集中表现为"抢救性保护""生产性保护""整体性保护"等实践探索。无论是对非物质文化遗产生命力的理解，还是对非物质文化遗产保护宣传性措施、行动性措施的执行，都要以学科建设为基础。传统学科如文学、戏剧学、音乐学等主要研究非物质文化遗产的对象是什么、有什么发展规律等问题，而对非物质文化遗产生命力是什么、如何保护等问题却关注较少。后两个问题正是非物质文化遗产学要解决的问题，也是非物质文化遗产保护从宣传性措施向行动性措施转换的重要基础。一言概之，传统学科重在"解释世界"，非物质文化遗产学不仅要"解释世界"，而且要试图"保护世界"。

无论是解释这个非物质文化遗产所构成的"世界"，还是要保护它，我们都要面对许多新的问题。如非物质文化遗产保护工作要求的统一性与非物质文化遗产客观存在的多样性的关系问题：一方面，非物质文化遗产是在具体的社区、群体和个体的生产、生活实践中形成并传承的活态文化传统，社区、群体和个体及其生产、生活实践的差异性，自然造成了非物质文化遗产的多样性存在。非物质文化遗产保护就是要承认每种具体非物质文化遗产存在的合法性，并为其多样性存在提供保护。另一方面，非物质文化遗产保护的概念和规则，要求在多样性存在的非物质文化遗产中建立一种统一性或普遍性，而这对非物质文化遗产的多样性存在造成新的干预和规范。这类问题是非物质文化遗产保护中的一个本体性问题，也是只有非物质文化遗产学才能直接面对的问题。又如，非物质文化遗产的"本真性"问题，也是在非物质文化遗产保护中不断被凸显出来的问题。外来访问者往往比本地所有者更加关心这个问题。对外来访问者而言，认识、研究和保护一个特定社区、群体或个人的非物质文化遗产，不能离开"本真性"标准，他们中有些人甚至固执地认为这个"本真性"标准是绝对的、静止的，是不能改变的。事实上，特定社区、群体或个人对其日常生产、生活中从事的非物质文化遗产实践，往往是以能否满足其即时的生产和生活需要为衡量准则的，所以，在他们眼中，非物质文化遗产若能够满足他们即时的生产和生活需要，就有本真性，否则，就没有本真性，绝对的、静止的非物质文化遗产本真性是不存在的。那么，非物质文化遗产保护如何协调外来访问者与本地所有者关于"本真性"认识的不同，建立一个涵盖外来访问者与本地所有者共同认可的"本真性"，也是只有非物质文化遗产学才能真正回答的问题。再如，非物质文化遗产保护中的"抢救性保护""生产性保护""整体性保护"等实践探索，要真正转变为一种普遍性的范式和理论，也只有通过非物质文化遗产学才能实现。此外，非物质文化遗产保护对国家和地区来说，往往与国家和地区的政治、经济和文化发展战略等相联系，这方面的深入和系统研究，也有赖于非物质文化遗产学的发展。

正是基于对非物质文化遗产保护形势与问题的科学认识，基于对传统学科转型和非物质文化遗产学科独立的准确判断，中山大学中国非物质文化遗产研究中心近十五年来，一直致力于非物质文化遗产保护研究和学科理论建设工作。我们除了每年编撰出版《中国非物质文化遗产保护发展报告》（蓝皮书）外，还陆续编撰出版了"岭南濒危剧种研究丛书""中国非物质文化遗产研究丛书"等，这次出版的"非物质文化遗产保护丛书"是上述丛书的延续。我们将按照非物质文化遗产保护理论、非物质文化遗产保护案例、非物质文化遗产保护学术交流等专题进行编撰出版，在推动我国非物质文化遗产学科建设的同时，为弘扬中华民族传统优秀文化、促进我国非物质文化遗产的传承发展提供学术支持。

宋俊华
中山大学中国非物质文化遗产研究中心
2018年2月10日

目 录

引 言

第一章 山西非遗与文化生态保护实验区研究现状

第一节 山西非遗保护研究现状 / 1

第二节 文化生态保护实验区研究现状 / 15

第二章 晋中国家级文化生态保护实验区文化生态内涵

第一节 晋中传统和民间文化生态的整体性维度 / 26

第二节 晋中国家级文化生态保护实验区文化生态特征 / 35

第三节 晋中国家级文化生态保护实验区建设情况 / 42

第三章 晋中国家级文化生态保护实验区非遗传承实践经验

第一节 晋中传统医药类非遗世代相传的成功经验与启示
　　　——以平遥道虎壁王氏中医妇科为例 / 56

第二节 文化产业视角下的非遗生产性保护实践的晋中经验
　　　——以"灵尚刺绣"为例 / 65

第三节 非遗视野下的民间艺人
　　　——以祁县农村"跑事筵"艺人为例 / 76

第四章 晋中国家级文化生态保护实验区非遗保护实践经验

第一节 社区参与视角下的地方政府非遗保护实践
　　　——以祁县文旅局为例 / 87

第二节 晋中非遗的正规教育实践与经验 / 98

第三节 晋中企业的非遗生产性保护实践

　　　　——以太谷县广誉远国药有限公司为例 / 108

　　第四节　晋中非遗"博物馆式"静态展示分析 / 116

第五章　晋中非遗旅游开发实践

　　第一节　晋中非遗旅游发展现状 / 126

　　第二节　文化创意+体验互动的晋中非遗旅游发展策略 / 142

第六章　新型城镇化背景下的非遗传承与保护

　　第一节　非遗：建设新型城镇的文化力量 / 150

　　第二节　城镇化进程对非遗传承的影响 / 158

　　第三节　新型城镇化进程中的非遗保护策略和路径 / 167

第七章　迈向可持续发展的非遗整体性保护

　　第一节　可持续发展：非遗保护新方向 / 180

　　第二节　基于可持续发展理念的非遗整体性保护管理 / 191

参考文献

后　记

引　言

在国际社会，以国际法形式展开的非物质文化遗产保护晚于物质遗产保护30年，但发展迅速，各国政府在非遗保护方面的力度日益增强，非遗保护正成为国家及其民众的一项公共社会责任。在我国，通过非遗保护，公众对传统文化的尊重意识在逐渐加强，对非遗越来越感兴趣。十九大后，党和政府对传统文化的重视，使非遗保护成为各级政府文化工作的重点。作为历史悠久的内陆省份，山西省拥有丰富的非遗资源，为使这些非遗世代传承下去，山西省各方力量为之付出了不懈努力。2010年，文化部[①]批准在山西设立晋中国家级文化生态保护实验区（以下简称"保护区"），对该区非遗实施整体性保护。从区域上讲，保护区涵盖三个行政区，晋中市所辖11个县市区、吕梁市所辖4个县市、太原市所辖2区2县，总面积2.3万平方千米，人口600多万。作为山西非遗整体性保护的重要载体，保护区内各县非遗保护工作正在陆续展开，建成非遗展示馆或综合传习中心，利用传统节庆、文化遗产日、文化活动月（季）等特殊时间举办各类非遗展演，这些都彰显了晋中基层社会在非遗保护方面所做的努力。该保护区近十年在非遗传承与保护方面的相关研究、优秀实践和成功经验值得梳理与总结，对推动山西非遗传承与保护，丰富山西非遗研究成果有着积极意义。

---

① 2018年3月，根据国务院关于提请第十三届全国人大一次会议审议的国务院机构改革方案的议案，文化部与国家旅游局合并成立文化和旅游部，下文根据具体时间使用称谓。

第一章　山西非遗与文化生态保护实验区研究现状

第一节　山西非遗保护研究现状

随着我国非物质文化遗产（以下简称"非遗"）保护实践的不断推进，传承在各地的非遗个案、非遗概念、非遗保护价值、非遗保护原则、保护措施等都得到深入探讨。运用艺术学、民俗学、人类学和中医学等学科理论，研究者对传承在山西各地的非遗进行了多角度研究，积累了丰富成果。在兼顾这些传统学科研究成果的基础上，本章重点梳理了2003年至今公开发表的关于山西非遗保护和传承方面的研究成果。研究文献源于两个部分，第一部分是近年出版的相关图书，第二部分是中国知网和万方数据库收录的各类相关论文。

一、山西非遗保护总体现状研究

在宏观研究方面，张明亮从非遗普查、项目名录、传承人认定、文化生态保护区建设、生产性保护、社会影响六个方面回顾了山西省各级政府2010年之前的非遗保护工作历程和成果[1]，这使我们对山西非遗保护有了一个总体了解。聂元龙对山西民俗类非遗的特征进行了总结，分析了目前山西民俗类非遗遭遇的困境和保护方面的成功案例，认为地方文化自觉意识的缺失是非遗濒危的原因之一。[2] 王禾奕的硕士论文在分析山西古村镇非遗传承状况时，为我们提供了很多值得思考的案

---

[1] 张明亮. 耕耘在"非遗"的田野上——山西省非物质文化遗产保护工作回顾与展望 [N]. 山西日报, 2010 - 06 - 21 (C01).
[2] 聂元龙. 山西民俗文化资源与非物质文化遗产保护 [J]. 山西社会主义学院学报, 2010 (1): 74 - 80.

例。① 牛晓珉的硕士论文从认定级别、地区分布、非遗类别三个方面对山西非遗传承人进行了统计分析，阐述了山西非遗传承人的生存现状，并根据不同非遗的状况提出保护传承人的策略建议。② 这一研究与其另一著作《山西省国家级非物质文化遗产代表性传承人访谈录》（2009）以及李岗的《"梅花"访谈录》，为我们进一步研究山西非遗传承人的情况积累了重要的前期成果。

在非遗保护措施、保护方式方面，对非遗项目展开多种形式的记录是最基础的保护工作。有的研究以祁县"扳不倒"为案例，对非遗的影像记录进行了初步研究。③ 有的研究则讨论了数字信息技术对山西剪纸记录、推广和传播的应用效果和前景。④ 非遗传承与旅游发展的关系则是研究热点，王凤丽提出发展非遗旅游的四种模式：博物馆模式、文化生态园模式、主题公园模式和节庆活动模式。⑤ 就不同社会主体参与非遗传承与保护的研究而言，有周曼曼对山西民众参与民族体育活动现状的探讨。⑥

近年来，山西各级政府部门出版的《山西省国家级非物质文化遗产项目名录》（张明亮，2009）、《吕梁市非物质文化遗产荟萃》（杜旭华等，2010）、《长治市非物质文化遗产面面观》（王云亭，2011）、《太原市非物质文化遗产名录图典》（2013）、《太原市非物质遗产代表性传承人名录图典》（2014）、《晋中市非物质文化遗产名录图典》（2017）等图书，是我们进一步研究山西非遗的基础文献。此外，面向大众推广和弘扬山西非遗的图书⑦也日益丰富起来，更多研究是从十大类非遗切入展开的。

二、对山西十大类非遗传承与保护的研究

（一）文化变迁视角下的传统戏剧类非遗研究

从保护视角审视山西戏剧当下的传承状态，研究者会敏锐地意识到戏曲剧种、戏曲民俗正在发生的变化。刘文峰对长治贾村赛社进行了整体性研究，指出长治潞

---

① 王禾奕. 汾河流域古村镇非物质文化遗产的保护与利用 [D]. 太原：山西大学，2014.
② 牛晓珉. 山西非物质文化遗产传承人生存现状及保护策略研究 [D]. 太原：山西大学，2011.
③ 郭妮丽. 新媒体影像在非物质文化遗产保护中的作用 [D]. 太原：山西大学，2012.
④ 胡少杰. 山西民间剪纸艺术数字化在线创新研究 [D]. 北京：北京工业大学，2012.
⑤ 王凤丽. 非物质文化遗产的旅游开发研究 [D]. 武汉：华中师范大学，2008.
⑥ 周曼曼. 山西省大众参与民族传统体育的现状研究 [D]. 临汾：山西师范大学，2009.
⑦ 冯俊杰，王志峰. 平遥纱阁戏人 [M]. 太原：山西古籍出版社，2005.
　　马立明. 晋风：山西省非物质文化遗产精粹 [M]. 太原：山西人民出版社，2009.
　　李敢峰，杨继兴. 峨口挠阁 [M]. 太原：山西人民出版社，2009.
　　廉振华. 中国侯马皮影 [M]. 太原：山西教育出版社，2009.
　　张多堂，张栋. 中国广灵剪纸 [M]. 太原：山西教育出版社，2009.

城县贾村赛社在表演时间、赛社形态、文化空间、经济运作模式、参与者身份五个方面正发生变化,认为应该保护贾村赛社的文化空间、传承人,同时思考赛社与经济的关系。① 王学峰的博士论文《贾村赛社及其戏剧活动研究》全面考察了贾村赛社祭祀格局及其戏剧形态的变化,推动我们重新认识戏剧命运与其赖以生存的赛社文化肌体之间的内在关系。②

有研究者专门研究了流传范围很小的祁县温曲武秧歌,指出它是一种源自地方的集音乐、舞蹈和武术为一体的文化表现形式,论证了其历史、社会文化和美学方面的独特非遗价值。③ 而黄旭涛把对晋中民间小戏——祁太秧歌的研究重点放在了其口头程式特征、表演场域、地方文化意义生成的民俗学阐释上,得出传统文化的意义与地方性知识息息相关,民众对社区历史的集体记忆和情感评价,是祁太秧歌在社区内稳定传承的重要原因。④

郭士星就戏剧保护手段提出保剧种、保剧团、保剧目、保人才、保资料的措施,在此基础上,对戏剧创新表达了自己的看法。⑤ 刘兴利的博士论文《山西北路梆子研究》从戏剧学角度讨论了北路梆子的生成历史、地域传播、演艺团体、声腔、角色行当、舞台演出等戏剧表现形态,对当下北路梆子的国有、民营剧团的演艺现状进行了考察,从院团体制、品牌塑造、人才培养、市场管理等方面提出保护建议。⑥ 路畅分析了不同时期山西长治上党梆子演艺人员的培养机制,结合当下社会语境,从观众培养、政府作为、弘扬传播、人才培养方面提出振兴上党梆子的方式。⑦

值得一提的是,着眼于戏剧命运,黄竹三分析了山西戏剧正面临剧团锐减、剧种濒危、市场萧条、艺术水平降低、艺人社会地位较低等困境,就这些困境有针对性地提出保护的建议策略,除加大戏剧记录、研究的力度外,作者特别提道:"把有特色的濒危剧种艺术嫁接到其他剧种中。艺术特色的移用,在某种意义上说,也是濒危剧种生命的延续。"⑧ 这是中肯并切中实际的非遗观点,因为这一方式是确

---

① 刘文峰,王学锋. 从贾村赛社的变化看非物质文化遗产的保护 [J]. 中南民族大学学报(人文社会科学版),2009(3):5-7.
② 王学锋. 贾村赛社及其戏剧活动研究 [D]. 北京:中国艺术研究院,2007.
③ 高海燕. 多维视角下的温曲武秧歌 [J]. 中央民族大学学报(哲学社会科学版),2011(4):93-97.
④ 黄旭涛. 民间小戏表演传统的田野考察——以祁太秧歌为个案 [M]. 北京:知识产权出版社,2013.
⑤ 郭士星. 也谈戏曲的保护与创新 [J]. 中国戏剧,2007(6):46-48.
⑥ 刘兴利. 山西北路梆子研究 [D]. 临汾:山西师范大学,2012.
⑦ 路畅. 民间戏曲的传承与保护问题——基于上党梆子的调查分析 [J]. 文艺研究,2013(1):102-109.
⑧ 黄竹三. 特色濒危剧种生存对策之我见——以山西地方小戏为案例探讨 [J]. 文化遗产,2011(2):14-17+157.

保非遗生命力的关键点,与戏剧从业人员"移步不换形"的艺术创造力有密切关系,也是最难成功的一点。而其他艺术形式也可以移用到戏曲表演中,他的学生兼同仁孔美艳在实地考察晋南民间丧葬仪式中的戏剧表演时就发现,当地民间戏曲表演者会根据情况灵活地混入流行音乐元素进行表演,她认为这是当代戏曲发展的一个可值得探索之处。① 二者表达的观点异曲同工,有待更为深入的阐释。这也表明,从山西戏剧实际演出情况中提炼出适用于本地戏剧的非遗保护观点还有着广泛的研究空间。

除此以外,大同碓臼沟秧歌、介休干调秧歌、孝义碗碗腔、壶关秧歌、朔州大秧歌、"二人台"、夏县蛤蟆嗡、皮影戏及木偶戏等山西地方戏的传承与保护都是戏剧学、民俗学、人类学的研究案例。② 研究者运用不同学科理论对山西传统戏剧进行梳理和分析,实质上也是在做传统戏剧保存记录性质的阶段性工作。

(二)艺术民俗学特色鲜明的传统音乐类非遗研究

针对山西各类传统音乐如河曲民歌的语言特色、演唱特色、当代发展现状及其民俗意蕴,都出现了专门的研究。③ 段友文分析了山西河曲民歌和左权民歌的传承机制和保护模式,提出河曲民歌整体性保护模式和左权民歌"娃娃"式保护模式。④ 彭栓红则指出保护民歌应该包括民歌语言、文化、情感三方面的信息,并且指出传承人个性对民歌音乐情绪的传递有着独特影响,认为外来游客完全可以参与山西民歌的表演中,进行休闲娱乐。⑤

章建刚等研究者对以音乐为主要表现形态的山西大同耍孩儿、定襄县八音会、太原莲花落、临县伞头秧歌、晋东南长子鼓书、绛州鼓乐进行了有规模、有系统的田野调查,描述它们的发展历史、传承现状,预测其未来发展前景。以这些实际调查数据为参照,分别阐述了保护这些非遗项目的思路,提出以传承人为中心,以表

---

① 孔美艳. 民间祭奠与晋南新编丧葬戏——以《抱灵牌》为个案 [J]. 文艺研究,2011 (5):101 - 110.
② 孔美艳. 山西影戏研究 [M]. 太原:三晋出版社,2008.
③ 李吏. 河曲民歌中的民俗文化解读 [D]. 太原:山西大学,2005.
佟鑫. 山西河曲民歌现状调查及成因的探究 [D]. 太原:山西大学,2009.
李永霞. 河曲民歌的语言特色 [D]. 临汾:山西师范大学,2010.
韩敏虎. 论河曲民歌的成因及艺术特色 [D]. 太原:山西大学,2011.
④ 段友文. 非物质文化遗产视野下的民歌保护模式研究——以山西河曲"山曲儿"、左权"开花调"为例 [J]. 山东社会科学,2013 (1):100 - 103.
⑤ 彭栓红. 音乐类非物质文化遗产保护策略刍议——以河曲、左权原生态民歌保护为例 [J]. 文艺理论与批评,2013 (2):137 - 140.
彭栓红. 原生态民歌在民俗旅游中的功能及应用策略——以山西民歌为例 [J]. 山东社会科学,2011 (3):58 - 61.

演活动和社会机制为保护重点,对以谋生为主的非遗项目,提出政府公共政策应倾斜的重点,如注重培育相关消费需求,培养人才等。①

许多传统音乐因寄生于民间信仰而得以生存。山西恒山道乐是国家级非遗项目,陈瑜的博士论文从艺术学角度分析了晋北大同、朔州、忻州地区的道教科仪音乐的班社组织,法事活动,乐器和音乐艺术形态、风格特征。这弥补了晋北宗教音乐研究的不足。②

山西民间吹打是传统音乐必不可少的组成部分。有研究者对上党、忻州八音会从音乐本体如乐器、乐谱曲调、演奏方式和表演者谋生方式两个层面分析了其在当代的传承状况。透过这种分析,我们可以看到影响非遗在当代传承的关键人物和组织,这为非遗保护提供了重要思考。③

(三) 融入多学科理论方法的传统美术类非遗研究

武丽敏对晋中民间建筑装饰、家具造型、宗教美术、戏曲美术、剪纸和刺绣进行系统的艺术学阐释后,讨论了晋中民间美术目前的发展现状和衰败原因,提出晋中民间美术未来的发展方向和开发构想。④ 平遥漆器是晋中地区最为知名的工艺美术项目,有的研究从漆器的制作、工艺设计、店铺销售、从业人员、漆器与习俗等方面分析了平遥漆器产业的发展状况,提出平遥漆器应从原料供应、消费群体、产业结构等方面解决存在的问题。⑤ 有的研究⑥则指出,独特的手工技艺工序、原料使用以及无法言说的各种"心授"经验知识决定了平遥漆器的品质,这一研究点出了非遗保护的核心要素。

山西长治堆锦、木版年画、炕围画、绛州剔犀等传统工艺美术的传承现状是很多研究者关注的对象。⑦ 阎亮珍结合美术学和民俗学分析了古边关乡村炕围画的文化艺术特色以及它与地方生活、习俗信仰间的关系,讨论了传承人职业变化与炕围

---

① 章建刚. 山西省民间音乐遗产的传承与保护 [M]. 北京:中国社会科学出版社,2007.
② 陈瑜. 晋北地区民间道教科仪音乐研究 [D]. 北京:中央音乐学院,2011.
③ 王亮,赵海英,郭威. 上党八音会现状调查 [J]. 文艺研究,2009 (9):73-82.
　田菲. 山西忻州八音会的传承发展研究 [D]. 临汾:山西师范大学,2013.
　万还升. 上党八音会索忠秀乐班调查与研究 [D]. 太原:山西大学,2010.
④ 武丽敏. 晋中民间美术的造型与观念 [M]. 北京:中国文联出版社,2011.
⑤ 谢玮. 山西现代漆艺发展思问 [M]. 北京:光明日报出版社,2014.
　康延. 平遥漆器产业现状研究 [D]. 北京:北京服装学院,2012.
⑥ 陈亚凡. 回到技艺:对现代漆工艺品格的思考 [J]. 美术观察,2011 (6):18-19.
⑦ 蔺永茂,解玉霞. 山西绛州木版年画的艺术特色 [J]. 收藏,2012 (7):42-47.
　程晓婷. 山西平阳木版年画的地域性特征 [J]. 装饰,2011 (8):98-99.
　曾圣舒. 长治堆锦研究 [D]. 北京:北京服装学院,2010.

画变迁之间的关系。① 而花馍、面塑和剪纸也是学界关注的对象。来自不同学科的学位论文作者对山西各地花馍造型类别、制作过程、传承特征及其与地方民俗的关系进行了分析，提出了相应的保护建议和应用推广策略。② 许多研究者则对广灵、浮山和中阳地区剪纸的艺术特征和传承现状进行了分析，点出了分布在山西不同地区的剪纸发展状况和未来发展趋势。而有的研究者则从"资源"角度分析了山西剪纸的产业发展方向。③ 有的研究者则从地域、家庭和视觉三个方面分析了中阳剪纸的传承方式，指出中阳剪纸面临的困境。④ 同时，许多研究也关注到剪纸、雕刻、刺绣和布艺如"黎侯虎"等传统美术产品创新与产业化的通行做法，如造型设计，举办各类非遗展览节，借助旅游品牌化运作等方式。⑤

这些研究都以不同的表述方式指出保护民间美术的根本原因在于其蕴含的文化意义，非遗能够传承下来的动力是传承者在各种帮助下，自身能力得到不断提高。

（四）视角多元的传统舞蹈类非遗研究

在传统舞蹈方面，杨静蓉的硕士论文在分析襄汾陶寺天塔狮舞发展历史、惊险的表演美学特色、传承群体的基础上，比较有创见地分析了其当代传承和发展的多元化趋势。⑥ 郑昕对万荣花鼓当代传承的分析是从它融入正规教育、舞蹈动作的提炼创新上展开的。⑦ 部分硕士论文以沁水土沃老花鼓、汾阳地秧歌、翼城花鼓、浮山"架子鼓"、晋南威风锣鼓为案例展开讨论，其中，有的研究从教学内容、教学组织、教学方法等方面分析汾阳地秧歌在课堂教学中的运用情况，这种围绕非遗保护措施的研究视角较有新意。⑧ 有的研究者指出山西传统舞蹈表现形态正在发生的一系列变化：表演场合从广场转向了舞台，学习方式以学校正规教育为主。⑨ 有的研究者讨论了晋南威风锣鼓以锣鼓为核心的人乐和谐、身心共愉及激发人们雄心斗

---

① 阎亮珍. 民俗学视野下的炕围画研究 [D]. 太原：山西大学，2012.
② 郭阳. 山西花馍的造型艺术及其文化性研究 [D]. 杭州：浙江农林大学，2012.
安昊帅. 代县花馍艺术的传承与创新研究 [D]. 太原：太原理工大学，2013.
马彦奇. 山西省岚县"岚城面塑供会"民俗文化考察 [D]. 太原：山西大学，2015.
王倩. 山西晋城满月礼馍的锁福文化推广应用 [D]. 呼和浩特：内蒙古师范大学，2015.
③ 董毅芳，王晋平. 山西民间剪纸资源现状调查及产业化思考 [J]. 美术向导，2011（5）：64-65.
④ 刘彩清. 山西中阳民间剪纸的传承与保护 [D]. 兰州：西北民族大学，2009.
⑤ 薄清江. 山西布老虎：地域民间文化的寓意探析与传承保护 [J]. 文艺理论与批评，2009（5）：137-139.
⑥ 杨静蓉. 山西襄汾陶寺天塔狮舞传承研究 [D]. 临汾：山西师范大学，2013.
⑦ 郑昕. 山西民间舞蹈万荣花鼓研究 [D]. 太原：山西大学，2013.
⑧ 贺培培. 汾阳地秧歌中武场秧歌课堂教学研究 [D]. 太原：山西大学，2015.
⑨ 纪广. 山西民间舞蹈在"非遗"保护活动中的发展策略 [J]. 山西财经大学学报，2012，34（S5）：53-54.

志的非遗文化价值,从生活和文化两个层面揭示了晋南威风锣鼓值得保护的理由。①有的研究者将论述重点放在传承人文化自觉上,叙述了当代传承者在保护晋阳风火流星方面主动作为,阐述了技艺精湛的传承人、政府、电视台、展览会组织者等参与非遗保护的人物、组织发挥的作用和产生的影响。② 这些研究有助于我们深入思考非遗在当代得以传承的新动力。

(五) 现代产业视角下的传统竞技、游艺和体育类非遗研究

在传统竞技、游艺和体育方面,有的研究者分析了传统体育的搜集整理、建档保存、现代科技手段的运用、传承人机制、正规教育、发展旅游等保护措施。有的研究则涉及山西民间体育的立法问题,其中,对有集体性特征的民间体育能否纳入知识产权法律框架是目前学界讨论的热点问题。有的则运用地理学学科方法对山西体育类非遗项目的空间分布特征进行了分析,对我们思考文化传播、交流对非遗传承的影响有着积极的启示。③

忻州挠羊赛是不少研究关注的传统体育项目。有的研究者对忻州挠羊赛与地理环境的关系进行分析后,指出这一充满竞争活力的传统体育活动是游牧和农耕民族融合后的产物。④ 有的研究涉及忻州挠羊赛产业化转向议题。⑤ 有的研究从非遗传承、弘扬涉及的社会环节切入,就传统"挠羊赛"的当代传播策略进行了专门阐述,从品牌包含的物质和文化要素以及品牌运作机制方面阐述了"挠羊赛"电视节目传播方式。⑥

在传统武术研究方面,有的研究者讨论了晋中形意拳的阴阳五行、儒家思想的传统文化基础,阐述了形意拳吸取道功、仿生等他者长处的优点。同时就形意拳的可持续发展提出应该更新观念,注重发展与之相关的体育文化产业的建议。⑦ 而一篇关于洪洞通背拳的硕士论文提出非遗保护中一个非常值得深入研究的问题:门派

---

① 梁维卿,文晓苏,王岗. 非物质文化遗产项目晋南威风锣鼓的体育文化价值 [J]. 体育文化导刊,2008 (3):41-43.
李欣. 晋南威风锣鼓发展现状的调查研究 [D]. 太原:中北大学,2017.
② 王耀卿. 晋阳风火流星的兴衰演变 [J]. 北京舞蹈学院学报,2011 (1):76-78.
③ 董建琦. 山西省体育非物质文化遗产的结构及空间分布 [J]. 体育研究与教育,2016 (5):67-71.
④ 闫增荣. 挠羊赛的文化寻根 [D]. 临汾:山西师范大学,2009.
⑤ 蔺平,陈首军. 打造山西体育文化产业品牌——"挠羊赛"的策略研究 [J]. 搏击·武术科学,2011 (12):88-89+102.
⑥ 张晋峰. 地域特色传统武术文化的品牌传播——浅析"一代天跤·挠羊英雄会"之品牌文化 [J]. 搏击·武术科学,2010 (12):99-100+103.
⑦ 穆琦镇. 太谷县形意拳文化的传承与发展 [D]. 太原:山西大学,2012.

之争对传统武术传承的影响。①

这些研究在注重传统体育产业转化的同时，点出了保护非遗的重要原因：非遗在与周围环境相适应的持续发展中，体现出当地社区的文化创造力以及与周边环境互动所产生的文化多样性。

（六）文化社会学视角下的传统手工制作技艺类非遗研究

在这一方面，有的研究注意到传统手工技艺传承与市场消费的关系，如关于山西宏艺黄金花丝镶嵌技艺与市场生存的关系的讨论，委婉道出了我国文化消费市场的不成熟。② 有的研究者研究了长子县长子响铜乐器的制作流程与当地自然、社会、民间文艺的关系，指出长子响铜乐器制作技艺的产生和发展是优越的地理条件、便捷的交通工具、成熟的金属冶炼技术和良好的文化环境等因素共同作用的结果。③ 由此，再从非遗角度思考"千锤打锣，一锤定音"的俗语的含义，我们会对非遗与社会可持续发展理念的关系有更为深刻的体会。

芦苇的博士论文《潞绸技术工艺与社会文化研究》回顾了农耕时代晋南潞绸丝织工艺的形成和辉煌发展历史，详细描述了潞绸丝织原料、工具以及织布、刺绣环节的工艺流程；指出潞绸是晋南桑蚕文化特质的载体，这一传统工艺中图案、色彩、技术知识都可以为当代纺织工艺所继承并弘扬，是塑造地方形象、凝聚地方认同感的文化象征物。这也是潞绸最核心的非遗价值内容。④

沈晓筱则在全面研究中国澄泥砚技艺发展史的过程中，实地调查了山西新绛澄泥砚的制作技艺和流程。在这一研究中，面对不断变革的机器工艺，根据已有的成功保护案例，作者提出传承人与学术机构合作的保护模式。⑤ 而这一保护思路，正是联合国教科文组织《实施〈保护非物质文化遗产公约〉的业务指南》（以下简称《非遗公约业务指南》）中建议的保护方法之一。

（七）文化建构视角下的民间文学类非遗研究

在民间文学方面，近年来，段友文及其合作者集中发表了介子推、傅山人物传说和山陕神话方面的研究成果，阐述了口传遗产在地方社会的文化建构过程、叙事

---

① 闫晋光. 非物质文化遗产视角下山西洪洞通背拳的传承保护与发展 [D]. 西安：西安体育学院，2013.
② 姚建. "非遗"的商业化——企业的探索与追求 [J]. 中国黄金珠宝，2011（4）：37-39.
③ 仝磊. 长子响铜乐器的发展及其与社会文化的互动 [D]. 太原：山西大学，2012.
④ 芦苇. 潞绸技术工艺与社会文化研究 [D]. 上海：东华大学，2012.
⑤ 沈晓筱. 中国澄泥砚工艺研究 [D]. 合肥：中国科学技术大学，2010.

手段，指出其在当代民众生活中扮演的新角色。① 张晨霞的著作《帝尧传说与地域文化》（2013年）运用"国家—民间"文化建构理论，从历史和地理两个维度剖析了晋东南社会不同时期，拥有不同话语权的民众是如何展开帝尧传说的"文化再生产"过程的，指出现下帝尧传说作为非遗成为被开发和利用的文化资源，也重构了帝尧传说的神圣和尧都圣地的完美叙事。谢红萍的硕士论文《现代化境遇中的民间智慧——以万荣笑话为例》将万荣笑话置于地方文化与民众习焉不察的日常生活中，探讨山西万荣笑话的生成背景、文本的动态形成过程、在现代化发展中的传承、变异与功能转换，以及在非遗保护语境下各方的利益互动关系，提出非遗保护应与民众自己的文化解释和选择结合起来。② 而另一篇硕士论文《非物质文化遗产视野下民间传说现代传承研究——以和顺牛郎织女传说为例》则讨论了山西和顺地区的牛郎织女传说的故事模式，以及这一传说在被不断打造、开发的过程中对地方社会产生的影响。③

（八）以仪式民俗为对象的民俗类非遗研究

盛静的博士论文《民俗类非物质文化遗产保护政策探讨——以山西洪洞走亲习俗为例》，着眼于复杂的社会运作关系，揭示了走亲仪式复兴的动力主体，指出不同主体对非遗的不同理解和把握，认为非遗保护政策要兼顾民俗发展中资源交换、地域认同和文化权利三方面的价值，要以保护农村居民的生活方式为起点，来应对全球化背景下地方性文化系统变化，甚至濒临消失的挑战，真正留住作为农业时代文化表征的民俗仪式。④

有的研究者运用人类学理论阐释山西代县峨口镇"挠阁"中的道具、服饰、行为及其象征意义和文化功能，分析"挠阁"成为非遗后发生的变化，揭示了"挠阁"的功能和展演形式正经历着从民俗活动到民间艺术的渐变过程。⑤ 而另一研究者把清徐县徐沟镇的"背铁棍"比喻为"流动的杂技"，对其制作过程、表演内容和形式做了详细分析，⑥ 从中我们可以发现，在这些琐碎细致的制作和表演过程中形成的经验认识，反映出草根民众"因地制宜"的创造力和人际关系，这正是非遗

---

① 段友文，刘彦．山陕后稷神话的多元化民间叙事[J]．中原文化研究，2017（2）：102-109．
段友文，闫咚婉．介子推传说的历史记忆与当代建构[J]．民俗研究，2016（5）：81-95+159．
段友文，张小丁．民间传说中傅山士大夫形象的多维构建[J]．北京社会科学，2015（10）：35-44．
② 谢红萍．现代化境遇中的民间智慧——以万荣笑话为例[D]．沈阳：辽宁大学，2011．
③ 白鹭．非物质文化遗产视野下民间传说现代传承研究——以和顺牛郎织女传说为例[D]．太原：山西大学，2013．
④ 盛静．民俗类非物质文化遗产保护政策探讨——以山西洪洞走亲习俗为例[D]．北京：中国艺术研究院，2012．
⑤ 李小娟．山西峨口镇"挠阁"的文化阐释[D]．沈阳：辽宁大学，2010．
⑥ 王晓云．行进中的艺术——徐沟背铁棍研究[D]．临汾：山西师范大学，2012．

保护所看重的文化价值。还有的研究者调查了永济正月十五的"背冰亮膘"民俗活动，指出这一习俗是黄河水文化和农业文化交汇的象征，也是当地民众把对勇气和意志的考验融入习俗中的表现。① 从非遗的角度看，这种励志功能不仅值得年轻一代传承，还是当地文化持续传承下去的重要动力。

山西各地的春节习俗多姿多彩。王杰文从民俗学角度揭示了临县伞头秧歌春节期间表演的"诙谐""狂欢"等仪式象征功能。② 刘锦春的博士论文《仪式、象征与秩序——对民俗活动"旺火"的研究》对晋西北的怀仁春节"旺火"活动展开了文化象征意义层面的阐释，指出这一习俗的仪式性意义，它对当地社会结构的塑造作用，以及其作为一种符号性文化表演展现出的社会内在秩序。③ 山西吕梁柳林的元宵节因"盘子会"而独具特色，传承至今，两篇硕士论文都从民俗学视角讨论了作为祭祀神龛的柳林盘子的制作过程和"盘子会"的祭祀仪式过程，以及其成为非遗后且与官方发生关联后所产生的变化。④ 从中我们可以看到，与诸多濒危的非遗不同，兴旺的"盘子会"是山西吕梁柳林的地方文化标志，是以当代柳林民众强烈的文化认同为支撑的，而这就是非遗生命力存续的本质所在。

（九）非遗视角下传统医药类研究

传统医药的研究多集中于专业医学疾病治疗领域，非遗视角下的传统医药研究有待加强。有的研究者从非遗传承角度，分析了国家级非遗项目平遥道虎壁王氏中医妇科家族传承经验及对当代非遗保护的启示，⑤ 作者指出，当下非遗保护应重视代际人才的培养过程，建立非遗传承者的内部管理体系，增强传承人传承非遗的各项能力，调动传承主体最大的保护能动性。从非遗价值角度出发，有的研究者比较了山西太谷"龟龄集"手工机械和数控自动化两种制药工艺的异同，阐明其作为非遗的价值所在。有的研究者在叙述了山西国药"广誉远"中药发展的历史后，指出"广誉远"中药对人类养生的独有贡献，这一贡献以道家思想为基础，与"诚信"和"义"的传统伦理相辅相成，明确了"广誉远"中药鲜明而独特的非遗价值。⑥

---

① 任亚娟. 山西运城"背冰亮膘"的研究 [D]. 临汾：山西师范大学，2012.
② 王杰文. 仪式、歌舞与文化展演：陕北·晋西的"伞头秧歌"研究 [M]. 北京：中国传媒大学出版社，2006.
③ 刘锦春. 仪式、象征与秩序——对民俗活动"旺火"的研究 [D]. 天津：南开大学，2005.
④ 贾雪梅. 山西柳林"盘子会"文化阐释 [D]. 沈阳：辽宁大学，2011.
　高栩平. 山西柳林盘子会民俗文化调查研究 [D]. 临汾：山西师范大学，2012.
⑤ 钱永平. 传统医药类非物质文化遗产世代相传的历史经验及启示——以平遥王氏中医妇科为例 [J]. 文化遗产，2015（5）：32-38.
⑥ 程志立，王凤兰，宋白杨，等. 从"广誉远"看中医药非物质文化遗产保护的价值 [J]. 中医药文化，2012（2）：23-26.

从这一研究中我们还可以看到地方民众在提高健康水平方面的多样创造力，这对今天的医疗仍有重要的借鉴意义，也与联合国教科文组织《保护非物质文化遗产公约》的保护宗旨是一致的。

（十）值得关注的民间曲艺类非遗研究

传承于山西各地的曲艺发展前景并不乐观，也只有为数不多的项目得到研究。有的研究者对沁州三弦书、高平鼓书等山西各类曲艺的现状进行了调查，并提出保护建议。① 有的研究者从说书与民俗生活关系出发，对晋南地区说书人、说书传统呈现的地方民俗生活进行了多角度学术分析，从中可以发现文化政策、民间礼俗和地方历史对说书传承带来的具体而深刻的影响。② 有的研究者对霍州说书、太原莲花乐从生成历史、演出习俗、说书本体语言句式、音乐、曲目、传承群体等方面进行了较为全面的调查和梳理。③ 有的研究者则就流传于吕梁地区的民间曲艺——弹唱，指出因为这一形式流传于同一文化区域的不同社区，导致名称叫法不统一，也导致在申报非遗的过程中存在顾此失彼的问题，因此建议在申报文书中统一使用"离石弹唱"的名称。④ 在对非遗名称讨论的过程中，作者下意识地引出一个值得深思的问题：民间对同一非遗的不同叫法，其实是熟悉喜欢这些曲艺的民众根据表现风格和流派等特征总结出来的。这种情况实质上反映的是无论非遗传播地域多狭窄，它也能被民众重新创造，呈现出"同中有异"的文化多样性特征。这一研究启发我们，对山西各类曲艺从非遗视角应有更为深入的研究，而在进行保护工作时，对于此类在民间有多种称呼的非遗项目应在申报文本中予以仔细准备和审视。

综合上述研究，山西非遗研究呈现出以下几个趋势和特征。

第一，针对山西非遗个案的研究基本遵循以下路径：非遗的生成发展—非遗的表现方式、特征—非遗与地方生活的联系—非遗的功能价值—非遗的传承、变迁现状—保护该项非遗的措施、建议。由此，研究者对山西各地非遗个案的传承历史、现状及相关利益者的关系进行了调查，结合民俗学、艺术学、人类学以及文化产业方面的理论展开了分析，视角多元化，为我们掌握山西非遗保护的实际情况以及最新进展提供了比较详尽的数据和田野资料，也体现了学术深度，是山西非遗研究成

---

① 刘婷婷，李大鹏. 沁州三弦书盲人曲艺宣传队的现状调查 [J]. 长治学院学报，2011（3）：36-38.
朱景. 山西高平鼓书调查与研究 [D]. 临汾：山西师范大学，2013.
② 卫才华. 太行山说书人的社会互动与文艺实践——以山西陵川盲人曲艺队为例 [J]. 民族艺术，2016（4）：74-87.
卫才华，岑建如. 山西陵川说书与乡村礼俗生活 [J]. 艺术探索，2016（4）：81-88.
③ 杨清. 山西霍州地方书调查研究 [D]. 临汾：山西师范大学，2013.
曹彬. 太原莲花乐调查与研究 [D]. 临汾：山西师范大学，2010.
④ 李晋东. 山西"离石弹唱"的名称甄别 [J]. 音乐时空，2012（2）：20-21.

果的重要组成部分。

第二，在民俗学、人类学学科背景下，研究山西非遗个案的理论范式主要有以下5种。

（1）把非遗嵌入动态生活发展过程中，对非遗展开文化的整体性意义阐释。

（2）揭示民俗仪式的结构过程、功能及其作为地方文化的象征性所在。

（3）对民间说唱、民间小戏运用口头程式叙事和展演理论展开阐释，揭示这些民间文化形式在没有文字的情况下是如何传承发展的。

（4）对进入政府认定的不同级别非遗名录的传统和民间文化形式，多用"国家—民间"的范式，贯以文化资本、文化建构的理论，一方面揭示政府机构对非遗的保护与影响，另一方面揭示民间社会力量是如何应对和重构非遗的。

（5）民俗学"本真性"观点成为分析山西非遗旅游"客体化""舞台化"等抽离民众生活语境的理论前提。

这些理论范式的运用表明，一方面，无论是运用艺术学或民俗学理论，还是将艺术学和民俗学理论交叉起来运用，研究的最终指向是非遗本体，而不是非遗传承者及其生活。另一方面，在迅速接受西方社会理论的学术背景下，研究者把非遗保护视为正在发生的社会实践置入当代政治、经济语境中展开讨论，逐项解析影响非遗的外部力量、权力话语、价值变化等"遗产化"因素以及其中的博弈。由于这两方面讨论的旨趣不在具体的保护实践，使得从这些研究中发现有益于非遗保护的社会力量的聚集和他们在非遗保护方面的优秀经验的传承变得相对困难起来。而影响非遗传承效果的各种保护措施，实质上已被研究者默认为学术价值不大而忽略，可以看到，很多博士、硕士学位论文中关于非遗保护措施的分析篇幅并不多，也不深入。

第三，在山西非遗创新、转化及弘扬传播的研究方面，有不少亮点出现。就非遗与旅游之间的关系而言，有的研究者提出可利用旅游交通工具来宣传山西非遗，以吸引更多游客。① 还有的研究者敏锐地注意到利用山西大院设立山西非遗博物馆的问题，这样，以展示非遗为主题的场馆设计就成为研究的关键议题。有的研究者以山西东湖醋园为案例，讨论了东湖醋园景区空间设计和布置的过程。从中我们可以看到非物质的文化形态是如何以物质化的形式再现出来的。东湖醋园达到4A景区标准，辅之以积极的旅游营销吸引外地游客，达到了弘扬醋文化的目的。②

我们还可以看到关于非遗因素的转化、再创造的研究，成功地再创造和延续了

---

① 郭艳萍. 非物质文化遗产旅游开发研究——以山西省为例 [J]. 生产力研究，2011（2）：61 - 63.
② 王君. 浅谈东湖醋厂园区的景观规划设计 [J]. 山西经济管理干部学院学报，2012（2）：55 - 57.

非遗自身的文化脉络。孙一鸣从音乐学角度讨论电视剧作品《乔家大院》对山西梆子乐、祁太秧歌中的音乐元素不着痕迹地运用，指出这种再创造的音乐获得了当代民众的认同。联合国教科文组织《保护非物质文化遗产公约》提出振兴是非遗保护措施之一，经过这一转化的文化形式如果被民众或当地人视为自身文化的组成，那么对非遗的这种再创造是值得我们研究和观察下去的。①

三、对未来山西非遗研究的建议

今后，山西非遗研究应着重从以下几个方面展开。

第一，认真思考非遗保护的本质所在。非遗是草根民众智慧的产物，可为当代及未来社会的创造力提供灵感，它蕴含着解决当前我们面临的许多危机、冲突的经验知识，是文化多样性表现维度之一。更重要的是，非遗是社会个体成长过程中潜移默化地接受的非正规教育资源，它塑造了我们的创造潜能，是我们文化认同的根基，尽管有的人没有意识到这一点。研究者应结合这些观点重新审视非遗，这样我们就不会只看到保护非遗时的"功利化""利益化"动机，或者讨论非遗保护和开发时仅有"民族精神""旅游""产业开发"的抽象空洞论调，却不能很好地回答实际中出现的问题。而很多公众则认为非遗保护能做的只是将其放入博物馆或转化成各类固定数据。这都反映了在非遗实践和研究层面存在思考单一化的缺陷。

第二，上文提到，大部分关于山西非遗的研究是沿着"个案发展状况—传承困境—保护措施"的路径展开的。在这一路径下，今后的研究应定期补充这些非遗个案的阶段性发展状况。同时，此类研究还惯于以非遗过去发展的情况来衡量其当下的发展，导致讨论不同非遗传承困境和原因的内容千篇一律，提出的观点还有可能会误导非遗保护的方向，对此应特别注意。

第三，注重正在开展的非遗保护实践，研究其经验、效果和影响。针对山西非遗，很多研究都提出了保护建议，但对这些建议的具体实施、针对性、目标等问题的探讨则比较少。如许多研究提及非遗数字化保存的必要性，但如何运用数字化手段展开非遗保存，在非遗信息转化、过滤、解释、呈现方面存在哪些问题，能否达到预期的保护目标等，此类研究内容亟待填补。这样的研究现状或许表明，这些亟待展开的保存措施实质上还没有着手，需要研究者大力介入。因此，今后不仅应从学术层面展开山西各类非遗本体及其独特文化遗产价值的研究，还应加大研究山西

---

① 孙一鸣. 交响组曲《乔家大院》对山西民间音乐的汲取 [J]. 山西大同大学学报，2011（2）：105－107＋110.

孙一鸣. 山西民歌在音乐创作中的借鉴应用研究 [J]. 音乐创作，2011（4）：137－139.

非遗建档、确认、弘扬、宣传、复兴等保护措施的具体实施及社会影响的力度，以明确这些保护措施进一步实施的关键。

而且，随着非遗保护的深入，以传承人和政府为主的非遗传承以及保护者在保护非遗方面的优秀实践案例应成为山西非遗研究的重要议题。上文提及的传统戏剧、传统舞蹈和传统手工技艺的个案研究，都不约而同地发现民众为传承非遗正在进行的探索，"唯有那些产生于本土的、由文化主体自己摸索出来的经验，在解决地方文化传承与再生的矛盾问题时才最有实效性"①。因此，未来山西的非遗研究应把从案例中发现的非遗传承经验进一步提炼至理论层面，这对完善山西非遗保护机制有着重要意义。

第四，关于山西非遗产业化的一些本质问题还没有被揭示出来。从这些研究中我们可以得出这样的论点：非遗的产业化就等于开发新形式，建立多渠道的营销网络，形成规模化生产的产业园区。而从不同非遗的表现形态和本质属性出发，产业化思路是否适用于所有非遗？拥有产业园区是否就一定能增强非遗的活力？因为不同非遗面临的困境虽有可能相同，但置入非遗每一个具体的传承语境中，用相同的办法未必能走出困境。

还有的研究提出非遗与旅游相结合的建议，指出其好处和弊端，但这一议题还没有清楚地回答旅游体验与非遗本质属性之间的关系。笔者认为，只有首先弄清楚这两者的关系，然后详细分析具有商业性质的非遗进入旅游产业将面临的机遇和挑战，才能提出更有说服力的观点。

第五，结合当下社会发展背景，深入研究非遗生命力与当代民众生活的契合点，从上文的个案研究中我们看到，有的非遗在当地仍有极强的生命力，如忻州挠羊赛、怀仁旺火、柳林盘子会、上党八音会等，这些都是非遗传承实践的优秀范例。再如有的研究提出晋中形意拳具有养生功能，对参与人员没有任何限制，作为一种低消费运动，有助于扭转民众生活中麻将、扑克等具有赌博性质的活动盛行的局面。② 这些研究实质上道出了非遗在改善人际关系方面的重要作用，即人们在练拳的过程中展开交流对话，促进了彼此的亲密感。这样的观点在山西非遗研究中虽然被提及，却没有得到深度阐释。

最后需要提及的是，近年来，联合国教科文组织针对非遗保护，以公约为基础，出台了《可持续发展与非遗》《保护非物质文化遗产伦理原则》《非遗公约业务指南》《非遗与气候变化》等报告，体现了非遗保护最新学术进展。报告中蕴含

---

① 邱春林. 发现民间智慧：大理州民族扎染业考察纪实 [J]. 民族艺术, 2008 (2)：66-73.
② 郝建峰, 王静. 山西省新农村体育开展形意拳的可行性分析 [J]. 运动, 2012 (18)：148-149.

的社区参与、可持续发展、文化多样性、文化尊重等保护理念为研究山西非遗提供了新的视角和思路。

总之，积极展开对山西非遗的研究，将这些研究与认识向公众传播，唤醒公众对文化传承之紧迫感及其意义的认识，正体现了研究者关怀社会的能力。这一切需要有创见的、实际可行的学术成果。我们应该密切关注非遗保护的国内外研究动态，拓宽视野，总结山西非遗实践经验，推动山西非遗研究向纵深发展。

第二节　文化生态保护实验区研究现状

在我国，围绕非遗展开的文化生态保护区建设是我国实施非遗整体性保护的一项重要举措，保护理念源自我国学者对非遗与文化生态关系的不断讨论并形成的共识，相关研究主要从以下四个方面展开。

一、文化生态的概念、内涵和范畴研究

文化生态这一术语来自国外人类学研究，由人类学家斯图尔特提出，文化生态是人类生存方式的背景性因素，用于解释不同地区人们的生计方式和生存环境之间的关联。刘魁立指出，在我国社会迅速变迁的大背景下，我国学界对文化生态概念的使用主要有两种：一种是把文化所处的生态总体作为研究对象；另一种是把文化作为一种生态来看待。后者在我国被广泛接受。[①] 此后，文化生态概念逐渐作为一种保护观念被用于阐释原住民或少数民族文化的生态博物馆、民族文化生态村实践。这一术语被引入非遗保护后，学界对文化生态与非遗的关系进行了分析，文化生态被视为非遗赖以生存的社会、文化、自然基础。刘守华指出民间文化生态是民间文化活动相互关联的各个方面构成的互动体系，"活水养活鱼"，它以活态呈现，楔入民众日常生产生活当中，发挥着自己的特殊功能。[②] 陈勤建认为，文化生态是由人化的自然风光、人造的物态文化、人为的非物态文化及由三者构成的文化生态场构成。而以图像、行为、心意、口承形式呈现的非文字文化是非物态文化暨原居住民特定传统精神世界和生活文化空间的组成部分。[③] 高丙中对我国长期以来对本

---

① 刘魁立. 文化生态保护区问题刍议 [J]. 浙江师范大学学报，2007（3）：9–12.
② 刘守华. 论文化生态与非物质文化遗产保护 [J]. 华中师范大学学报，2006（5）：109–112.
③ 陈勤建，尹笑非. 论文化生态保护区的非文字文化保护 [J]. 江西社会科学，2010（9）：25–30.

国民族传统文化的全盘否定而导致的文化生态失衡的问题进行了深刻的学术反思，认为文化生态概念为我国认识当代传统和民间文化的发展提供了观念和方法论层面的借鉴，指出通过保护具有我国属性的非遗来建设我国的文化生态，就是要调整我国的文化定位和社会关系，这是文化生态建设的基本使命。① 宋俊华认为，文化的生态性、文化生态的系统性与文化生态系统的动态性与区域性，是国家文化生态保护区建设的理论依据。② 这指出了文化生态是在地方特色基础上形成的文化动态系统。上述学者都指出非遗传承的关键离不开创建和享用这些文化的民众及其生活环境。

黄永林分析了文化生态失衡下的我国非遗传承危机的具体表现，回溯了我国非遗保护政策发展过程，总结了我国非遗保护政策的具体特点，认为从保护范围来看，非遗保护经历了从一个具体重要文本、一种类型，到一个传承人、一个村落，再到区域性保护，直至扩充为一个文化生态区保护的过程；从文化生态保护级别来看，非遗保护经历了从一般性保护到国家级、省（市）和县（市）级的多级保护的过程。③ 黄永林对非遗保护政策的概括，也鲜明体现出非遗保护从静态的资料记录到以人的传承为主的转变过程，这也是以整体观为基础的文化生态理念对非遗保护逐渐产生影响的过程。

在讨论文化生态与非遗保护关系的同时，学界对非遗整体性保护的讨论使文化生态保护区的设立成为可能。2004 年，我国著名学者刘魁立在《非物质文化遗产及其保护的整体性原则》一文中，从文化的空间和时间两个维度解释了非遗保护的"整体性原则"。他认为，保护非遗不是对一个个"文化碎片"或"文化孤岛"的"圈护"，而是对文化全局进行关注；不但要保护文化遗产自身及其有形外观，还要注意它们所依赖和因应的结构性环境；不仅要注意文化遗产的历史形态，也不能忽视和歧视其现实状况和将来发展。④ 有研究者指出，遗产的整体性属性要求保护非遗时必须考虑三个方面：第一，遗产自身所有构成要素，不能只凸显其中的某一部分，而弱化其他部分；第二，一项非遗与同一人群共同体的其他遗产之间的关系；第三，同一地域环境中其他人群共同体的遗产与需要保护的非遗的关系。⑤ 这些观点正是我国设立文化生态保护区保护非遗时所需要考虑的重要因素，也说明文化生态区保护是一个综合性的文化建设系统工程。

---

① 高丙中.关于文化生态失衡与文化生态建设的思考［J］.云南师范大学学报，2012（1）：74 - 80.
② 宋俊华.关于国家文化生态保护区建设的几点思考［J］.文化遗产，2011（3）：1 - 7 + 157.
③ 黄永林."文化生态"视野下的非物质文化遗产保护［J］.文化遗产，2013（5）：1 - 12 + 157.
④ 刘魁立.非物质文化遗产及其保护的整体性原则［J］.广西师范学院学报，2004（4）：1 - 8 + 19.
⑤ 吴兴帜.文化生态区与非物质文化遗产保护研究［J］.广西民族研究，2011（4）：192 - 197.

二、文化生态视角下的非遗项目传承与保护的研究

在文化生态概念被引入非遗保护研究中后，很多研究者开始从文化生态视角深入分析某一非遗项目的传承与保护，如吴桥杂技[①]、传统武术[②]、传统戏剧[③]、传统民俗[④]等，论证非遗彰显当地文化生态特点，见证地方历史发展的同时，也指出当代社会变迁给非遗传承带来的威胁，意识到非遗的生命力与其所处环境的持续的互生关系，在保护时不能一味将非遗与传承环境隔离开来，如有形记录、放入博物馆中静态保存，而应采取措施使非遗在活态社会环境中传承下去。叶明生在讨论当代傀儡戏的传承时指出，宗教傀儡戏的生成和发展，都是在特定地区之特定宗教文化生态中生成并存活下来的。在不同生态环境下，表演形式完全相同的傩戏、傩舞的文化意蕴已完全不同。若以保护的名义将其移植和模仿，是无法保存其宗教文化真谛和内蕴的，这如同在自然祭祀环境中观摩傩戏、傩舞和在人为环境的舞台下观看相同的傩戏、傩舞，二者给人的感受完全不同。因此，只有采用文化生态保护方式，使之在特定的宗教文化生态中与文化节及宗教仪式保护有机地结合，才能避免其消亡。[⑤] 由此可以看出设立文化生态保护区之于非遗活态、真实传承的重要性。

三、关于文化生态理念与文化生态保护区具体实践的研究

在文化生态保护区建设初期，有研究者就其可行性提出质疑，认为我国并不适合设立文化生态保护区。[⑥] 刘魁立则指出，国家级文化生态保护实验区在建设过程中应遵循开放性、发展性、民众主体性、尊重民众和政府主导的原则。随后十几年的文化生态保护实验区实践表明，以政府为主导、以民众参与为主的非遗保护对当地社会生活产生了积极影响。乌丙安认为，文化生态保护实验区的建设要有清晰明确的科学思路，"文化生态保护区"不只是"非遗保护区"，还应包括自然生态环境保护、物质文化遗产（文物）及其资源保护和其他人文精神财富保护等，不能以

---

① 张海燕. 文化生态视域下的非物质文化遗产保护——以吴桥杂技为例 [J]. 沧州师范学院学报, 2013 (3): 98 - 101.

② 李文实, 郭丽妮, 黄炳林. 非物质文化遗产永春白鹤拳旅游发展研究——基于文化生态保护的视角 [J]. 内江师范学院学报, 2013 (6): 49 - 54.

③ 丁永祥. 怀梆戏剧文化生态研究——自然环境对怀梆发展的影响 [J]. 郑州航空工业管理学院学报, 2009 (2): 78 - 81.

李琳, 罗晨, 郑黎明. 文化生态视域下的湘北华容番邦鼓调查研究 [J]. 三峡论坛, 2013 (3): 94 - 98.

④ 顾希佳. 桑蚕生产民俗的文化生态保护：以杭嘉湖为例 [J]. 文化遗产, 2011 (1): 23 - 29.

⑤ 叶明生. 傀儡戏的宗教文化生态与非物质文化遗产保护 [J]. 文化遗产, 2009 (1): 38 - 49.

⑥ 吴效群. 文化生态保护区可行吗？[J]. 河南社会科学, 2008 (1): 24 - 26.

文化生态保护区的名义办"非遗开发区""非遗旅游区"。① 在此基础上，他认为文化生态保护是厘清文化遗产，特别是非遗与自然环境、人文环境的关系，采取措施营造一个适合文化遗产生存、传承、发展的环境，维护文化生态系统的平衡与完整。这也是设立文化生态保护区的主要目标。这一保护方式注重非遗的原有生存状态和持续性的传承，与非遗活态流变性和整体性特征相契合，较之于记录式的静态保护，是更为科学的保护方式。

马建华认为，文化生态保护区对非遗的保护是在具体传承生境中、在生活中展开的分类保护，以政府主导、群众主体、社会参与的方式形成保护合力，尊重社区居民对文化的解释权、保护权、利用权和发展权，使群众在文化保护、决策、行动中处于中心地位。② 刘登翰则指出，文化遗产保护与文化生态保护的区别在于：文化遗产保护是当代人对历史文化遗产的一份尊重与珍惜，通过不同的方式使性质不同的文化得以保全、传承和弘扬；而文化生态保护则是当代人通过文化生态环境的改善和优化，使包括文化遗产在内的文化整体，得以延续和发展。③ 这指出了以非遗保护为契机，设立文化生态保护区是对新的保护理念的一种实践。

作为擅长物质文化遗产保护规划的研究者，张松指出，如同保护生物多样性一样，以文化生态为视角对非遗的"就地保护"，是在非遗产生和成长的原生环境中保持其生命力。以旅游、表演为商业目的的非遗博览园、产业园的兴建，是将非遗与滋养其的生活环境切割开，弱化了社区居民参与非遗保护的作用。他指出，以非遗保护为核心的文化生态保护区建设需与城乡规划密切结合，注重生态环境的改善和保护、社会文化建设和经济增长发展的政策整合与多部门协同推进，实现非遗与自然遗产、文化共融共生、均衡发展。④

一些学者还对文化生态保护实验区的实践经验进行了梳理和总结。耿静认为羌族文化生态保护实验区是以羌语保护为核心开展羌族文化整体保护。⑤ 林继富以羌族文化生态保护实验区建设为例讨论了传统文化在家园重建中的重要性。他认为羌族文化生态保护实验区建设是以非遗的保护、传承和发展为核心，重建、塑造了当下羌族民众价值与观念的文化活动。它所关涉的是家园重建与非遗传承发展的关

---

① 乌丙安. 关于文化生态保护区建设基本思路和模式的思考 [J]. 四川戏剧, 2013 (7): 19 - 22.
② 马建华. 文化生态保护理念再探讨 [J]. 闽台文化研究, 2009 (3): 6 - 16.
③ 刘登翰. 文化生态保护的几点理论思考 [J]. 福建论坛, 2009 (8): 116 - 121.
④ 张松. 作为文化生态的非物质文化遗产保护与传承——中国保护实践的理论思考及问题分析 [J]. 同济大学学报, 2013 (5): 58 - 66.
⑤ 耿静. 羌语与羌族文化生态保护实验区建设 [J]. 贵州民族研究, 2012 (1): 105 - 110.

系，为当下非遗如何融入新型城镇化、特色小镇建设提供了可资借鉴的经验。[①] 蓝海红作为政府文化部门的一名职员，从政府管理的角度探讨了广东客家文化（梅州）生态保护实验区的建设经验：注重社会动员，增加文化可见度和社会文化氛围，这在城镇化、商业化进程中以及在人口流动频繁背景下为非遗保护提供了经验。[②]

借鉴人类学理论视角，有的研究者认为在文化生态保护区建设过程中应处理好当地民众、非遗传承人、专家学者与政府之间的关系。[③] 文化生态保护区建设的主体是当地民众，他们不是被动的角色和"活标本"，各级政府和各学科专家们不应越俎代庖，要尊重寓于文化遗产中的广大民众的价值观，这是真正贯彻民众主体性原则的前提和基础。[④] 这表明我国对非遗的认识正发生根本性转变，意识到民众在创造和形成文化特色过程中的主体性角色。

四、国家级文化生态保护实验区建设过程中出现的问题及策略研究

自 2007 年国家级文化生态保护实验区开始设立起，各类新闻传媒向公众对其基本情况展开了多角度的宣传，使文化生态保护区与非遗保护在较短时间内为民众所熟悉。[⑤] 许多学者结合文化整体性视角，从文化生态特色入手，对我国各个国家级文化生态保护实验区前期建设情况、实践中存在的问题及保护策略进行分析。宋俊华从四个方面分析了国家级文化生态保护实验区建设过程中出现的问题：一是申报与保护主体方面的问题；二是国家级文化生态保护实验区建设的类型、层级与范围的问题；三是国家级文化生态保护实验区建设中法规与机制的问题；四是国家级文化生态保护实验区建设中保护与发展关系的问题。他指出，必须在保护区申报、规划制订、规划执行各环节中保障保护区人民群众的知情权、参与权、决策权等权利。针对保护区跨行政区划的问题，应建立完善的分类、分级与协调管理的机制，同时建立一系列约束人们行为的法规和促使民众积极参与文化生态保护区建设的激

---

① 林继富. 家园重建与羌族文化生态保护实验区建设研究 [J]. 中南民族大学学报，2018 (4)：33 – 37.
② 蓝海红. 文化生态保护实验区管理理念与实践——以广东省文化生态保护实验区为例 [J]. 佛山科技学院学报，2018 (3)：37 – 40.
③ 赛汉. 文化生态保护区中的文化、文化生态及其主体性——以内蒙古东乌珠穆沁旗游牧文化生态保护区建设为例 [J]. 民族艺术研究，2011 (1)：104 – 108.
④ 刘魁立. 文化生态保护区问题刍议 [J]. 浙江师范大学学报，2007 (3)：9 – 12.
⑤ 马建华. 闽南文化生态保护实验区建设情况简介 [J]. 福建艺术，2008 (3)：17 – 21.
　马丽萍. 落实国家文化发展规划——推进徽州文化生态保护实验区建设 [J]. 中华民居，2008 (Z1)：133 – 136.

励机制,最终处理好保护与发展的关系。① 赵艳喜认为,文化生态保护区建设的复杂性决定了政府主导的必要性和重要性,以及进一步建立和完善整体协调规划机制的紧迫性。②

有学者通过分析徽州文化生态保护实验区建设,对文化生态保护实验区保护规划的编制和实施进行了重点关注,认为以规划为依据,文化生态保护实验区应具备系统的制度体系、保障体系和管理工作体系等基本条件,包括领导体制、规划编制、法规政策、资金保障,以及工作措施的系统性建设。③ 卞利分析了徽州文化生态保护实验区建设过程中出现的五个问题:跨行政区域的文化生态保护区与现有行政区划管理体制和机制无法有效衔接的矛盾;文化生态保护与自然生态保护难以整合的矛盾;非遗保护与利用兼顾的矛盾;非遗分类保护与整体保护的矛盾;非遗保护的社会动员问题。④ 这也正是保护实践中一直存在的难以妥善解决的问题。汪欣的研究则指出文化生态保护区建设普遍存在一个事实——"整体性"在当前文化生态保护实验区规划和建设中是一个被泛化的概念。虽然"整体性"是文化生态保护区建设中最核心的保护原则和方式,但在具体保护措施中,难以摆脱专注于"单一非遗项目"保护的藩篱。为此,徽州文化生态保护实验区采取了"点—线—面"循序渐进的方式,使这一渐进的保护模式具有一定的可操作性,为其他保护区的非遗整体性保护提供了借鉴。⑤ 王丹以文化关系来概括文化生态保护区建设过程中出现的具体问题,如自然生态与非遗的关系、文化生态保护实验区与非文化生态保护实验区的关系、非遗与民族的关系、物质文化遗产与非遗的关系、不同类型非遗之间的关系、生活中的非遗与表演中的非遗的关系。⑥ 这都是很多学者用不同提法讨论过的内容,这也说明在保护实践中此类关系的处理仍在摸索中。

2018 年,马盛德一文对我国国家级文化生态保护实验区近十年的实践进行了阶

---

① 宋俊华.关于国家文化生态保护区建设的几点思考[J].文化遗产,2011 (3): 1 - 7 + 157.

② 赵艳喜.整体性保护:区域性整体保护与文化生态保护区的建设[J].河南教育学院学报,2012 (4): 20 - 23.

③ 盛学峰.关于文化生态保护区建设的思考——以徽州文化生态保护实验区建设为例[J].生态经济,2009 (7): 146 - 149.

李豫闽.闽南文化生态保护实验区建设的几点思考[J].闽台文化研究,2009 (3): 17 - 20.

田茂军,吴晓玲.发掘与重构:一种文化生态学的阐释——湘西土家族苗族文化生态保护区建设的几点思考[J].吉首大学学报,2009 (1): 73 - 78.

④ 卞利.文化生态保护区建设中存在的问题及其解决对策——以徽州文化生态保护实验区为例[J].文化遗产,2010 (4): 24 - 30 + 66.

⑤ 汪欣.文化生态保护区建设的理论与实践——以徽州文化生态保护实验区为例[J].河南教育学院学报: 2015 (5): 34 - 40.

⑥ 王丹.从文化关系推进文化生态保护实验区建设[J],中南民族大学学报,2018 (4): 38 - 42.

段性总结，列出我国已设立的 21 个国家级文化生态保护区信息，论述了农耕、海洋渔业、地域性、民族性等"文化特色"是区分文化生态保护实验区的文化标志，从政策操作层面回顾了我国在非遗保护中设立国家级文化生态保护区的背景，指出这是我国从保护单一非遗项目迈入整体保护非遗项目所孕育、依存发展的人文生态和自然生态的重要尝试，这是非遗保护在理念和认识层面的一种深化，是我国在非遗保护领域中的一个创造性举措。作者以生动的案例说明，通过设立文化生态保护实验区关注人与环境的关系，非遗传承活力明显增强，社会文化氛围有了积极的变化。虽然人们的生活从传统走向了现代，但民族的传统文化并没有因接受现代文明而走向衰落或消失；相反，二者相互融合，传统与现代在这里找到了契合点，民族传统文化焕发出新的生命力和时代感。[①] 这从学术层面肯定了我国设立文化生态保护区来保护非遗是可行并且成功的。

总之，较之于从文化地理、文化哲学、区域规划、景观生态规划、聚落和社区等理论探讨文化生态保护实验区建设[②]，我国关于文化生态保护实验区的研究主要从人类学家斯图尔特关于文化生态的界定切入，参照自然生态学的观点，认为文化与其所处的生态环境互相影响、相互作用，从民族文化整体发展的层面对我国文化生态保护实验区的设立的重要性予以学理层面的确认，并讨论以非遗为核心的文化生态保护实验区的建设该如何展开。

同时，文化生态这一术语被学者在不同语境下不断阐释的过程中，内涵已被拓宽和泛化，在许多学科领域中被运用，使很多关于文化生态保护实验区的研究也侧重于宏观性和整体性，文化生态的整体性内涵虽在学理层面比较清晰，但也很抽象，很难在实际的文化生态保护区建设中转化为可操作的内容。大多数研究就文化生态保护实验区建设提出的策略、建议仍主要指向非遗项目的具体保护，然而从一项非遗项目的具体保护切入探讨文化整体性内涵的研究还较少。此外，很多研究虽指出文化生态保护区内民众参与非遗传承和保护的重要性，但基于已有实践的研究也偏少。

笔者认为，将文化生态概念与非遗保护联系起来，设立以非遗整体性保护为核心的文化生态保护实验区，首先应注重在城市化、工业化、全球化进程加速的背景下如何尽可能地保护好与非遗传承关联的社会环境因素。但更应注重的是，通过保护这一干预性手段，使非遗在社会变迁的过程中仍能在民众生活中保持生机活力，而不是沦为失去生命力的文献中的记载资料、博物馆中的陈列品和旅游景点中的展示品。因此，关注并研究民众日常生活背景下的非遗活态传承是文化生态保护区实

---

① 马盛德. 文化生态保护实验区建设要关注的几个问题 [J]. 中南民族大学学报，2018（4）：26-32.
② 周建明，刘畅. 文化生态保护区理论与实践 [M]. 北京：中国建筑工业出版社，2016.

践与理论的基点，由此进一步总结出实施非遗保护过程中涉及的各种社会因素、运行机制、风俗习惯等，分析非遗整体性保护的理论内涵。这也是下文通过研究晋中国家级文化生态保护实验区非遗保护与传承实践所要探讨的重点内容。

第二章 晋中国家级文化生态保护实验区文化生态内涵

2005年12月,国务院发布的《关于加强文化遗产保护的通知》明确提出,对文化遗产丰富且传统文化生态保持较完整的区域,要有计划地进行动态的整体性保护。2007年,根据《国家"十一五"时期文化发展规划纲要》要求,从加强传统文化整体性保护的角度出发,当时文化部正式设立了第一个国家级文化生态保护实验区——闽南国家级文化生态保护实验区,标志着国家级文化生态保护实验区建设工作在我国正式开展起来。2010年《文化部关于加强国家级文化生态保护区建设的指导意见》(文非遗发〔2010〕7号)对国家级文化生态保护区的定义是"以保护非遗为核心,对历史文化积淀丰厚、存续状态良好,具有重要价值和鲜明特色的文化形态进行整体性保护,并经文化部批准设立的特定区域"。迄今为止,文化和旅游部已在我国各地设立了21个国家级文化生态保护实验区,文化形态各不相同(见表1)。

表1 21个国家级文化生态保护实验区①

文化生态特征确立依据	序号	名称	区域范围	设立时间
地域文化性	1	闽南文化生态保护实验区	福建省(厦门市,漳州市,泉州市)	2007年6月
	2	徽州文化生态保护实验区	安徽省(黄山市,绩溪县)	2008年1月
			江西省婺源县	

---

① 资料来源:
周小璞. 关于文化生态保护区建设的几个问题 [N]. 中国文化报,2014-11-21 (7).
马盛德. 文化生态保护实验区建设要关注的几个问题 [J]. 中南民族大学学报,2018 (4): 27.

续表1

文化生态特征	序号	名称	区域范围	设立时间
地域文化性	3	晋中国家级文化生态保护实验区	山西省（晋中市；太原市小店区、晋源区、清徐县、阳曲县；吕梁市，汾阳市文水县、交城县、孝义市）	2010年6月
	4	潍水文化生态保护实验区	山东省潍坊市	2010年11月
	5	陕北文化生态保护实验区	陕西省（延安市，榆林市）	2012年4月
民族性	6	羌族文化生态保护实验区	四川省（阿坝藏族羌族自治州汶川县、理县、茂县、松潘县、黑水县，绵阳市北川羌族自治县、平武县）	2008年10月
			陕西省（宁强县、略阳县）	
文化环境与生产方式	7	海洋渔文化（象山）生态保护实验区	浙江省象山县	2010年6月
族群与地域性	8	客家文化（梅州）生态保护实验区	广东省梅州市	2010年5月
	9	客家文化（赣南）生态保护实验区	江西省赣州市	2013年1月
	10	客家文化（闽西）生态保护实验区	福建省（龙岩市永定区、长汀县、上杭县、武平县、连城县，三明市宁华县、清流县、明溪县）	2017年1月
民族地域性	11	武陵山区（湘西）土家族苗族文化生态保护实验区	湖南省湘西土家族苗族自治州	2010年5月
	12	迪庆民族文化生态保护实验区	云南省迪庆藏族自治州	2010年11月
	13	大理文化生态保护实验区	云南省大理白族自治州	2011年1月

续表1

文化生态特征	序号	名称	区域范围	设立时间
民族地域性	14	黔东南民族文化生态保护实验区	贵州省黔东南苗族侗族自治州	2012年12月
	15	武陵山区（渝东南）土家族苗族文化生态保护实验区	重庆市（黔江区、石柱土家族苗族自治县、彭水土家族苗族自治县、秀山土家族苗族自治县、酉阳土家族苗族自治县、武隆区）	2014年8月
	16	武陵山区（鄂西南）土家族苗族文化生态保护实验区	湖北省（恩施土家族苗族自治州，宜昌市长阳土家族自治县、五峰土家族苗族自治县）	2014年8月
	17	藏族文化（玉树）生态保护实验区	青海省玉树藏族自治州	2017年1月
文化独特性	18	热贡文化生态保护实验区	青海省黄南藏族自治州	2008年8月
	19	铜鼓文化（河池）生态保护实验区	广西壮族自治区河池市	2012年12月
	20	格萨尔文化（果洛）生态保护实验区	青海省果洛藏族自治州	2014年8月
	21	说唱文化（宝丰）生态保护实验区	河南省宝丰县	2017年1月

　　晋中国家级文化生态保护实验区行政区域范围涵盖三个市级行政区域的19个县市区（见表2）。在实际建设过程中，太原全市已被整体纳入保护区范围内。该区域内以太谷县、祁县、平遥县、介休市四县市历史特征最为显著，文化遗存集中，也是该保护区的核心地带。

表2　晋中国家级文化生态保护实验区涵盖的行政区域

序号	地级行政区	所辖县级行政区
1	晋中市	榆次区、介休市、太谷县、祁县、平遥县、灵石县、榆社县、和顺县、左权县、昔阳县、寿阳县，共11区（市、县）
2	太原市	小店区、晋源区、清徐县、阳曲县，共4区（县）
3	吕梁市	汾阳市、孝义市、交城县、文水县，共4市（县）

晋中国家级文化生态保护实验区又被称为"大晋中"。已编制完成的《晋中文化生态保护区总体规划（2012—2025）》指出：晋中在历史上形成了一种多元复合的文化形态。这种文化形态，历来就是以其特有的活态传承的非遗为基础，建立了人与自然、人与社会平衡发展的动态关系，在内涵上是我国黄土高原农耕文化和近代商业文化兼容共生的体现，构成了独特的晋中文化生态，因其历史性、融合性、传承性和表现形式的丰富性而被公认为我国地域文化类型的代表之一。

第一节　晋中传统和民间文化生态的整体性维度

晋中国家级文化生态保护实验区是一个以追求非遗有效传承为目标的官方认定的"特区"，《晋中文化生态保护区总体规划（2012—2025）》对文化生态的界定是"以非遗为核心，涵盖区域文化系统（包括传统文化和现代文化）与环境系统，由特定的文化遗产项目、传承主体、文化空间及自然生态环境等要素组成的动态平衡系统"。这一界定表明构成文化生态的要素是动态且系统性、整体性连接在一起的，这与人类学所倡导的整体性思维有着内在的一致性。人类学中的整体文化观主要关注的是在人们周边生态环境和纵向历史过程、动态的社会结构运作中，各种文化实践和观念是如何与人们生活联系起来的。在这种思路下，保护区以非遗为核心的保护实践与人们日常行为实践也有着密切关系，包括我们觉察不到的人之潜意识及非理性的经验、情感之间的关系。基于此，只有在更大的地方文化背景下，才能发现晋中非遗传承与保护实践的真正实效和意义。

当下很多与晋中民间和传统文化相关的研究多从艺术性、物质遗产、自然生态、文化旅游等方面切入，成果也多集中在民俗学、艺术学、旅游学及非遗方面①，注重将特定对象置于相应的地方生活场域中来理解。在此基础上，笔者认为，在整体性视角下，文化生态内涵还体现在特定群体的共有社会背景及其之下的具体的生活行为中，因此，不仅要看到把包括非遗在内的文化事象叠加起来构成的文化生态表层样貌，以及它们与地域生活的互动关系，更要看到日常生活中决定文化生态内在意蕴的社区民众行为的实践逻辑和机制。本节从六个维度阐述影响、决定晋中文化生态面貌的民众行为机制，从而使我们对当下正在进行的各种文化保护的本质有更深刻的理解。

一、文化的多层次关联

在人类学框架下，文化主要用来指某一群体共有的态度、信仰、习惯、风俗、价值和规范等。文化也是由结构、符号、信仰、规律和法则相互作用形成的网络关系，这些关系整合成为一个相互联系的文化生态体系，主要有三个层面：第一层是生存层面，是人们为了生存，与自然社会环境直接接触，展开各类劳作活动，包括运用与之相关的生产生活技术、工具等，这是民众赖以生存的技术和经济基础；第二层是人们为了确保生活有秩序地进行而形成的群体间各种社会关系的运作规则和方式；第三层是地方民众认同的观念和意识，包括承载了观念和意识的艺术形态、文学以及宗教信仰形态等，这主要是从人的心智着眼的，着重于个人和群体的内心情绪、体验和认知。从整体性角度出发，我们该如何把文化不同层面的因素联系起来思考呢？②

20世纪八九十年代，生活在晋中农村的儿童，空余时间经常需要去田间地头割草，以饲养家畜，如猪、兔子、羊等，这一行为在晋中被称为"挑菜"。挑菜的儿童能准确分辨出不同家畜嗜吃的野菜，常见的有马齿菜、婆婆丁、苦菜、荠菜、苋菜、茎叶、车前草、打碗花、槐花、榆钱儿、香椿、地木耳等。春天到来时，当地人也常食用这些野菜的嫩芽。长期以来，这些野菜也是晋中穷苦人群主要的食物来源。20世纪80年代后，许多农村家庭不再食用野菜，挑回的野菜主要用于饲养家

---

① 黄旭涛. 民间小戏中的口头诗学——山西祁太秧歌的一种研究视角 [J]. 民俗研究，2005 (3)：94-106.
黄旭涛. 从文化生态视角看祁太秧歌的生成 [J]. 河南教育学院学报，2008 (2)：17-22.
钱永平. 晋中非物质文化遗产保护解析 [J]. 晋中学院学报，2009 (5)：96-101.
张建忠，孙根年. 山西大院型民居旅游地生命周期演变及其系统提升——以乔家大院为例 [J]. 地理研究，2012 (11)：2104-2114.

② ［美］约翰·奥莫亨德罗. 人类学入门：像人类学家一样思考 [M]. 张经纬，等译，北京：北京大学出版社，2017：74.

畜。基于童年挑菜饲养牲畜的成长经历，提起野菜，很多人首先会将其与牲畜联系起来，当发生这样的事情时，一个最直接的判断就是生活窘迫，缺少粮食。有句俗语叫"吃糠咽菜"，此处所说的"菜"主要指野菜。所以，本地孩子长大后，很少选择将这些野菜作为日常饮食，贫富观对饮食的影响由此延续下来。即便现在盛行"自然有机"的养生观念，但饮食习惯一旦形成便很难改变，因此晋中一带的民众并不经常食用野菜。

透过这一案例我们可以看出，挑野菜饲养家畜属于生存层面，饮食观念则归为第三层面，二者看似相去甚远，但由于在儿童成长过程中引入了财富分配法则、贫富观念而发生了关联，这种关联对人们的成长产生的无形影响很难从表面上察觉到，而从整体性着眼，这种关联实际上还影响着当地人对野生植物资源的消耗。

从整体性着眼，还应注意到这一案例中提到的野菜是地方社会饮食观念变化的一个实物指标。生活水平的提高，新的信息和知识的传播，促成了人们对食物的重新理解，并形成了新的观念。这些以前经常为穷人食用的野菜被证明具有多种养生功效，许多餐馆开发出不少野菜菜品，它们"华丽转身"，变成奢侈餐饮青睐的对象，甚至还有专门的种植农场。从这一现象审视人们的饮食观念时，可以发现，人们从以前经常讨论"吃什么好"转变为现在经常讨论"不该吃什么"。这种天壤之别，表明当下人们的生活结构在某些方面已发生质的变化并且成为常态，具体阐释仍应从整体性思维出发去了解人们饮食行为背后的文化观念和价值的变化。

二、隐喻主题联系

人们经常拿各类事物如语言、图像、自然事物、各种生活用品等用于表达、传递、交流某种信息，在循环往复使用的过程中，这些事物与其象征的文化意义形成固定的隐喻联系。清末，晋商大量使用木雕、砖雕、石雕美化其居住建筑，以繁杂的雕刻手法，留下了大量的建筑装饰，借用不同的造型，传达不同的人生主题和隐喻意义。木雕中的天王送子、仙翁骑鹿、花瓶等装饰造型，砖雕中的葡萄多子、五蝠（福）捧寿、岁寒三友、渔樵耕读、二十四孝故事、石榴、桃、葫芦、琴、棋、书、画等装饰造型，石雕中的五子登科、乳姑奉母等装饰造型传递出晋中民众多子多福生殖观、耕读弘志、福寿双全、商儒结合以及重视孝伦的文化特点。[①]

这些建筑装饰图案是民众在观察和模仿自然的基础上，运用谐音、象征、暗示等手法，融入自己的主观想法抽象提炼完成的，隐含着当时工匠的构思创意、创作过程和雇主的生活意愿表达。在当代，虽然材料和表现手法发生了变化，但上述装

---

① 武丽敏. 晋中民间美术的造型与观念［M］. 北京：中国文联出版社，2011.

饰图案及寓意仍频繁出现在民宅建筑中，尤见于各种影壁上的瓷砖图案及院门门头题字，足见晋中民众对这类文化寓意的认同感之强。这也充分表明晋中民众长期以来对生活有着相似的思考和文化逻辑，在此基础上，才有日常事物表征之下更深层次的隐喻内涵。通过这种联系，晋中民众不断积累着群体的集体记忆和共同行为，进而形成更为深刻的以晋中为地域标志的身份认同感。

三、多向多因果联系

因果的因，泛指可以产生结果的所有原因，包括事物存在和变化的所有条件。无论何时，人的生存方式、观念意识、艺术文化、社会关系等都不能被简化为单一模式或长久不变的固定表述。从整体性视角着眼，我们更不能用单一的 A 原因到单一的 B 结果的线性思维来观察事物，把目光限定在某一方面，而是应尽可能地考察一个社群内部复杂且相互作用的多元因素。

晋中文化生态的突出特征之一——农工商并举，主要是指晋中以农耕为本，以商业和手工业为辅，这种产业结构保障和推动了具有地方特色的民俗、艺术、商业的形成和发展。自然生态、地缘位置、战争、大规模的人口流动迁徙等是晋中农工商并举文化生态特征形成的重要历史因素，使晋中文化呈现出多元杂糅的状态，由此也逐渐形成具有生存优势的文化传统。

在中华文明发展过程中，山西有着自身独特的地缘优势。从生物角度看，山西是多种植物脉系交汇的地方；从多文化交流角度看，山西北部是农耕群体与游牧群体交汇的地方；从战略位置看，山西南部临近历朝国都西安、陪都洛阳等重要城市。晋中地处山西腹部，《山西通志》把"晋中盆地冬麦杂粮城郊农业区"地理界限定为南起灵石口，北至内长城，西到吕梁山麓，东至太行山丘陵。晋中靠近省会城市太原，处于汾河流域中下游，地面平坦，交通发达，人口密集。这样的地理位置和交通条件，为晋中农工商并举文化生态的形成奠定了基础。

晋中自仰韶时期起已有比较成熟的农业生产，胡泽学《三晋农耕文化》一书详细介绍了包括晋中在内的山西农耕文化的历史发展过程，分析了气候、人口增长、地理位置对山西农业生产的推动作用，肯定了依赖于农民劳力操作的精耕细作农业生产体系。基于区域和自然环境差异，晋中一带的农具、水利、土壤、肥料、种子、天文、历法、气象及民间农业习俗、农谚、农学等均体现了晋中平原型旱作农耕文化特征。[①] 以农为生的晋中民众，其创造力和关注点集中在自然环境、动植物与人的关系的处理上，重视土地的增产潜力，以求获得尽可能多的产量，对各类作

---

① 胡泽学. 三晋农耕文化 [M]. 北京：中国农业出版社，2008.

物加以手工加工,做到自给自足。然而他们也意识到自然界存在极大的不确定性,人并不能主宰天时物候,因而逐渐形成勤劳安分的农耕文化性格。

此外,山西历史上一直是中原统治者抵御北方游牧民族侵扰的前沿和防御屏障,自然也是游牧文化和中原农耕文化相互传播、渗透的前沿地带,是天然的民族熔炉,历史文献对此有大量记载。战国时期,赵国打败狄族后,汉族便持续不断地和不同少数民族长期共同生活在山西地域内。东汉时期,曹操把南匈奴分为五部,其中有三部居住在晋中地区,左部万余户住汾阳,右部6000余户居祁县,中部6000余户居文水。至晋武帝时,塞外发生大水,又有2万余户归入今属临汾、太原、昔阳、长治等地定居。宋代时,契丹族、女真族、蒙古官吏和士兵长期盘踞山西,为其文化在山西的顺利进入和传播创造了便利条件。至明清时,汉族与少数民族尤其是蒙古族的交流则更加频繁。晋中汉族和不同少数民族的长期杂居融合,为晋中社会可持续发展提供了更多优势选择。

随着少数民族从塞外迁居山西融入汉民族,其擅长买卖交易、养马、文娱爱好等生活方式也随之进入山西。隋唐时,许多晋中人因从事木材生意而致富,如武则天的父亲武士彟就因贩卖大木材而发家。到了辽宋,晋中一带从事商业的小商小贩日益增多,"上京(临潢府)所谓西楼也……,有邑屋市肆交易,无钱而用布……,并、汾、幽、蓟之人尤多"①。宋代时,整个河东地区即山西的商贸特别活跃。元代的山西则出现了许多新的商贸城镇,《马可波罗行纪》中讲:"……抵一国,名太原府(Tainfu)。所至之都城甚壮丽,与国同名,工商颇盛,盖君主军队必要之武装多在此城制造也。其地种植不少最美之葡萄园,酿葡萄酒甚饶。契丹全境只有此地出产葡萄酒,……自此太原府城,可至州中全境。向西骑行七日,沿途风景甚丽,见有不少城村,环以墙垣;其中商业及数种工作颇见繁盛,有大商人自此地发足前往印度等经商谋利。"② 放马在唐代时的河东地区已经是一项重要的生产活动,至明清时,晋中地区的汾阳、文水、交城一带已成为有名的养马区,马匹交易兴旺。③ 山西省的地方戏曲艺术历史悠久、种类繁多,在中国戏曲舞台上占有重要地位,与长期借鉴、融合少数民族的歌舞样式有密切关系。

对于晋中发达的商业而言,许多研究提到人多地少是晋中商业兴起的原因,但这仅是晋商兴起的客观因素之一,仅凭这一原因并不足以让当地民众做出远涉他乡艰苦经商的决定。上述历史表明,从塞外不断迁入的少数民族的生存特性对晋中经

---

① 〔宋〕欧阳修. 新五代史·卷七四·四夷附录.
② [法]沙海昂,注. 马可波罗行纪[M]. 冯承钧,译. 上海:上海古籍出版社,2014:219.
③ 杨茂林,等. 山西文明史(中卷)[M]. 北京:商务印书馆,2015:666-672.

商传统的形成更具关键性。以游牧为生的少数民族逐水草而居，他们所需要的食物等生活资源并不能完全通过畜牧而获得，由于"人不耕织，地无他产""锅釜衣缯之具"等生活资源依赖于中原地区，必须通过发动战争或各种交换而获得，因此形成了他们善战和擅长经商的生存性格。

在长期的社会发展过程中，晋中地区人多地少现象日益明显，当地人不得不在农业生计之外另谋他计，少数民族的经商优势也逐渐显露出来。清代康田基在《晋乘蒐略》中提到"太原以南多服贾远方，或数年不归，非自有余而逐什一也，盖其土之所有不能给半岁，岁之食不能得，不得不贸迁有无，取给他乡"。明朝时，政府为北部边防筹集军饷而推行开中制，晋商不惧风险参与其中，在这样的政治基础上，晋商逐渐发展成为明清国内势力最大的商人集团，经营区域涉及全国乃至俄罗斯、东南亚和阿拉伯等国际区域。

发达的晋中商业催生了当地手工业等其他行业的繁荣，这些行业的从业者，如银匠、裁缝、木匠、泥瓦匠、画匠、花匠等手工艺人，从事货物运输和保护的商队和镖师，专门饲养驯化马和骆驼的畜牧员，从事戏曲等文化娱乐的各路艺人和从事丧葬超度的僧侣等，都纷纷来到晋中讨生活，这些从业者的生活被不同程度地搬上文艺表演的舞台。

晋中农工商文化生态特征的形成过程表明，文化不仅是特定群体所认可的共同意义，更是特定群体生存能力的体现。这种能力在自然环境、社会条件、各类变化的刺激下转变成特定地区人们的共同行为，它们不能一步到位，而是地方群体在与所处环境互动过程中，经过各种摸索和失败后，共享这些摸索和失败经验而形成的集体记忆，这些集体记忆可以像生物遗传一样在代际间传承，减少后代的生存成本，自在地面对自己所处的环境。

从因果联系的角度审视晋中农工商并举的特征，还应注意人类活动对当地自然生态造成的破坏。历史上，山西大部分地区是森林和森林草原混合生态环境，宋《太平寰宇记》载，太原西山"古柏苍槐树木荫医"，有"锦绣岭"之称。金代元好问《过晋阳故城书事》提到晋祠西山是"水上西山如挂屏，郁郁苍苍三百里"。明中期以后，人口增多，毁林开田；商业贸易发达，奢侈之风兴盛，大兴土木，木材、木炭市场无限膨胀却得不到有效遏制，加之迁居山西的少数民族消耗大量草木饲养马匹，导致林木逐渐消失。迄今为止，苍翠的自然生态已不复见，生态环境正持续恶化。20世纪70年代后，人们有意识地修复生态植被，同时开始了文化观念层面的修正。

一种文化特征的形成是经过民众层层选择，并在复杂的社会运作过程中完成的，单独的原因不会必然导致人们做出生存上的某一抉择。整体性视角下的文化研究不仅要揭示生活各种单向的因果关系，还要剥开一种文化要素对社会许多方面同时产生的各种影响，不同群体与所处环境的双向回应如何塑造各地不同的发展模式和文化实践。

四、机制性联系

机制性联系是指文化实践是嵌入复杂的社会运行机制中展开的。换言之，对于习俗等地方传统文化实践而言，不仅要从践行习俗的群体行动中解读其蕴含的文化内涵，也要结合地方民众秉持的财富、道德观念及地方经济机制展开分析，这样才能更好地理解地方传统文化实践生生不息的多层原因以及面对社会变迁时出现的新问题。下面以我国的春节和婚嫁习俗为例展开阐述。

我国春节拜年除了包含代际间的祝福意义外，在晋中地区春节拜年还有以下约定俗成的行为：男女双方婚后第一个春节应去双方长辈亲戚家拜年，这是备受双方重视的事情，称为"拜新年"；其次，新出生的孩子第一次的春节拜年通常也会受到亲戚长辈的认真对待。此类拜年民俗，含有民俗学上所指的"过渡"仪式的文化意义，意味着一个新组合的家庭在更大的社会人际圈内获得了承认和接纳。

从经济角度讲，拜年时长辈给予小辈那些具有象征意义的礼金、压岁钱，实质上是一种财富分配机制，是人们"借手"他人的一种变相储蓄，因为在未来的日子里，人们又可以通过相似的民俗活动，再从他人手中将这笔"储蓄"套现，如此循环。在其他社会条件的配合下，此类习俗维系着人们的金钱支出和人际关系的稳定和谐。然而我们也可以看到，随着我国市场化程度的逐渐提高，"契约+金钱"成为普遍的交际形式，血缘关系圈和其他利益共同体的瓦解，使人们背离这类习俗规则的频率越来越高，以这种方式流通于亲友、代际间的压岁钱使财富流失的风险度越来越高，导致当事人财富受损，使亲友间产生嫌隙矛盾。在这种情况下，晋中农村新婚夫妇"拜新年"、小孩子拜年所具有的积极民俗内涵被严重削弱。

与拜年类似，结婚彩礼也是一种隐性的财富交换和流动机制。目前，农村结婚彩礼金额越来越高，使许多农村家庭通过婚嫁彩礼来完成两个联姻家庭、上下代的财富的事实上的转移，加上土地权利归属的变化、城市化进程、经济产业等诸多因素，长辈对子女的权威随之丧失，农村尊老敬老习俗不再为年轻一代所热衷。对于经济状况不一的家庭而言，一场热闹的婚礼习俗背后各不相同的难言之隐有待揭示。

春节拜年和婚嫁习俗作为晋中民众生活的重要组成部分，是嵌入当地人情与财富分配的运作机制中的，在这一过程中，围绕亲戚、朋友间关于家庭情况、品格智慧、人际能力的评判以及财富等价值观在当地民众践行的习俗活动中浮出水面，这些融于实践中的价值观经过过滤、沉积，变成当地民众的集体性格。

五、传统文化与当代生活的交互关联

英国学者麦克尔·卡里瑟斯（Michael Carrithers）在《我们为什么有文化：阐释人类学和社会多样性》中提道："人们通过运用使他们理解和再创造已经存在的老的事物的同样的创造性，创造了新的事物、新的关系和新的共同生活的形式。"[①] 对于晋中而言，"老的事物"就是存在于这一地区的"传统"，以农村地缘、血缘为基础的人际交往和商业经营传统，被吸收进当代新的谋生方式，地方草根的勤劳、狡黠和诚信随之在其中得到不同程度的体现。这一过程是缓慢的，民众在其中经历着新的冲突、新的刺激、新的融合，对于传统他们不是全部保留，而是进行了筛选和再创造。

作为晋商故里，晋中经商传统一直延续着。晋中各县城区以个体商贩经营为主的各类商业买卖非常繁荣，竞争激烈。还有流动商贩频繁走乡窜村，贩卖日常生活用品和农产品等。同时，因便利的交通，晋中一带跨区贸易一向繁荣，长途货物运输业非常兴旺，许多青壮年是大货车司机的主力军，日夜穿行在晋中到全国各地的长途运输线上，这推动了晋中新"线性商业走廊"的形成，在交通枢纽沿线密集林立着各类餐饮住宿、修车洗车、加油、售车等商业店铺，生意热火朝天。

晋中这些日常谋生景象与其他地方十分相似，但人们的经营风格、方言口音、饮食嗜好、节庆习惯、文艺爱好又都无形中暴露出其所蕴含的特色和文化意义，这是地方文化主体之外的人们难以理解和明白的。这便是以非遗为主的传统文化力量在发挥影响。这些地方的文化传统正与当下的城市化进程、市场化经济进程融合，造就了晋中当下既熟悉又新鲜的文化生态，且不断演进，这种文化生态样貌的"新"特征嵌入地方群体的集体记忆后，就会被赋予地方、民间色彩和风味的标签。

六、过程联系

从过程的角度看文化，"文化"是一个动词，是动态发展的过程，它会转变、演化并且多线发展，如上述传统与现代的缓慢交汇。从文化保护的角度看，我们敏感地意识到当代民俗的商品化过程已是主流，许多原本不属于市场消费范畴的传统民俗文化形式正不断被开发为经济产业。但如果文化是一个过程，就需要我们以接

---

① [英] 麦克尔·卡里瑟斯（Michael Carrithers）. 我们为什么有文化：阐释人类学和社会多样性 [M]. 陈丰，译. 沈阳：辽宁教育出版社，1998：74.

受变迁的心态来审视对晋中非遗的保护，观察这些非遗正在发生的各种变化。

以春节为例，它是我国国家级非遗代表性项目，各地把春节打造成一项文化旅游产品的时间并不长。晋中平遥古城1997年进入联合国教科文组织《世界遗产名录》后，平遥县政府自2000年起，与旅游商家一起，在"我在平遥过大年"旅游活动和晋商社火节的基础上，把新兴会展业的优势和传统节庆结合起来，每年推出一个以"平遥中国年"为主题的春节旅游产品。迄今为止，平遥古城已成为我国最火爆的旅游目的地。这一商业行为也使晋中春节节庆内容变得更加丰富，呈现出"旧中有新"的鲜明特点，如特色灯展、游乐、戏曲表演、传统社火、街舞、抽奖等活动都能有机结合起来，规模日益扩大，融民俗性、观赏性、参与性于一体，当地民众参与性极高，反之又加深了春节期间外地游客的体验深度。

同时，当地民众过春节仍延续着固有的传统形式，每家每户都装点居室庭院，村镇街区都张灯结彩，准备过年之事，还会在腊月二十三这天买粞糖①送灶神上天，各地以政府为赞助主体和组织主体，都开展传统的"闹红火"活动，这些都渲染着当地自成一系的节日氛围，使春节没有完全沦为供游客消费享受的旅游产品形式。

对于诸如春节等非遗的商品化过程，相关研究贬大于褒，部分原因在于人们总是简单地以非遗过去的传承状态作为参照来评价现实中仍在传承的非遗，当二者不一致时，我们便根据自己的想象认为现实中的非遗失去了"原生态"。因此当下一些非遗作为一种商品被他者进行消费时，我们就认为这使非遗遭到不同程度的威胁或破坏，不利于非遗的传承。这种争议经常让非遗传承人面临尴尬的局面。

非遗当然以集体认同为基础，但从过程角度看，社群所认同的非遗绝不是已完成的文化成果。随着社会境遇的转变，在外来因素、非遗社群行动、价值观改变的刺激下，人们要做的是面对现状继续探索并选择他们能理解和认可的文化意义，根据已有的文化基础对非遗进行再创造。我们注意到，"平遥中国年"的春节旅游产品在没有妨碍、干扰地方民众过节方式的同时，取得了商业上的成功，为当代游客提供了一种传统节庆的怀旧体验。实际上，无论哪种文化实践，在未来的发展过程中还会继续出现不同的问题，但那些成功保持自身文化生命力的社群，毋庸置疑，是在不断解决问题的过程中不断增强自身的文化创造力。

综上所述，对于人们那些不起眼的日常行为，我们只有从整体性思维上予以不同维度的考量，才能发现其在文化层面的真正含义和影响力。从文化层次、隐喻、过程、机制、多因果、文化混合等角度切入审视晋中地区的社会生活，我们可以看到影响文化生态和谐平衡存续的动态交织的因素——地方群体行为实践的深层特性

---

① 晋中很多县市方言称为"粞瓜瓜"。

和运作机制，从中发现人的生活行为与文化创造能力的关系。这是地方民众在应对生活各种挑战的过程中获得的挫折教训和优良经验，被转化为地方集体记忆，最终作为文化被沉淀和传承下来，形成地方文化生态。

斯图尔特认为，一个地区的生态系统和文化系统是对应性关系，它们支撑着特定地区的人的生活，漠视生态环境，会导致社会和经济的崩溃。相似的道理，放弃文化生态的考量，会影响社会的可持续发展，导致生活从整体上失衡。长久以来，一个社会的发展被窄化为追求经济上的成功，那些凝聚了群体生活经验和教训的优秀传统文化被冷落，结果是人的生活品质日益降低，当代的我们对此有切身体会。21世纪初，人们逐渐意识到对发展的关注绝不只是经济财富本身，发展也不是抛弃传统，两者并不矛盾。

我国政府设立文化生态保护区，开展非遗保护，正是在"发展"的整体理念中纳入上述见解，并转化成实际行动。这使地方群体能从本身熟悉的文化切入来规划自己想要的生活，不断提高自身的能力和素养。实现这一目标首先需要国家通过出台各种政策和采取各种措施，保存那些有价值的传统和民间文化；其次需要国家提供各类文化指导，为地方民众提供平等的机会和平台，引导他们对文化生态保护展开思考和讨论，并在行动层面上有所改变；最后需要本土民众结合新的时代环境掌握知识，不断提高文化表达能力，通过自身努力获得各种资源，自在地处理遇到的各种新问题，推动社会的发展。任何一种文化保护要取得成效，关键在于人的行为和文化创造力。

从历史的整体性角度看，以非遗为主的文化生态保护区建设是立足当下、审视过去、指向未来的。人无法掌控未来，但却可以把过去的思考、创造力和经验保存起来，为后代提供足够多的选择机会，使其成为面对当下、未来风险的灵感源泉。这是典型的"前人种树，后人乘凉"式的公益事业，也使过去、现在和未来得以一脉相承，是真正整体意义上的社会发展。

第二节　晋中国家级文化生态保护实验区文化生态特征

晋中国家级文化生态保护实验区的成立，不是通常意义上的行政划分，而是根据历史上长期形成的晋中地方文化生态特征而划定、设立的，农耕文化是根本，从中延伸出耕读、手工、经商和生活娱乐等方面的民间文化。《晋中文化生态保护区总体规划（2012—2025）》以农耕为关键词，概括出三点晋中文化生态特征：农工并举、商儒结合、乐武相济,这是设立晋中国家级文化生态保护实验区的文化生态特征依据。

一、根基:北方平原农耕文化

从自然地理条件看,保护区位于山西中部,东靠太行山,西傍吕梁山,汾河自北向南从中部穿过,形成东部山地、中部盆地、西部河谷的地貌,属温带大陆性季风气候,四季分明,土质肥沃,是典型的农业生产地区,旱地耕作技术发达,以粮食种植业为主,是小麦和秋杂粮主要产区。晋中在仰韶时期已有刀耕火种和耒耜农作,农业生产中石器的应用很普遍,晋中灵石旌介村商代墓曾出土过石镰。山西地区在这一时期完成了粟(小米)、粱、小麦等细小颗粒农作物从野生采摘到人工种植的转变过程,这是人类文明的一次重要飞跃。夏时期,晋中已经发展起较为完整的水利沟渠与灌溉系统,这对水土保持有重要作用。随着农业技术日益提高,晋中民众逐渐完成了从轮耕到固定土地耕作的过渡,牛加铁犁的耕作方式成为重要的农业生产方式。战国时期,这一带的农民已经掌握了"精耕细作"的农业技术,重视选种、水土保持、播种、除草,适当灌溉施肥、防治虫害,尽人事给农作物以最好的生产环境与条件,以取得农业丰收。迄今为止,在著名的晋祠景区一带,当地农民仍以泉水为水源,种植晋祠大米。而距离太原不远的清徐县是我国著名的葡萄产区之一,素有"葡萄之乡"的美称,葡萄栽培历史非常悠久。

从远古刀耕火种一直到当代旱地"精耕细作"的农业生产,晋中各地农民为提高粮食产量和丰富食用品种,在土壤性质、地力培肥、保墒、抗旱等方面积累了同中有异的多样性农业知识,如农谚"霜降起萝卜,立冬起白菜""淹不煞的韭菜,旱不死的葱""枣发芽,种棉花,枣芽一寸,棉花种尽"[①]。这些农业知识生动体现了晋中农民对当地季节物候、自然环境的深刻理解和认识。那些晋中多产的小米、小麦、秋杂粮、枣、清徐葡萄等具有悠久栽培历史的粮食、干鲜、水果,被人们翻弄成各式各样日常、节庆、仪式饮食,形成今天有名的面食文化、酿造文化、福寿文化,成为农耕文化的典型体现。祁寯藻[②]于清道光十六年(1836)完成的《马首

---

① 流传于晋中祁县一带的农谚,笔者搜集于祁县民众日常聊天。
② 祁寯藻:1793—1866年,字叔颖,山西寿阳平舒村人。历经乾隆、嘉庆、道光、咸丰、同治五朝,22岁中进士,曾官至大学士、首席军机大臣(正一品),是当时山西人在朝中居官最高最久者。他曾为道光、咸丰和同治三代皇帝授课。《马首农言》是祁寯藻于1834年因母逝回寿阳平舒老家守孝期间,在留心农事,访问乡民,深入研究当地气候、耕作、水利、畜牧、赋税等情况基础上而作,是清朝后期一部重要的区域性农学著作。

农言》就对晋中寿阳县的农业生活做了系统记录，成为农学史上的一部重要著作，足见晋中农业历史文化底蕴之深厚。

基于农业上长期的精耕细作，在民情民风上，晋中地区无论是生活在平原还是山区的民众，一个共同的特征就是勤于稼穑，以节俭为美德，量入为出，视浪费粮食为可耻；热衷积攒钱粮置地盖房，遇灾不慌；人与人交往重诚信，性情忠厚诚实，遵纪守法，较少暴力强悍行为。俗语有"吃饭穿衣看家当""地怕草混，人怕胡混""没有懒地，只有懒人""一样的米面，各人的手段""爱苗惜子，到头饿死"。① 从晋中民众这些平日拉家常的俗语中可以看到，从农耕生活中滋生的人生经验已渗入当地民众的语言、思想、生存价值观，一直为当地普通民众认可并得以贯彻。

在地理空间层面，晋中各县的古村落都是晋中农耕文明的见证。榆次后沟古村被视为罕见和地道的农耕文明村落典范，我们可以从该村村址、村落空间布局、庙宇、村民住宅、日常生活、农作生活立体地见证晋中传统农业文化的历史传承和变迁。② 当代随着城市化进程的推进和产业转型，现代农业体系的逐渐形成，晋中旅游业的日益兴盛，许多人意识到与传统农业相关物件的收藏价值，保护区内许多农村、乡镇和民营博物馆对晋中各地农业器具、旧式生活器具等进行收集并分类展示，如晋中榆次后沟古村农耕文化展馆、孝义贾家庄农耕文化展览馆、文水世泰湖湿地公园中的北方传统农具博物馆等。

在非遗层面，有以面食的制作、酒和老陈醋的酿制为代表的传统手工技艺，晋中许多节庆民俗也都保留着浓厚的农耕文化生态特征，如晋中榆次区的"背冰山"——腊八习俗，是一个流传在乡村中，与农业生产密切相关的自然信仰仪式。

二、重视教育，儒商并重

山西晋中地区交通发达，人多地少，当地人都做小买卖补贴家用，商业流通长期兴盛不衰。③ 做买卖是晋中祁县、太谷、平遥、介休、灵石等县市特有的民风民情，有"若要发家快，庄稼搅买卖"的民谚。明清风云际会，晋中商人走南闯北，不惧辛苦；典当、钱庄、票号各类商铺遍布我国许多城市。晋商独当一面，商贸金融人才辈出。有的是大资本家，如祁县的乔家、渠家、何家等；介休的范家、侯家、冀家等商贾大族。有的擅长经营和管理，如雷履泰、毛鸿翙、李宏龄、郝登

---

① 流传于晋中祁县一带的农谚，笔者搜集于祁县民众日常聊天。
② 冯骥才. 灵魂不能下跪——冯骥才文化遗产思想学术论集 [M]. 银川：宁夏人民出版社，2007：466-477.
③ 赵汝泳. "晋商"的历史地位及其产生发展的原因 [J]. 理论探索，1987 (4)：50-53.

鳌、贾继英等。重诚信、重信誉、重长远的经商品行使晋商享誉商界数百年，纵横欧亚数万千米。这在当地民间小戏祁太秧歌剧目如《卖元宵》《换碗》《卖高底》《算账》《卖胭脂》以及经商谚语中都留下了痕迹。①

晋中人做生意买卖的同时，倡导耕读传家，尊儒重教蔚为成风，现存于晋中各县的文物保护单位——文庙②古建筑见证了晋中人重教的历史传统。中华人民共和国成立后，晋中很多新建的中学都建在文庙附近的老书院内，祁县中学原址就是该县文庙附近的"昭余书院"。而广为人知的晋商被称为"儒商"，奉行"学而优则贾"，重视教育成为晋商经营成功的重要因素之一。从诸多晋商研究中可以看到，晋商中的祁县乔家、渠家和榆次常家对教育③都非常重视，如祁县乔家不惜重金，聘请名师，并礼遇有加，提供优越的教学环境让名师教授本家子弟。④清末晋中文人刘大鹏曾在其日记中记录过类似情形，"此处富家每岁设席请教学先生数次，尚知尊师重道之礼，此其大好处也"⑤。为了更好地教育和约束后代品行，督促其修德立品，晋商家族将儒家修身伦理纳入家训中。祁县乔家的庭训有"勤俭乃持家之本，和顺乃齐家之本，读书乃起家之本，忠孝乃传家之本"。而榆次常家家训由常麟书书录并专门印制，说明常家不仅注重营商、教育，更注重培养家族成员、子孙后代的优良品行，教其做人处世，以利于家运久远绵长。

目前，晋商民居大院已成为旅游热点，附着于建筑装饰上的很多楹联、匾额处处渗透着各晋商家族对读书的重视。如乔家大院《格言联璧》："有补于天地者曰功，有益于世教者曰名，有学问曰富，有廉耻曰贵，是谓功名富贵"。榆次常家庄园贵和堂对联："读书虽未成名毕竟人高品雅，修德不期获报自然梦稳心安"，榆次常家庄园客院影壁联："仿圣贤行为方能滋品，读儒雅文集足可养心"。灵石王家大院楹联："丹桂有根，独长诗书门第；黄金无种，偏生勤俭人家"，灵石王家大院直方院正窑廊联："胸藏丘壑瘠地亦有韵味诗味，兴寄烟霞僻乡岂无花香墨香"。太谷曹家大院三多堂东院大门联："忠孝两字传家国，诗书万卷教子孙"。

这种渗透在晋商子女日常生活起居中，并且注入了儒家伦理的全面式教育，在塑造后代子女品格学识过程中所发挥的重要作用不言而喻。儒家教育还延伸至晋商

---

① 殷俊玲. 晋商与晋中社会 [M]. 北京：人民出版社，2006：47-66.
② 如榆次区文庙，太谷县文庙，祁县文庙，平遥县文庙，平遥县岳壁乡金庄村文庙，左权县文庙，灵石县静升镇文庙。
③ 王秀玲，万强. 明清时期晋商家族教育浅析 [J]. 历史教学（高校版），2007（4）：17-21.
④ 贾海洋. 晋商乔家的生存哲学与经商成功之道 [J]. 经济问题，2017（6）：120-124.
⑤ 刘大鹏. 退想斋日记 [M]. 太原：山西人民出版社，1990：72，光绪二十三年（1897年）三月十三日日记。

所持有的票号、钱庄和商铺从业人员经商品行的培养中，提倡"良贾何负闳儒""仁中取利真君子，义内求财大丈夫"①，这样无论是晋商家族子弟还是从事生意的人员，才学、见识、眼光和谋略均与众不同，也使晋中地区人才素质在整体上有了突破性提升，实现了贾而好儒、以学保商。迄今为止，与省内相邻的吕梁、忻州地区相比，重视教育在晋中一带仍有着非常强大的根基。

三、手工业发达，民间娱乐兴盛

明清晋商崛起，晋中经济商贸业兴旺，由此又催生出更多的行业生计方式和休闲生活方式。以畜牧业、生活手工业为主的职业匠人也兴盛起来。同时，一大批服务于晋商的镖局武师和娱乐艺人也涌现出来，由财主资助的习武练拳、梆子戏（晋剧）演出、闹票儿都非常活跃，有名的戏伶武师的趣事被人们编成了顺口溜而广泛流传。而背棍、铁棍、推车、架火、灯、焰火表演等春节期间的节庆社火游艺则直接激发了晋中民众在集体娱乐方面的创造力。太谷的灯、祁县的棚、榆次南庄的架火、清徐徐沟的背铁棍，在今天仍是晋中春节必不可少的游艺活动，戴氏心意拳、形意拳则仍在祁县、太谷县被很多人练习传承。殷俊玲根据晋中各县文史资料，对清至民国年间晋中地区的店铺、手工技艺者、矿业和农牧业方面的从业人员、小贩、佣工、婚丧服务者、镖师及其他从业者进行了比较详细的盘点②，从中可以看到晋中民众为生存自谋生计的生动场景。

务农、读书、经商是晋中人的日常生活形态，以农耕、儒商、手工、乐武为载体的晋中文化生态特征，是基于晋中地方环境而发展出来的，是以生计为中心的文化多样性的体现。保护区则是其在地理空间层面的体现，覆盖了山西省下属三个地级行政区，基于文化生态特征而形成的地域边界很难与行政边界精确重合，它多体现在民众相互认可的语言表达、风俗、行为习惯、精神气质中，人们能从心理意识上感觉到他们拥有一个共同的文化边界，用当地话表达这层意思时，会经常使用"咱们这……"

以农耕生产为根基形成的"农工并举、商儒结合、乐武相济"晋中文化生态特征，至今仍深刻影响着地方民众的日常生活，农耕自给自足的价值取向，在"男主外、女主内"家庭生活模式下，使当地农民尤其是45岁以上的农民都偏向于节俭持家，能省则省，尽可能通过自己的劳作来满足家庭成员的日常生活需要。在这种为了打发时间和满足自身生活需要的日常生活模式中，晋中各县民众创造出大量传

---

① 商雅琼. 明清晋商的伦理道德教育与晋商的成功 [J]. 山西档案, 2007 (2): 45-48.
② 殷俊玲. 晋商与晋中社会 [M]. 北京: 人民出版社, 2006: 171-212.

承至今的非遗,如民歌小曲、手工布艺、自制饮食、剪纸、面塑、编织、社火游艺等。在农村社会,这些也是民众熟人间相互交流、相互馈赠的重要媒介,很少用于售卖。

这种情形到了以市场经济为主导的当代社会,当交换消费成为主要的生活方式时,人们越来越倾向于购买现代工业制造出来的东西,很多原本由自己动手制作的日常生活用品,也倾向于付费让别人加工制作。伴随着工业化、城镇化进程,大多数人也开始外出打工,从事与工业、服务业有关的工作,使得传统技艺、知识和文化传承基础日益变薄,如何确保此类非遗有活力地传承下去,成为晋中非遗保护实践需面对的一个问题。

对于那些制作技艺极为复杂和需要较多人手才能完成的生活用品,当地人主要以购买为主,有两大类:第一类是日常饮食,如酒、醋、豆腐、点心、油等;第二类是手工艺生活用品,如编织品、各类铁制器具等,此类用品的传统手工制作以家庭个体作坊为主。结合晋中经商传统,这些以个人小本买卖为主的传统技艺用品的生意方兴未艾。因此,这些传统技艺传承至当代后,都被纳入非遗的范畴。

中华人民共和国成立后,在国家发展工业的过程中,很多传统制作技艺作坊渐渐发展壮大为国有或集体企业,这些企业在20世纪90年代中期我国市场经济体制改革过程中归宿各不相同,有的被保留下来继续发展;有的则是破产解体,导致掌握传统核心技艺的骨干分散流失。至21世纪初,随着人们市场经济思维的日益活跃,一些企业组织不断涌现出来,专门制作和生产在晋中民众生活中比较有名的传统技艺类用品,如晋中太谷县太谷饼,在市面上至少有5个已注册商标的太谷饼在销售。在我国开展非遗保护后,因为官方认定的非遗具有权威性,基于商业动机,这些企业申报非遗项目的积极性非常高,但以企业为组织的传统制作技艺的传承与保护行动应该如何展开,有待进一步研究。

同时,原先在农业社会中具有很强实用功能的传统和民间文化,随着科学技术的迅速发展和社会生活的变迁,其实用功能逐渐丧失,如晋中戴氏心意拳、形意拳等武术,曾用于保安和商运保镖职业,传承到当代,已作为个人爱好和养身的形式而存在,发展为一种小众传统文化,一方面,这使其蕴含的文化内涵更为纯粹,另一方面,如果不有意识地采取干预保护措施,便会面临失传的危险。

上述种种,使我们有必要思考保护区基于农耕形成的文化生态特征将如何被再创造和嵌入当下的社会发展进程中。

四、晋中文化生态特征在《晋中文化生态保护区总体规划（2012—2025）》中的体现

《晋中文化生态保护区总体规划（2012—2025）》从人类学视角出发，引入文化区、文化带和文化圈的概念，从地理空间上对晋中文化生态进行了布局规划，构建了"四个一"：一带（农耕文化带）一廊（晋商文化走廊）一圈（节庆文化圈）一区（方言文艺区），在这些区域中，某一类或多类非遗的表现形式和特征都鲜明、突出，在当地民众中认同度非常高。这样的布局规划便于保护过程中整合资源、突出重点（见表3）。

表3 晋中国家级文化生态保护实验区"四个一"布局

布局	名称	二级分类	关联非遗项目	分布区域
一带	农耕文化带	酒、醋酿制技艺生产性保护区	汾酒、竹叶青酒、清徐葡萄酒传统酿制技艺	以汾阳市、清徐县为核心区域设立晋中酿酒生产性保护区
			清徐老陈醋、太原老陈醋、榆次"四眼井"陈醋传统酿制技艺	以清徐县、太原市、晋中市榆次区为核心区域设立晋中酿醋生产性保护区
		面食文化保护区	郭杜林晋式月饼、太谷饼、清徐孟封饼、寿阳油柿子、孝义面塑、晋阳花馍、平遥天合元油花花	以太原市、太谷县、清徐县、寿阳县为核心区域
		福寿文化整体性保护区	寿阳县老寿星传说、寿食、寿俗及传说所指的黄岭堑	以寿阳县为核心区域
一廊	晋商文化走廊	晋商古道传统技艺密集区	传统建筑"三雕"（木雕、砖雕、石雕）、晋式家具制作技艺、平遥推光漆器制作技艺、介休琉璃制作技艺	以太谷县、祁县、平遥县为核心区域，依托历史古街区、晋商大院等
		武文化密集区	心意拳、形意拳、太极拳、弓力拳	以太谷县、祁县、平遥县为重点区域
		传统医药保护区	龟龄集、定坤丹、安宫牛黄丸，以及平遥道虎壁王氏中医妇科	以太谷县、平遥县为重点区域

续表3

布局	名称	二级分类	关联非遗项目	分布区域
一圈	节庆文化圈	社火文化圈	背铁棍、清徐东于架火、太原锣鼓、太原风火流星、祁太秧歌、榆次南庄无根架火、榆社霸王鞭、九曲黄河阵	太原市、清徐县、太谷县、祁县、榆次区、榆社县
		庙会文化圈	太原晋祠庙会、太原龙天庙会、交城卦山庙会	太原市、交城县
		清明节暨孝文化整体性保护区	介休绵山清明寒食习俗、孝义郑兴孝母故事	介休市、孝义市
一区	方言文艺区		晋剧、祁太秧歌、孝义皮影木偶戏、孝义碗碗腔、汾阳地秧歌、文水鈲子、左权民歌、左权小花戏、昔阳拉话	太原市、祁县、太谷县、孝义市、汾阳市、文水县、左权县、昔阳县

第三节　晋中国家级文化生态保护实验区建设情况

一、晋中国家级文化生态保护实验区内物质遗产与非遗存量

（一）物质遗产项目存量

在自然遗产保护方面，保护区内有国家级森林公园7个：天龙山国家森林公园、关帝山国家森林公园、交城山国家森林公园、乌金山国家森林公园、太岳山国家森林公园、方山国家森林公园、龙泉国家森林公园。国家湿地公园4个：昌源河国家湿地公园、文峪河国家湿地公园、介休汾河国家湿地公园、孝义孝河国家湿地公园。山西庞泉沟国家级自然保护区1个。

在文物古迹遗产保护方面：现有国家级文保单位96处，省级文保单位41处，国家级传统古村落22个，太原市、祁县、平遥县3座国家级历史文化名城。

（二）非遗项目存量

至2017年止，保护区内现有国家级非遗代表性项目42项（保护单位46个），省级非遗代表性项目194项（保护单位157个）（见表4、表5）。截至2016年，市级非遗代表性项目228项。国家级非遗代表性传承人21名，省级非遗代表性传承人46名，市级非遗代表性传承人87名，县级非遗代表性传承人282名。2个国家级非遗生产性保护示范基地[①]。保护区内以非遗为标识的8个乡镇被评为"中国民间文化艺术之乡"，分别为吕梁地区的孝义市（剪纸）和汾阳市（地秧歌）；晋中地区的左权县（民歌、小花戏）、祁县城赵镇（剪纸）、榆次区郭家堡乡（歌舞）和张庆乡（高跷、背棍）；太原市小店区北格镇（舞龙）和清徐县徐沟镇（背棍）。

表4 晋中国家级文化生态保护实验区国家级非遗代表性项目

4-1：晋中国家级文化生态保护实验区第一批国家级非遗代表性项目（2006）					
序号	项目类别	项目名称	项目传承地区	非遗项目代表性传承人	
				级别	姓名
1	传统音乐	左权民歌（开花调）	晋中市左权县	国家级	刘改鱼
2	传统音乐	文水鈲子	吕梁市文水县		武济文
3	传统戏剧	晋剧	晋中市		程玉英 牛桂英 郭彩萍 王爱爱 武 忠 田桂兰 马玉楼 冀 萍 高翠英 李月仙 阎慧贞 谢 涛 贾炳正 王万梅 吴 同 牛学祯 栾德宝 何小菊
4		碗碗腔（孝义碗碗腔）	吕梁市孝义市		张建琴 田学思
5		孝义皮影戏	吕梁市孝义市		梁全民 李世伟
6	传统技艺	平遥推光漆器髹饰技艺	晋中市平遥县		薛生金 梁忠秀
7		杏花村汾酒酿制技艺	吕梁市汾阳市		郭双威
8		清徐老陈醋酿制技艺	太原市清徐县		武润威

---

① 山西广誉远国药有限公司：传统医药——中医传统制剂方法（龟龄集传统制作技艺、定坤丹制作技艺）。
山西老陈醋集团有限公司：传统技艺——老陈醋酿制技艺（美和居老陈醋酿制技艺）。

续表 4

4-2：晋中国家级文化生态保护实验区第二批国家级非遗代表性项目（2008）

序号	项目类别	项目名称	项目传承地区	非遗项目代表性传承人	
				级别	姓名
9	民间文学	牛郎织女	晋中市和顺县		
10	传统音乐	太原锣鼓	太原市		刘耀文
11	传统体育、游艺与杂技	心意拳	晋中市榆次区、祁县	国家级	梁晓峰 穆金桥
12		风火流星	太原市		贾天仓
13	传统技艺	琉璃烧制技艺	晋中市介休市		
14		滩羊皮鞣制工艺	吕梁市交城县	国家级	张晓春
15		传统面食制作技艺·龙须拉面和刀削面制作技艺、抿尖面和猫耳朵制作技艺	晋中市、太原市		
16		郭杜林晋式月饼制作技艺	太原市	国家级	赵光晋
17		平遥牛肉传统加工技艺	晋中市平遥县	国家级	王天明
18		六味斋酱肉传统制作技艺	太原市		
19	传统医药	药膳八珍汤	太原市		
20	民俗	晋祠庙会	太原市晋源区		
21		清徐徐沟背铁棍	太原市清徐县		
22		孝义贾家庄婚俗	吕梁市孝义市		

4-3：晋中国家级文化生态保护实验区第一批国家级非遗代表性扩展项目（2008）

序号	项目类别	项目名称	项目传承地区	非遗项目代表性传承人	
				级别	姓名
23	传统舞蹈	汾阳地秧歌	吕梁市汾阳市		
24		傩舞·寿阳爱社	晋中市寿阳县	国家级	韩富林
25	传统戏剧	祁太秧歌	晋中市	国家级	苗根生 白美云 孙贵明
26		孝义木偶戏	吕梁市孝义市		武兴
27	传统美术	砖雕（山西民居砖雕）	晋中市		
28	传统技艺	老陈醋酿制技艺（美和居老陈醋酿制技艺）	太原市		郭俊陆
29	传统医药	中医传统制剂方法（龟龄集传统制作技艺）	晋中市太谷县	国家级	杨巨奎

续表 4

4-4：晋中国家级文化生态保护实验区第三批国家级非遗代表性项目（2009）					
序号	项目类别	项目名称	项目传承地区	非遗项目代表性传承人	
				级别	姓名
30	曲艺	莲花落	太原市	国家级	曹有元
31	传统美术	平遥纱阁戏人	晋中市平遥县	国家级	雷显元
32		清徐彩门楼	太原市清徐县		

4-5：晋中国家级文化生态保护实验区第二批国家级非遗代表性扩展项目（2009）					
序号	项目类别	项目名称	项目传承地区	非遗项目代表性传承人	
				级别	姓名
33	传统体育、游艺与杂技	形意拳	晋中市太谷县	国家级	宋光华
34		心意拳	晋中市祁县		
35	传统医药	中医诊法·道虎壁王氏中医妇科	晋中市平遥县	国家级	王培章
36		中医传统制剂方法·定坤丹制作技艺	晋中市太谷县	国家级	柳惠武
37	民俗	介休寒食清明习俗	晋中市介休市		

4-6：晋中国家级文化生态保护实验区第四批国家级非遗代表性项目（2014）					
序号	项目类别	项目名称	项目传承地区	非遗项目代表性传承人	
				级别	姓名
38	传统舞蹈	左权小花戏	晋中市左权县		
39	传统技艺	古建筑模型制作技艺	太原市	国家级	祁伟成

4-7：晋中国家级文化生态保护实验区第三批国家级非遗代表性扩展项目（2014）					
序号	项目类别	项目名称	项目传承地区	非遗项目代表性传承人	
				级别	姓名
40	传统戏剧	晋剧	晋中市		
41	传统医药	中医传统制剂方法（安宫牛黄丸制作技艺）	晋中市太谷县		
42	民俗	民间社火（南庄无根架火）	晋中市榆次区	国家级	赵志高

表5 晋中国家级文化生态保护实验区省级非遗代表性项目①

5-1：晋中国家级文化生态保护实验区第一批省级非遗名录（2006）			
序号	项目类别	项目名称	项目传承地区
1	民间文学	牛郎织女传说	晋中市和顺县
2	传统戏剧	晋剧	晋中市
3	传统舞蹈	榆社霸王鞭	晋中市榆社县
4	传统技艺	交城琉璃咯嘣制作技艺	吕梁市交城县
5		汾阳王酒传统酿造技艺	吕梁市汾阳市
6		太谷饼传统制作技艺	晋中市太谷县
7	传统医药	龟龄集酒、药传统制作工艺	晋中市太谷县
8	民俗	寒食节	晋中市介休市

5-2：晋中国家级文化生态保护实验区第一批省级非遗名录扩展项目名单（2009）			
序号	项目类别	项目名称	项目传承地区
9	民间文学	赵氏孤儿的传说	太原市清徐县
10	传统戏剧	汾孝秧歌	吕梁市汾阳市、孝义市
11	传统美术	孝义面塑	吕梁市孝义市
12	民俗	交城卦山庙会	吕梁市交城县
13		龙天庙会	太原市晋源区

5-3：晋中国家级文化生态保护实验区第二批省级非遗名录（2009）			
序号	项目类别	项目名称	项目传承地区
14	民间文学	老寿星传说	晋中市寿阳县
15	传统音乐	交城玄中寺鸠鸽二仙传说	吕梁市交城县
16		文水桥头大鼓	吕梁市文水县
17	传统舞蹈	昔阳迓鼓	晋中市昔阳县
18		昔阳拉话	晋中市昔阳县
19		寿阳竹马	晋中市寿阳县
20		西华门舞狮	太原市
21	传统戏剧	凤台小戏	晋中市和顺县
22	传统体育、游艺与杂技	文水长拳	吕梁市文水县
23		太谷绞活龙	晋中市太谷县

① 已列入国家级非遗代表性项目的省级非遗代表性项目不再列出。

续表5

序号	项目类别	项目名称	项目传承地区
24	传统技艺	恒义诚老鼠窟元宵制作技艺	太原市
25		传统手工制香技艺	太原市小店区
26		王吴猪胰子制作技艺	太原市小店区
27		汾州八大碗制作技艺	吕梁市汾阳市
28		卫生馆五香调料面制作技艺	吕梁市交城县
29		祁县小磨香油制作技艺	晋中市祁县
30	传统医药	竹叶青酒泡制技艺	吕梁市汾阳市
31		榆社阿胶熬制技艺	晋中市榆社县
32	民俗	祁县民居建筑习俗	晋中市祁县
33		"二月二"南街焰火习俗	太原市晋源区
34		九曲黄河阵	晋中市榆次区
35		平遥票号	晋中市平遥县①
36		晋商镖局	

5-4：晋中国家级文化生态保护实验区第三批省级非遗名录（2011）

序号	项目类别	项目名称	项目传承地区
37	民间文学	狄仁杰的传说	太原市小店区
38		石海的传说	太原市小店区
39	传统音乐	福胜锣鼓	吕梁市文水县
40	传统舞蹈	独龙杆	晋中市灵石县
41		跑莲灯	晋中市和顺县
42	传统戏剧	夫子岭弦腔	晋中市和顺县
43	传统体育、游艺与杂技	耍叉	晋中市寿阳县 太原市晋源区
44		杨氏太极拳	太原市
45	传统技艺	清徐葡萄酒酿制技艺	太原市清徐县
46		清徐熏葡萄技艺	太原市清徐县
47		清徐孟封饼制作技艺	太原市清徐县
48		徐沟豆腐干制作技艺	太原市清徐县
49		德义园府酱制作技艺	吕梁市汾阳市

① 平遥票号与晋商镖局在当代已不存在，没有人传承，不应纳入非遗范畴。

续表5

序号	项目类别	项目名称	项目传承地区
50	传统技艺	寿阳油柿子制作技艺	晋中市寿阳县
51		宝剑制作技艺	晋中市平遥县
52		传统布鞋制作技艺	晋中市平遥县
53	传统医药	颐圣堂醋制药材	晋中市太谷县
54	民俗	东于架火迎鼓习俗	太原市清徐县

5-5：晋中国家级文化生态保护实验区第三批省级非遗名录扩展项目名单（2011）

序号	项目类别	项目名称	项目传承地区
55	民间文学	张四姐的故事	吕梁市孝义市
56	传统舞蹈	集义高跷	太原市清徐县
57	曲艺	平遥弦子书	晋中市平遥县
58	传统体育、游艺与杂技	傅山拳	晋中市灵石县
59	传统美术	剪纸	晋中市寿阳县、左权县
60		晋阳花馍	太原市晋源区
61		民居砖雕	晋中市太谷县
62		建筑彩绘	晋中市榆社县
63		榆社晋绣	晋中市榆社县
64		泥塑（不倒翁）	太原市清徐县
65		泥塑佛像	晋中市灵石县
66	传统技艺	堡子酒传统酿造技艺	晋中市榆次区
67		黄酒酿造技艺	晋中市平遥县
68		古寨豆腐制作技艺	太原市晋源区
69	传统医药	龟龄御酒传统制作技艺	晋中市太谷县
70		白氏拔毒膏与生肌散	晋中市平遥县
71	民俗	九曲黄河阵	晋中市左权县河南村
72			晋中市榆社县

5-6：晋中国家级文化生态保护实验区第四批省级非遗名录（2013）

序号	项目类别	项目名称	项目传承地区
73	民间文学	石勒传说	晋中市榆社县

续表5

序号	项目类别	项目名称	项目传承地区
74	传统音乐	太原民歌	太原市小店区
75		晋中吹打	太原市晋源区
76			晋中市祁县
77		文水马西铙	吕梁市文水县
78		汾阳围铙	吕梁市汾阳市
79	传统技艺	乾和祥茶庄的"茉莉花茶融粹技艺"	太原市
80		并州刀剪制作技艺	
81		古建筑模型制作技艺	
82		戏剧头盔制作技艺	
83		木梁压榨小麻油工艺	晋中市榆社县
84		"鱼羊包"烹饪技艺	晋中市榆次区
85		"三雕"制作技艺	晋中市灵石县
86		熏肘传统制作技艺	晋中市平遥县
87		传统乐器制作技艺	晋中市太谷县
88	传统医药	杨氏中医烧疗法	晋中市平遥县

5-7：晋中国家级文化生态保护实验区第四批省级非遗名录扩展项目名单（2013）

序号	项目类别	项目名称	项目传承地区
89	传统美术	城赵剪纸	晋中市祁县
90		平遥古灯艺	晋中市平遥县
91	传统技艺	云香制作技艺	吕梁市交城县
92	传统医药	中医养生·沙袋循经拍打疗法	太原市
93		乾德堂小儿止泻散制作技艺	晋中市平遥县
94		摸骨正脊术	晋中市灵石县
95		中医诊疗法·吴氏妇科疗法	晋中市太谷县

5-8：晋中国家级文化生态保护实验区第五批省级非遗名录（2017）

序号	项目类别	项目名称	项目传承地区
96	民间文学	孟母故里的民间故事	晋中市太谷县
97	传统音乐	武皇群锣	吕梁市文水县

续表 5

序号	项目类别	项目名称	项目传承地区
98	传统体育、游艺与杂技	战功拳	晋中市灵石县
99		弓力拳	晋中市祁县
100		王宗岳太极拳	晋中市太谷县
101		孝义秘传64式活步大架太极拳	吕梁市孝义市
102		手搏术	晋中市介休市
103	传统美术	交城传统堆绫艺术	吕梁市交城县
104	传统技艺	"盛康源"枣酒	晋中市灵石县
105		贾令熏肉制作技艺	晋中市祁县
106		寿阳茶食技艺	晋中市寿阳县
107		传统油茶制作技艺	晋中市平遥县
108		"三疙瘩"碗脱子制作技艺	晋中市平遥县
109		羊杂割传统制作技艺	太原市
110		清徐县沾片子传统技艺	太原市清徐县
111		清和元"头脑"传统制作技艺	太原市
112		传统过油肉制作技艺	太原市
113		孝义插酥包子传统加工技艺	吕梁市孝义市
114		南曹村豆腐传统手工制作技艺	吕梁市孝义市
115		洪山名香"全料香"制作工艺	晋中市介休市
116		人工吹制玻璃器皿	晋中市祁县
117		平遥传统石刻技艺	晋中市平遥县
118		枣木制版拓片传统技艺	晋中市榆次区
119		太原孟家井绞胎瓷制作技艺	太原市
120		墨宝斋瓷印传统制作技艺	山西省书法院
121		张氏墨宝斋毛笔传统手工制作技艺	山西省书法院
122		文水县吴村烙画葫芦加工技艺	吕梁市文水县
123		汾阳核桃木雕家具传统制作技艺	吕梁市汾阳市
124		柳编技艺(九枝社柳编传统手工制作技艺)	吕梁市汾阳市
125		马葛纸织造技艺	山西省文史研究中心

续表5

序号	项目类别	项目名称	项目传承地区
126	传统技艺	古器物全形拓	山西正时金石传拓文化传播有限公司
127		北派扇制作技艺	山西黄河美术馆
128	传统医药	麝雄至宝丸传统制作技艺	晋中市太谷县
129		牛黄清心丸制作技艺	
130			
131		"百应健脾王"丸药制作技艺	晋中市平遥县
132		"大生堂"孔氏医术	晋中市介休市
133		补肾通督汤制作技艺	太原市
134		疼痛中医内治法	山西省文史研究中心
135	民俗	串黄蛇	吕梁市汾阳市
136		孝义市苏家庄村年俗	吕梁市孝义市

5-9：晋中国家级文化生态保护实验区第五批省级非遗名录扩展项目（2017）

序号	项目类别	项目名称	项目传承地区
137	民间文学	狄仁杰的传说	太原市
138	传统音乐	寿阳佛乐	晋中市太谷县
139	传统戏剧	秧歌戏	太原市
140	传统美术	太原传统剪纸	太原市
141		太原市传统面塑	太原市
142		布艺虎工艺	晋中市左权县
143		民间绣活（武氏绣法）	太原市
144		平遥木雕神像	晋中市平遥县
145	传统技艺	月饼制作技艺（寒湖月饼）	晋中市和顺县
146		鑫炳记太谷饼传统制作技艺	晋中市太谷县
147		古建筑营造技艺（平遥古建筑传统技艺、山西传统寺观建筑营造技艺）	晋中市平遥县
148			
149		金银铜器制作技艺（交城金银器制作技艺）	吕梁市交城县
150	传统医药	夏氏外治及其家传膏药	山西省文史研究中心
151		雾酒疗法	晋中市榆次区
152		田德生堂鼻渊中医疗法	晋中市平遥县

二、晋中国家级文化生态保护实验区非遗保护管理工作

2010年保护区成立后,除了国家层面颁布的各项法规文件以外,2012年9月,山西省第十一届人民代表大会常务委员会第三十一次会议通过《山西省非物质文化遗产条例》,《条例》第五条、第二十二条规定了与文化生态保护区有关的内容。①2012年,《晋中文化生态保护区总体规划(2012—2025)》获文化部批准后开始启动实施,该规划对保护区至2012年的非遗项目传承情况、传承人情况及与非遗有关的物质遗产现状进行了评估,提出晋中文化生态保护过程中存在的问题。在此基础上,从基本理念、总体目标、规划思路、基本原则和保护措施上阐述了保护区规划的总体思路,指出"晋中文化生态保护区总体规划以非遗保护为核心,在微观调查、现实分析和科学论证的基础之上,围绕非遗名录项目不同类别的特点及其对应的自然和人文环境、实物和实践主体,通过系统的保护方式和措施来实现对具有重要价值和鲜明特色的文化遗产的整体性和活态性保护,推动非遗的社会传承与现代经济社会的全面协调,促进区域经济社会的可持续发展"。在上述基础上,该规划从非遗项目调查、项目分类保护、代表性传承人、生产性保护、传承场所、展示馆、与非遗有关的物质类遗产、社区参与、学校教育、媒体宣传等方面制定出比较详细的保护规划。

2014年12月,山西省政府召开晋中国家级文化生态保护实验区建设工作领导小组会议,就如何加强山西省这一国家级文化生态保护区的规范性和示范性做出部署。在政府部门建构方面,在山西省文化厅下设非物质文化遗产处,成立事业单位——山西省非遗保护中心。各市县文化局成立非遗科或非遗中心,这些政府文化部门与其下所属事业单位文化馆合作,以"两块牌子,一套人马"的形式,负责展开和落实保护区内非遗普查、记录、保存、保护、宣传、弘扬和振兴等常规工作。为更好地开展工作,山西省文化和旅游厅对这些部门的工作人员展开了多次业务培训。2015年6月,"晋中国家级文化生态保护实验区建设工作培训班"在吕梁市举办,来自保护区建设领导组成员单位、保护区内3个市、19个县(市、区)文化

---

① 第五条:县级以上人民政府应当将国家级和省级文化生态保护区、非物质文化遗产展示场馆、传习所和生产性保护示范基地的建设纳入本行政区域城乡规划。

第二十二条:县级以上人民政府对非物质文化遗产代表性项目集中、特色鲜明、形式和内涵保持完整的特定区域,在尊重当地居民意愿的前提下,可以设立文化生态保护区,制定专项保护规划,实施区域性整体保护。

在文化生态保护区内从事生产、建设和开发,应当符合文化生态保护区的专项保护规划,不得破坏非物质文化遗产及其所依存的建(构)筑物、场所、遗迹等。

局以及省非遗中心的近百名学员系统学习了非遗法律法规和相关政策规定。

与此同时，为提升山西省非遗保护管理水平，山西省政府有关部门相继出台了一系列非遗保护管理方面的文件，如2015年出台《山西省文化厅关于加强非物质文化遗产档案管理的指导意见》（晋文发〔2014〕59号）；2016年出台《山西省非物质文化遗产保护专项资金管理办法》（晋财教〔2016〕49号）。这一系列文件也是保护区建设的主要工作依据。2016年，山西省文化厅制定完成《山西省非物质文化遗产项目保存工作规范和技术标准》，提升了非遗普查工作的科学化、规范化水平。在此基础上，制定并出台了一系列与保护区有关的管理文件：《关于建设晋中国家级文化生态保护实验区的意见》《晋中国家级文化生态保护实验区建设领导组工作制度》《关于规范晋中国家级文化生态保护实验区非物质文化遗产保护利用设施建设与管理的指导意见》《晋中文化生态保护区总体规划实施细则》《晋中国家级文化生态保护实验区工作目标责任考核办法（暂行）》。

三、晋中国家级文化生态保护实验区非遗保护工作主要成绩

2012年保护区建设工作正式启动，各县文化部门陆续开展非遗普查、建档、非遗代表性项目名录的申报工作，自上而下逐渐形成县—市—省—国家四级非遗代表性项目名录体系。在此基础上，保护区内太原市、吕梁市、晋中市各地相继启动濒危非遗项目抢救性保护工作，出版本市非遗名录方面的图书①，一些县级文化部门也不定期出版了非遗项目方面的图书②，完成非遗项目抢救性记录20多个，参与人数817人次，开展研究课题6项，完成数字化保存记录5项；组织展开35个项目图书的编纂工作，已出版20余部；完成晋剧、孝义碗碗腔、孝义皮影戏木偶戏、左权小花戏剧目复排16部，组织非遗演出391场次；发放项目培训教材1.5万余册，培训中小学生20余万人次；组织展览展示活动18次，演出660场次，参观人数10余万人次。③

---

① 杜旭华. 吕梁市非物质文化遗产荟萃［M］. 太原：山西人民出版社，2010.
李钢. 太原非物质文化遗产图典［M］. 太原：山西科学技术出版社，2013.
晋中市文化局. 晋中市非物质文化遗产名录图典［M］. 太原：三晋出版社，2017.
② 汾阳市非物质文化遗产保护中心. 汾阳市非物质文化遗产项目汇编［M］. 太原：山西人民出版社，2014.
汾阳市非物质文化遗产保护中心. 汾阳磕板秧歌传统唱段选编［M］. 太原：山西人民出版社，2015.
榆社文化局. 榆社县非物质文化遗产丛书［M］. 太原：山西人民出版社，2016.
③ 山西省文化和旅游厅. 山西省文化厅关于非物质文化遗产法贯彻落实情况的自查报告［EB/OL］. (2016-09-12). http://sxwh.gov.cn/dt/tzgg/201612/t20161211_269624.html.

在政府支持和主导下,保护区内各县也开始筹建非遗综合传习中心和非遗展示馆,启动建设的县级非遗综合传习中心 14 个,已建成 12 个,这些展示场所在保存非遗项目实物和核心信息的同时,开始面向公众逐步开放,发挥了公共文化服务的功能。与政府开始保护非遗前相比,保护区内各级政府文化部门利用各种平台和机会,向公众弘扬和推广非遗的力度明显加大,舆论导向也是鼓励公众了解和保护非遗,基层民众对非遗的辨识度和熟悉程度在不断提高。

保护区有以山西老陈醋集团有限公司、山西水塔醋业股份有限公司为主的老陈醋酿制技艺产业化基地,山西杏花村汾酒集团有限公司的汾酒酿制技艺产业化基地,太原双合成食品有限公司传统食品制作技艺产业基地,山西广誉远国药有限公司、山西黄河中药有限公司为主的中药传统炮制技艺产业化基地,这些企业拥有国家级非遗代表性项目,注重对核心工艺进行重点保护和恢复等措施,实现了对非遗的活态保护;同时注重收集、整理、保存相关历史资料和遗存,推广"基地+博物馆+旅游"模式,以企业为保护主体,对非遗进行创新开发与利用。

第三章　晋中国家级文化生态保护实验区非遗传承实践经验

我国实施非遗保护已有十多年，传统和民间文化以非遗之名逐渐为民众所重视，许多人意识到非遗在当代社会生活中仍值得传承和保护。"在粮食安全、健康和自然资源管理等具体问题上，传统知识系统与古老智慧可让我们受益匪浅……"① 联合国教科文组织在借鉴1972年《保护世界文化和自然遗产公约》的保护实践基础上，吸取1989年《保护传统文化和民俗的建议》实施失败的经验教训，以《保护非物质文化遗产公约》为转折点，从非遗概念界定到保护实践都强调了非遗传承主体——社区、群体、个人的重要性，将此作为实施非遗保护的重点。

2017年5月12日，项兆伦在全国非物质文化遗产保护工作会议上发表讲话，指出："非遗还有一个重要特征：传承人群的主体地位贯穿遗产认定、保护和传承的始终。《公约》和《非物质文化遗产法》在定义非遗时，都用了一个关键词：'视为'。《公约》的表述是'被各社区、群体，有时是个人，视为其文化遗产组成部分的……'；《非物质文化遗产法》的表述是：'各族人民世代相传并视为其文化遗产组成部分的……'。这两个'视为'，指出了非遗的价值认定主体，即：某种文化现象或表现形式是不是某个民族或社区、群体及个人的非物质文化遗产，首先取决于他们自己是否认同。缠足不能被认为是非遗，不仅因为它是已被抛弃、没有任何当代价值意义的历史旧习，也因为它是强加给持有者的，从来就没有得到持有者的真正认同。"② 沿着这一思路，评价晋中国家级文化生态保护实验区非遗保护实践成效的一个关键是通过非遗保护，非遗与其传承者、社区民众的关系由此发生了哪些变化，非遗传承人或团体由此发生了哪些变化，带来哪些积极的社会导向。

---

① 联合国教科文组织总干事伊琳娜·博科娃语．2003年《保护非物质文化遗产公约》基本文件·序言[Z]．2010．
② 项兆伦．全国非物质文化遗产保护工作会议上的讲话[EB/OL]．(2017-06-02)．http://www.sdwht.gov.cn/html/2017/whb_0603/40910.html．

那些来自传承者的努力，在不同层面和环节注重与当地民众生活结合起来的非遗保护、传承是值得肯定的，其中取得的成功经验更值得研究。为此，笔者选取了保护区内传统医药、传统工艺美术、传统戏剧类非遗传承主体的传承实践展开分析。

第一节　晋中传统医药类非遗世代相传的成功经验与启示
——以平遥道虎壁王氏中医妇科为例①

传统医药是由我国不同地区、不同民族的民众世代与疾病斗争的过程中发展出的集治疗思想、技艺、药物于一体的综合医学。与其他类别的非遗不同，传统医药因关系人类健康而更特殊，是守护人类健康的"卫士"。它们属于《保护非物质文化遗产公约》中非遗"关于自然界和宇宙的知识和实践"分类范畴。在西医治疗理念、方式、西医正规教育全面普及的情况下，我国民众已难以理解中国传统医药，中医与西医相比，边缘化倾向明显，在这一社会发展趋势下，传统医药成为非遗，意味着我国在现代化进程中对本国民众创造的文化的重新肯定，只有文化理念上的转变，才会有社会行动的实质性转变。基于这样的理解，人们对作为非遗的传统医药的保护的目标是确保其能被传承群体有活力地代代相传下去。

我国各地实施的非遗保护工作会直接影响保护目标的实现，由文化部门主导的非遗保护工作主要是非遗的普查整理和申报、代表性传承人的指定、各类非遗的展演展示、地方非遗图书的出版、传习中心的建设、行政人员非遗业务培训等，受各种主客观因素的限制，这些保护工作不可能覆盖所有的非遗项目。除申报、展览给非遗项目带来知名度的提升外，对传承人的实质性支持在现实中有很大的困难，传统医药尤其如此。由于其被纳入医药卫生部门而非文化部门，来自非遗保护方面的支持几乎为零，并且出现了诸多不利于传统医药传承的问题，如同一非遗项目多位传承人的恶性竞争。

那么如何实施保护才能助益于非遗传承呢？由王氏中医妇科传人摸索出的经验为我们提供了一个有益的参照。这些经验是经历各种时代变迁后沉淀下来的，其中一些对传承发挥决定性作用的因素对解决当下非遗传承过程中所遇到的难题仍具启发性。

保护区内平遥道虎壁王氏中医妇科（以下简称"王氏妇科"）于2011年进入

---

① 本节资料主要由中医王氏妇科第28代传人、王氏妇科流派传承工作室负责人、晋中市中医院副院长王金权先生提供，特此致谢。

第三批国家级非遗代表性项目名录。王氏妇科由北宋时金国境内的王厚所创，迄今有800年以上的历史，迄今已传承29代，王氏以家谱的形式保留了完整的传承谱系。王氏中医擅治妇科疑症，自设药铺——广济堂，对药物的炮制加工颇为讲究，继承家传秘法，善用土炒，疗效独特①，在平遥乃至晋中地区久负盛名，平遥当地流传有"伤寒时瘟金庄家，胎前产后道虎壁"。目前，为数众多的第28、第29代王氏妇科传人在山西平遥、榆次、太原，北京等不同地区的医疗机构中坐诊行医，求医者甚众。因在妇科治疗方面有自身独特特点，王氏妇科还是我国十大妇科流派之一。

一、坚守王氏妇科中医核心要素，编撰医书传于后世

作为非遗，王氏妇科的独特性在于以下四项核心要素：医学诊疗思想、中药验方的临床应用、本门药物的炮制、历代王氏妇科传人的医案医话。这四点互为一体，蕴含着丰富的中医知识、观念及产生无数种可能性的辩证思维方式，是王氏妇科传承并持续发展的命脉所在，由王氏传人传承并应用于行医实践中，并用文字记载成书传于后世。元朝第4代传人王时亨编写了《王氏脉诀》《王氏妇科秘方》手抄本。元朝第8代传人王士能把《王氏脉诀》改编为《家传脉理全书》，新编《王氏医学三字经》《王氏妇科验方集》手抄本，提出女子以血为本，主张治疗血崩以养血和补血为主的医学治疗思想。明朝第12代传人王伯辉撰写了《王氏妇科家传验方》《王氏妇科验案》各2卷，确立了肝脾肾三经辨治妇科疾病的医疗思想。明末清初第21代传人王笃生编写了《王氏家传妇科秘方全书》3卷，对王氏妇科诊疗方法及思想进行了更为全面的概括，并注重药物的加工炮制。②这些文献记录了不同时期王氏中医使用验方的心得，既是后世传人学习的重要参考资料，也是王氏妇科独具特色的见证。

传承至当代，王氏传人坚守王氏妇科核心要素，已形成比较成熟的治疗思想③，第27、第28代传人在行医的同时也都将自身的临床实践经验进行了梳理总结。第28代传人王金权主编了《女病外治良方妙法》，王金亮公开出版了《王氏妇科精要》《中国平遥王氏脉诀与经方》《中国平遥王氏临床经验集》。有的传人则针对不

---

① 平遥县地方志编纂委员会. 平遥县志 [M]，北京：中华书局，1999：682-684.
② 王金权. 平遥道虎壁王氏妇科流派传承渊源探究 [J]. 山西中医，2012（2）：49.
③ 三晋王氏妇科流派学术思想主要有以下9项内容：1. 重视脾胃，补气益血；2. 疏肝益肾，调和气血；3. 疏肝解郁，肝脾同治；4. 坐底方的应用；5. 四诊合参，尤其脉诊；6. 辨证与辨别相结合；7. 妇科久病，以瘀思辨；8. 守名方，重权变；9. 胎前用药注重胎元。详见胡国华，罗颂平. 全国中医妇科流派研究 [M]. 北京：人民卫生出版社，2012：202-205.

同病症制定诊疗和预后方案，研发新药，不断提升治疗水准。

值得注意的是，从世代相传的角度看，历代传人撰写的王氏医书，有效弥补了口传心授在记忆方面的缺陷。面对面的口传心授传承是以文字书本为载体的教育方式难以替代的，但口传心授的内容、经验如果仅存于传人的经验记忆中，一旦人对人的传承断裂，则意味着彻底消亡。在这种情况下，历代传人用文字将诊疗经验加以记录，作为留给后世的传家之作，使其治疗经验实现了跨代纵向传播，为王氏妇科长久稳定的代际传承提供多一层保障。

较之于以声音表达出来的口头语言，书写所依赖的文字是一套可见并需专门学习理解的符号。从大量的治疗经验中筛选、确定那些具有效果且有规律性的验方，然后再将其加工成有条理并准确表述的文字内容，这都需要传人有较高的文化素养。历代王氏妇科名医都有着良好的传统文化素养和文化远见，第21代传人王笃生自小便熟读传统文化经典，过目不忘，在明末清初时驰名晋中乃至山西，有歌诀流传于世："吾祖王笃生，妇科一医精，至今二十世，后世遵道行。"注重传人文化底蕴的培养是王氏妇科成功传承几百年的根本。

二、成熟的传人培养机制

王氏家族一直把培养传人作为重中之重，长辈对传人学习过程的精细掌控和严格要求，确保了王氏妇科传人的培养质量，也是其世代相传的基本前提。王氏妇科有"济世灵丹千秋重，活人妙术万古传"这样的家规，意思是只有活人才能不死守过去，实现医术的灵活流传。王氏传人的培养始于儿童（5～7岁）时期，至传人能独立出诊为止，时间长达十几年，跨度很长。这一过程以家传心授为主，可分为四个阶段。

第一阶段是孩提时的启蒙教育。在学习传统文化经典的基础上，要求小孩背诵祖传《汤头歌诀》《医学三字经》《药性赋》等启蒙医书，达到滚瓜烂熟的程度，再大一点则开始熟读《王氏脉经》《傅青主女科》等医书。王氏家族利用儿童期是记忆高峰期的生理特点，主抓王氏妇科医书的诵读，此时传人虽不能理解医书中记载的内容，但对内容死记硬背却为传人以后的开悟奠定了必不可少的童子功基础。

第二阶段是3年侍诊。王氏妇科传人年长至10多岁时，开始跟随父辈见学诊脉，这一阶段标志性的行为就是学习时只能站着，不能说话。在继续研读相关医书的基础上，传人只能用眼看、用心记与诊疗有关的资料内容，写病案笔记，识药辨性。同时承担其他一些杂务工作，如开诊前的准备工作、招待就诊者等。这一阶段主要考验传人是否愿意学医，能否勤奋学习以及是否具有救死扶伤、静心细致、耐心待人接物的品行。

第三阶段是 3 年随诊。进入这一阶段的标志性行为就是传人有了坐下抄写诊疗处方并能和师傅交流的资格。平时由长辈适时地提出一至两个问题，由传人自己查询答案并汇报给前辈，定期由长辈对传人进行口头和书面形式的考查，以此督促传人的学习，给传人正确的学习引导。

第四阶段是 3 年试诊。即传人可以独自坐诊给患者看病，但要有一位长辈在里屋把关。传人给病人开出药方后，须拿到里屋给长辈审阅指点，以确保所开药方正确，做到对症下药。

在整个学医过程中，王氏长辈依据"以德为先，以悟为根，以勤为要"的标准选择合格的传承人，根据"学医必精，为医必仁，博学多思，薪火相承"的家规，在试诊期间加以考核（或给予评价），最终确定其能否出师独立行医。而长达十几年的学习过程中也会自动淘汰一些吃不了苦的、不适合从医的族人，保证了王氏妇科传人的医学水平。

从诸多王氏妇科传人的口述回忆中可以看出，当代王氏传人也是经历上述过程后学成行医。王金权教授便是自 7 岁时熟读《药性赋》《医学三字经》，13 岁起随父出诊行医，抄写处方，不断实践，18 岁时开始独立行医。

王氏传人在独自行医 20 多年后才有资格收徒传艺，也才有资格开始接触王氏祖传药物秘密炮制技艺（有些特殊药物的组成和加工方法是长辈临终前才传给后人的）。[①] 王氏前辈则要求传人在继承前人经验的基础上，必须从自己诊疗的病案中总结典型病案，使之流传于后世。

这种发生在父子间或爷孙间的家传跟师培养，在亲情的滋润下，实现了一对一个性化指导。年轻一代经年累月地跟着长辈，侍诊左右，抄写药方，耳濡目染，长辈相机点拨，润物无声地把自己的医疗思想、辩证思维、医术和处方用药方法等传给后代。这契合中医作为经验实践性知识的属性，使传人很早就浸淫在真实的医疗实践中，给传人提供了无数次直观体验的机会，传人反复理解和体会幼时所记的中医口诀及长辈口头指点蕴含的诊疗思想，从而形成自身行医时所需要的直觉思维和经验基础。

三、注重医德，召开家族大会，确保家族行医的良性竞争

以病人利益为着眼点，王氏家族立有"为医必仁"的家规。第一，要求王氏医生对病人一视同仁，无论贫贱富贵，童叟无欺。第二，针对危急重症求救者，不以任何理由收取病人的钱财物品，否则按家法处置。第三，对于行动不便、卧床不起的患

[①] 胡国华，罗颂平. 全国中医妇科流派研究 [M]. 北京：人民卫生出版社，2012：202.

者，若家属要求出诊时，必须满足对方的需求。第四，就诊者若是王氏本族的人和村民，免诊疗费。明代时王氏就曾以"里甲"为单位确定可免费就诊的地方百姓。

从王氏族谱中可以看出，王氏妇科并非单一的一脉传承，传承人是来自家族不同支系，从医人员众多。针对这种情况，王氏家族每年农历腊月二十三要召开家族会议，几代行医者齐聚一堂，由选出的族长主持，以共同商讨的形式，选定由权威长辈亲自培养的重点传人，同时完成以下五件事情：第一件，修改家族家规和家训；第二件，根据上一年的行医情况和行医水准，确定每位王氏传人下一年的诊疗收费价格；第三件，确定免除诊疗费用和药费的服务对象；第四件，统一王氏不同族人药铺的药材出售价格；第五件，回顾过去一年的工作，一起交流行医的心得、体会，讨论与王氏妇科有关的医学话题。

一年一度例行召开的家族会议对王氏妇科的整体发展是不可或缺的环节，家规本质上是我们所熟悉的管理制度的另一种形式的呈现，修改家规、家训是不断完善管理规范的体现。而对家族医生公平透明的评审和对诊疗费及药材价格的规范管理，既能防止族人内部恶性竞争，又能调动传人精研医术的积极性。在以往没有专门举行会议交流学习的时代背景下，家族大会又相当于一个小型研讨会，是以家族成员为核心建起的一个坦诚交流医学经验的学术平台，这使每位王氏妇科传人都有机会拓宽视野，启发心智。在交流中传人的医术水平若得到提升，就是王氏妇科诊疗水平的提升。

四、名医的口碑效应和"薄技在身"的生存观

上文提到的王氏妇科传承经验主要着眼于中医本身，即王氏妇科传承的内在因素，其传承还会受外在环境和社会观念的影响。

王氏族人所整理的口述资料中有这样一些故事，元朝第8代传人王士能因治好皇妃而受封"历代良医"，获赐龙衣，当时皇帝还免去了王士能原籍所在村村民的一切赋税，该村村名由"麦交沟村"改为"免交沟村"，村民为此立碑纪念。明朝第12代传人王伯辉被封为"世承先代医人"。民国年间，祁县晋商大贾渠本翘曾向王氏家族赠匾"精于岐黄"。中华人民共和国成立前后的第26代传人王裕宽、王裕普因医术精湛被誉为"妇科神手"。[①]

上述故事表明，自元代起，王氏妇科在地方民众中已形成口碑效应，并传至帝王家。这种形成于医生和患者间的一传十、十传百的口碑已经嵌入以地缘、血缘关系结构为主的"熟人社会"中，不会因一代医生的去世而终结，也不会因一代患者

---

① 王金亮. 中医药非物质文化遗产——平遥道虎壁王氏妇科 [J]. 中医药文化, 2010 (6): 25-27.

的去世而中断,而是与王氏妇科一起代代传承。在当代我们看到,王氏妇科名医在哪里问诊,哪里便挤满了患者。这种口碑效应便是对王氏妇科传人医术和才华的肯定,增强了王氏后人传承中医的信心。试想,若医术精湛,但"养在深闺人未识",没有民众认同和口口相传的赞美,则很难形成强烈的传承动力。这种口碑效应与王氏家族人才培养机制相辅相成,也是王氏妇科在民众中产生认同感的显性表现,是其得以持续传承的外在社会条件。

王金权教授认为,国人传统生存观念对王氏妇科的传承也产生了一定的影响。中国古代文人"以天下为己任"为人生最高目标,但不是所有文人都会仕途顺利,当这条路行不通时,必须另谋出路。"不为良相,则为良医"的文化观念深入人心,治国与医人都是造福于民。从务实的角度讲,较之于耗费体力的农业、工业等行业,从医也是文人谋生的较好选择。而"家有万贯,不如薄技在身"的俗语在我国民众中广泛流传,它充分说明一技之长是一个人在社会生存和立足的资本。宋代第4代传人王时亨弃官从医后成为一代名医,取得了巨大成就和社会声誉,为王氏后人接受这一生存理念提供了生动的事实支撑。

综上所述,王氏妇科传人主要是通过自身的努力,建立了有利于王氏妇科世代传承所需要的内外条件,并使其发挥合力作用。

五、王氏妇科世代相传成功经验的启示

作为一种新的文化遗产类型,非遗与可移动文物,各种艺术品,历史街区,名城、古镇、古村落等物质类、静态的有形遗产不同,其最有价值的存在方式是有一代一代的、稳定的、连续的传承群体能够传承,并不断地被再创造。传统医药在当代如果缺少亲传弟子,仅有与之相关的医书文献、中药验方、轶事典故等,就无可逆转地丢失了其最重要的精髓。从这个意义上说,王氏妇科世代传承的成功经验为当下正在实施的非遗保护提供了积极启示。

(一) 关注非遗人才代际传承过程

林敏霞以医道、医学、医技、医承为关键词阐述了作为非遗的中医在中华文化脉络中的整体性,表述逻辑是自内而外,而落到实际中的中医保护却是由外而内地进行,起点是医承,即后继人才的培养,唯有传人的培养到位了,医技、医学、医道才有产生的可能。[①] 非遗人才代际传承过程主要指培养下一代传人的过程,从王氏妇科长达十几年的传人培养过程来看,杰出的传承人总是在这一过程中经历了种

---

① 林敏霞. 道—学—技—承:中国非物质文化遗产理论图式建构的"中医"启示 [J]. 文化遗产, 2014 (6): 103 – 110.

种考验和达到各种要求后才脱颖而出。

当代传统医药的人才培养方式向师承、流派传承、师承与临床实践相结合模式回归的倾向日趋明显，与之相关的跟师临床、读书笔记、医案研读、学术研讨、学术访谈、定期考核交流等教育形式进入实践阶段。① 2013年10月正式实施的《山西省发展中医药条例》② 也提倡展开师承教育方式。这意味着山西中医药人才的培养进入符合中医药本质属性的正确方向。但这方面研究焦点多集中于非遗后继乏人这一层面，而正在实施中的传统师徒、家传模式的传承及效果的研究还不多见，具体情况尚不明晰。

关注当代社会发展背景下的非遗人才代际传承过程，主要指的是关注传承场合，相关传承者的思考方式、学习感受、行为方式、性格气质、社会阅历、生存能力及师徒间的相互影响及其日常呈现形式，透过对传承过程的细致描述，清晰地揭示对非遗代际传承至关重要的内在秩序与规范，最终则是要揭示传承者的创造力在代际相传过程中是如何孕育的，这也是"对文化多样性和人类创造力尊重"③ 的体现。

而最熟悉传承过程的人又莫过于经历过这一过程的杰出传承人，他们也最清楚这一过程涉及哪些关键因素，如何进行才能产生好的效果。针对王氏妇科跟师传承模式，王金权教授就曾提出应制定符合实际情况的人才选拔、认定的规定，传承效果的评估机制以及过程内容的管理，以确保师傅掌控传承过程，并能有依据地指导学生。进一步来说，基于传承过程管理，尊重并采纳代表性传承人对非遗的意见，将之逐步明晰并上升为可实施的制度性内容，这对基层非遗的传承尤为重要，是当下着力保护非遗的重点之一。现实的情形是我国《中华人民共和国非物质文化遗产法》虽然规定培养后继人才是非遗项目代表性传承人应当履行的义务之一④，但实际层面如何对非遗后继人才的培养展开管理，还没有具体的指导意见。

（二）建立非遗传承者的内部管理体系

出于抢占非遗申报成功后所带来的各种利益的目的，同一非遗项目的多个传承

---

① 宋俊华. 中国非物质文化遗产保护发展报告（2014）[M]. 北京：社会科学文献出版社，2014：316 - 317.

② 2013年山西省人民代表大会常务委员会发布的《山西省发展中医药条例》第二十三条规定：县级以上人民政府中医药行政主管部门应当建立和完善中医药师承教育制度，支持具备条件的中医执业医师作为师承教育的指导老师带徒授业。

③ 《保护非物质文化遗产公约》第二条第一款中非物质文化遗产定义。

④ 《中华人民共和国非物质文化遗产法》第三十一条：非物质文化遗产代表性项目的代表性传承人应当履行下列义务：（一）开展传承活动，培养后继人才；（二）妥善保存相关的实物、资料；（三）配合文化主管部门和其他有关部门进行非物质文化遗产调查；（四）参与非物质文化遗产公益性宣传。

人、相关利益者之间往往互相诋毁，互不合作。这一现象从非遗申报开始就初露端倪，现有研究以批判反思为主，与实际相适应的建设性意见比较少，从目前基层非遗保护实际看，这一问题也一直没有一个比较妥当的解决之道。长此以往，对非遗传承的伤害不言而喻。

历史上王氏家族注重医德教育，运用中国传统社会最重要的社会力量——家族权威，由王氏传人组织、召开家族大会，制定家规，以扼制族人内部的恶性竞争。也就是说，王氏传人自己建立起一套管理族人行医的规范体系。借鉴这一经验，建立同一项目不同传人的管理体系是非遗保护必不可少的内容，但自我国展开非遗保护起，这一点并不在申报和保护非遗的要求范畴中。

事实上，就非遗利益相关者议题，联合国教科文组织《非遗公约业务指南》中的三项非遗名录列入标准中有社区、群体或个人的事先知情同意的相关规定。[①] 事先知情同意就是以一个项目中受影响人的利益为出发点，在项目启动前，项目人员将有关信息向受影响人进行充分清晰的说明和阐释，并让受影响人参与项目决策过程，而不仅仅是意见的被征询者。

借鉴王氏妇科持续传承的成功经验，以事先知情同意为理念指导，以非遗项目申报为契机，相关部门可实事求是地评价每一个非遗项目的传承人结构，每位传人传承非遗的水准和其他能力。当同一非遗项目被明确有多位传承人时，主管非遗申报的政府文化部门应将申报非遗成功后会产生的效果以及所要担负的责任、义务等事宜充分告知每位传承人，请他们就如何共同传承和保护非遗先达成共识，形成受法律保护的约定并共同遵守，互相监督，以此防止出现因申报非遗而带来的传承者之间的恶性内耗。在此基础上，还应有意识地引导非遗传人区分私人利益与非遗传承二者间的边界属性，清楚地意识到后者的水准决定前者的利益获得，更是后代得以生存的重要基础，进一步由传承群体建立一套符合实际并可行的管理规范，以此消除当前同一项目下不同传承者因利益争夺给非遗传承带来的威胁。

（三）增强传承人传承非遗的各项能力，调动传承主体能动性

康保成老师在讨论非遗的改革、创新等议题时曾指出，濒危非遗项目应去粗取精，优化提高，提高自我造血功能，这是一项需要政府、专家、传承人共同努

[①] 《非遗公约业务指南》（2018年版）中"急需保护的非物质文化遗产名录的列入标准"U.4条规定：该遗产项目的申报得到相关社会、群体或个人尽可能广泛的参与，尊重其意愿，并经其事先知情同意。"人类非物质文化遗产代表性名录的列入标准"R.4条中规定：该遗产项目的申报得到相关社会、群体或个人尽可能广泛的参与，尊重其意愿，并经其事先知情同意。"最能体现《公约》原则和目标的计划、项目和活动的遴选标准"P.5条规定：该计划、项目或活动得到相关社会、群体或个人的参与，尊重其意愿，并经其事先知情同意，正在或业已实施。

力、长期坚持才能生效的艰苦的文化创新工程。①进一步来说,提高项目的造血功能,首先应提升项目传承人的各种社会能力,因为传承人的社会能力决定了努力的结果。

对于王氏妇科而言,以第 28 代传人王金权教授为例,他医术精湛,在市级公立医院工作,并担任副院长职务,是山西中医药大学的硕士生导师,与保护区的其他传统医药类非遗传承人相比,有较高的医学声誉和社会地位。以他为核心,晋中市中医院的中医妇科成了国家级重点专科建设单位。2012 年,国家中医药管理局批准设立以他为负责人的"三晋王氏妇科流派工作室"。2013 年,该工作室获总计 200 万元的中央财政和省级财政配套经费的支持。目前该工作室传承人共有 18 人,其中主要代表性传承人 3 人,一般传承人 6 人,后备传承人 7 人。2011 年,道虎壁王氏妇科成为国家级代表性非遗项目,其历史和文化底蕴被凸显出来。2014 年,他在平遥道虎壁村建成王氏妇科博物馆,以符合现代观众认知的方式,运用实物、文献等形式,详尽展示了王氏妇科的传承历史。同年,晋中市举办了全国中医妇科流派传承学术交流大会,三晋王氏妇科流派网站建成并上线,面向公众开放。

上述工作使王氏妇科的受众面更加广泛,吸引了许多人尤其是青年学生的关注,同时为今后扩大王氏妇科人才选择范围,走出后继乏人的人才困境,培养出优秀的传承人奠定了重要基础。

此外,上述这些与前辈的做法从表现方式上虽然不同,但异曲同工,王金权通过自己的努力,争取各种社会资源,动员各种社会力量,成功推动了王氏妇科在当代的传承和发展。这些经验说明,王氏妇科传人不仅承担了培养后代接班人的工作,同时还独立承担了非遗的申报、弘扬、推广、研究。成功的传承就是有效的保护②,传承主体是非遗第一保护主体,由他们发展出的传承王氏妇科的做法也是一套保护非遗的做法。

如果结合地方社会发展实际,这一点则更显示出其重要性。近 30 年来我国以发展经济为硬道理,山西省也不例外,更以能源经济为 GDP 主导,滋养民众精神的文化建设普遍受到忽略。尽管我国非遗保护已展开 10 年,但地方民众几乎不了解与非遗有关的信息,对传统和民间文化的保护仍比较迟钝。现实地看,目前有利于非遗传承的各种外在条件远不具备,这一状况将延续多久尚不能确定。在这种情况下,传承者的认识水平、作为、能力很大程度上决定了非遗的未来发展前景。当下保护区内传承状况良好的非遗项目,主因就是传承人发挥自己多方面的能力进行

---

① 康保成. 关于非物质文化遗产的改革、创新及其他[J]. 湖南社会科学, 2013 (5): 203.
② 王文章. 非物质文化遗产概论(修订版)[M]. 北京: 教育科学出版社, 2013: 295.

着不懈努力。

政府、研究者、传媒、商业等团体作为非遗保护群体,主要在政策支持、反思批判、呼吁宣传、市场营销等方面发挥作用,很少能宏观掌控却又身体力行做些具体细微的非遗传承之事。因此,非遗保护虽离不开这些群体,但传承者对这些社会群体尤其是政府却不是完全的依赖,而是传承主体以自身的能力、具体行动积极介入非遗保护中,自己掌握非遗传承的正确方向,不断构建利于非遗传承的内外条件,这也是王氏妇科成功传承29代带给当下非遗保护最重要的启示。

显然,让每位非遗传承人具有传承非遗所需要的各种能力,并不现实。而许多非遗传承人也没有渠道、人脉及资金来获得相应的人才来帮助他们解决面临的困难。在这种情况下,政府主导部门、各类社会组织应提供各种机会和平台增强传承者的各种能力,拓展其社会视野,让传承者有信息源、有平台、有机会找到相关人才来弥补自身能力的不足,并探索各类资金项目与非遗传承的结合途径和方式,形成协作性支持,以发展壮大非遗。唯有非遗发展壮大了,年轻一代才会对非遗产生兴趣并愿意传承,非遗才能实现代代相传。

第二节　文化产业视角下的非遗生产性保护实践的晋中经验
——以"灵尚刺绣"为例

在保护区,有相当一部分非遗是本地民众为满足自身生活需要或打发闲暇时间而形成并代代传承的,如剪纸、刺绣等。随着市场经济的发展,商品消费成为生活常态,此类非遗"自给自足"式的传承生态瓦解,消失趋势日益明显。同时,对于晋中大部分非遗传承者而言,谋生高于一切,传承非遗也是实现这一目标的手段之一。当下很多非遗项目被公认为具有很高的艺术、美学和商业价值,传承人的传承水准非常高,但由于无法以此为生,导致传承人对非遗的这种认同感很难转化为坚定的传承行动,反差巨大。在市场经济背景下,原先没有商品属性的非遗如何发展,传承人依靠非遗如何生存下去是实际非遗保护中必须思考的问题。

对此,国家对传统手艺、传统药物炮制技艺及部分工艺美术类非遗实施生产性保护,鼓励传承者在坚守此类非遗核心要素和文化特色的基础上,使其进入市场成为消费品,获得相应的经济回报。[①] 本质上,这是正视当代市场化社会发展背景,

---

① 马盛德. 让古老技艺走进新生活 [N]. 人民日报:2011-06-09 (24).

积极推动非遗融入当代生活的体现。目前,非遗生产性保护研究焦点主要集中在非遗生产性保护的重要意义、生产性保护原则和技艺传承与市场开发关系处理等方面。在此基础上,从宏观层面提出实施非遗生产性保护的制度、具体措施。更多研究者则阐述如何避免商业化对非遗造成的威胁、破坏。① 但从微观层面对非遗产业化、市场经营过程的描述和分析则较为薄弱和简单,某种程度上,这妨碍了从整体性角度思考非遗的生产性保护实践。

在市场经济背景下,面对商业化给非遗带来的威胁,破解的关键在于如何展开非遗的市场经营,这也是非遗生产性保护实践的重要研究内容。以此为出发点,本节要观察和思考的是,在地方发展背景下,原本用于民众日常生活自我需要的非遗,需经历哪些调整才能为市场所接受,使传承人能以此为生,贡献于社会可持续发展。在这一方面,保护区内的非遗项目灵尚刺绣的生产性保护实践是一个比较成功的案例。

一、灵尚刺绣发展状况

灵尚刺绣的生产基地设在晋中市灵石县及西边邻县交口县,这两个县是典型的丘陵山区县,煤焦等矿产资源丰富,能源经济是两县支柱性产业,随着近年国内能源价格下降,两县从事相关行业的民众收入锐减,可视性强并在地方有传承基础的绿色无污染的生活型产业逐渐受到青睐。

长期以来,男性外出赚钱,女性在家照顾老人孩子是灵石县、交口县农村主要的家庭生活模式,在相对封闭的村落里,手工刺绣是当地女性闲暇时的主要活动,以母女相传、婆媳相传、同村共享的形式延续至今,技法有网绣、乱针绣、错针绣、挑花、锁丝、铺绒、戳纱等。刺绣多用于装饰服装、鞋帽、枕套、台布、门帘、床围等。造型有花鸟、山水、人物、字画等,花色多样,工艺优美。其中"孔雀开屏""喜鹊登梅""蝴蝶朝花""鲤鱼跃门""鸟语花香""吉祥如意""凤穿牡丹"等主题流传甚广,为人们生活增添了一定的色彩。

2000 年左右,在北京工作的灵石人 LXL 发现北京市民和在北京工作的外国人很喜欢她从家乡带来的手工刺绣品,由此发现商机,她与擅长刺绣的姐姐联手,先

---

① 马盛德. 非物质文化遗产生产性保护中的相关问题 [J]. 艺术设计研究:2014 (2):73-75.

陈勤建. 当代民众日常生活需求的回归和营造——非物质文化遗产保护方式暨生产性方式保护探讨 [J]. 徐州工程学院学报:2012 (2):49-54.

邱春林. 生产性保护:非遗的"自我造血" [N]. 中国文化报:2012-02-21 (3).

吕品田. 重振手工与非物质文化遗产生产性方式保护 [J]. 中南民族大学学报:2009 (4):4-5.

后于2008年和2014年在交口县回龙乡和灵石县静升镇尹方村成立灵尚刺绣生产基地①，建成刺绣生产间、作品展示大厅、绣员宿舍并配备生活设施。每年在生产基地开设刺绣培训班，对当地愿意学习刺绣的人员集中进行培训。在此基础上，选出刺绣手艺好的女性，由她们完成指定题材的刺绣作品，拿到北京销售。随着生产和销售规模的逐渐扩大，2014年，LXL成立了灵尚绣品有限公司，其微小型刺绣工艺品最受市场欢迎，首先是含有刺绣元素的书签、发卡、项链、车钥匙链、扇子、包、小肚兜、可放在桌子上的小屏风、小摆件、抱枕等；其次是定制类，如服饰上的图案刺绣，每年的销售总额为650万~1000万元。

在技艺特点上，人工刺绣是灵尚绣品的核心特色，技法和流程由设计、勾稿、上绷、勾绷、配线、刺绣、装裱工序构成，技法复杂完整且成熟。一名心灵手巧的绣娘对所绣图案要使用的色线、配线、劈线、刺绣针法了然于胸，绣法娴熟，很少拆线修改，完成的绣品丝线不起毛，绣面干净平滑，绣地正反两面的线脉清晰，这也是衡量绣工水平的主要标准。

从图案和题材上讲，灵尚刺绣选用的底稿主要有三类：第一类是用在日常家居布艺品上的图案，通常是民众熟悉的动物花卉的简单组合；第二类是颜色、图案比较复杂的传统图案，如龙凤呈祥、孔雀开屏、鹿鹤同春等；第三类是选用当代油画、国画、摄影作品，用刺绣进行二度创作。出于绣品艺术性和成本方面的考虑，已无版权限制的传统刺绣图案、油画和国画往往是灵尚刺绣选用的题材。为此，LXL经常观看各类画展和摄影展，将那些版权费低并适于刺绣技艺的画作和摄影作品选为绣品底样。在此基础上，灵尚刺绣还撷取晋中灵石县、介休等地的经典景观作为底稿，开发刺绣高端旅游纪念品，以满足不同需求爱好的消费者。

作为生产和销售手工刺绣的组织者，灵尚绣品的经营者成功搭建起刺绣通往市场销售的桥梁，让当地喜欢并擅长刺绣的女性通过手工刺绣获得了经济收入，使灵石、交口两县的手工刺绣在市场环境下得以继续传承。

二、产业化视角下的灵尚刺绣非遗生产性保护实践经验

（一）基于市场需要的刺绣人员培训

从上文可以看到，作为商品进入市场的灵尚刺绣，费时费工，为了能按时交付客户向其定制的刺绣产品，需要大量高水平的绣娘完成产品，为了物色到手艺好的绣娘，灵尚刺绣采取了开放式的人员培训方式。

自2008年起，灵尚刺绣在灵石、交口两地开展刺绣培训，先由灵尚绣品有限

---

① 设在吕梁市交口县回龙乡的刺绣生产基地名称为交口雅汇刺绣专业合作社。

公司发布培训消息，然后这一消息会在当地亲戚、邻里等熟人社会圈中传播开来，有意者会报名参加。离生产基地越近，知道并报名的女性就越多，年龄集中在30～49岁[①]。灵尚刺绣的人员集中培训通常在每年冬季农闲时节开始，一直持续到第二年开春时结束，可进行8～12次，每次培训时间在3～15天，视情况而定，由刺绣技艺高超者讲解刺绣基础知识，示范并指点刺绣技法，提供刺绣所需材料，让初学者边学习边实践，慢慢掌握刺绣技艺。在集中培训的基础上，想学刺绣的人可以随时到灵尚刺绣生产基地学习刺绣技艺。这种灵活、开放的人员培训方式，为手工刺绣提供了最基本和最稳定的劳动力来源，是确保绣品质量的前提。

迄今，从灵尚刺绣学会刺绣的妇女约有上万人，目前能按灵尚绣品有限公司要求和标准制作绣品的绣娘有600～700名，灵尚刺绣与她们建立"合同式"关系，专门生产定制类刺绣产品。

（二）生产与销售分工合作，成功开拓消费市场

灵尚绣品全部采用手工刺绣技艺而非机绣量产，绣品极富个性，同时又具时尚性、艺术性和装饰性，可应时应景置于各类场合中。按市场价值衡量，这些绣品的定价都比较高，能有效彰显购买者的身份和品位。LXL在北京生活、工作，因缘际会，能方便地接触到IT行业人员，这一群体收入比较高，讲究生活品质且国际合作比较频繁，外国客户也喜欢有鲜明中国特征的文化商品，刺绣有天然的中国特色，这种文化上的特色成为其最具市场竞争力的核心所在。这样，LXL从最初把手工绣品作为朋友、同事间的馈赠，后逐渐发展成IT企业客户的商务礼品，灵尚绣品在北京有了固定商铺，逐渐发展成为具有一定规模的手工刺绣企业。

作为文化产业，灵尚绣品成功的关键就在于依托传统刺绣技艺，建成了一支涵盖设计、生产、营销和销售四个领域的团队，与高校教师合作展开刺绣产品的设计和营销活动，由职业经理人负责面向大客户的产品销售；在刺绣生产环节，与灵石县、交口县、平遥县、闻喜县的600多名绣娘签订生产合同，同时认定其中技艺水平高的刺绣大师13名，指定产品类型和主题，由她们专门绣出各类产品，并由专人负责把控绣品质量。这是产业运作的基本管理方式，也是非遗产业化转变的一个重要前提，因为对于许多原为自给自用的非遗而言，传承者不一定精通商业经营，反之亦然。

---

① 2015年下半年有99名女性报名参加灵尚刺绣在灵石县尹方村生产基地举行的刺绣培训。其中，灵石县静升镇11个行政村62人，翠峰镇6个行政村6人，段纯镇3个行政村3人，两渡镇3个行政村4人，梁家墕乡3个行政村5人，王禹乡1个行政村6人，英武乡2个行政村3人，马和乡2个行政村2人，坛镇乡1个行政村1人，灵石城区5人，孝义市1人，太原市1人。报名人数从年龄段上看，30～39岁年龄段的人数最多，有39人；其次为40～49岁年龄段，有37人；第三为50～59岁年龄段，有14人；60～69岁年龄段的有6人；20～29岁年龄段的有3人。

这说明，非遗产业化过程必须有懂市场和懂非遗的人员同时参与和经营，而这样的人可能是一位既懂市场又懂非遗的"双料"人物，也可能是各懂一面的若干人员的协同合作。在此基础上，经营者只有全盘把握传承者的生产能力、市场行情方面的情况，才能确立适合自身发展的商业模式。

（三）拓展灵尚刺绣的品牌知名度

在市场环境下，消费者对刺绣的兴趣和收入水平决定着刺绣绣品的销量，而消费者的兴趣又受社会主导性观念、时尚审美趋势、个性以及社会特征的巨大影响。[①] 在当代，欣赏并能购买传统手工美术产品的，往往是讲究生活品位且收入较高的消费者。相关数据表明，大城市居民和消费能力整体都比较高，是购买定价比较高的手工刺绣产品的主体消费者。因此灵尚刺绣传承地虽在山西晋中，但刺绣的主体消费市场却在大城市。

要扩大市场销售额，还要提升灵尚刺绣品牌知名度，这就需要有意识地展开营销宣传。借助政府、文化公司提供的各类产品展销会、博览会，灵尚刺绣频繁密集地进行展示宣传，由此也获得大量境外订单，通过义乌小商品城等国际市场渠道，向欧洲等地区出口销售各类小型刺绣文创产品，目前以小摆件、项链、车钥匙链为主的小型刺绣产品经常供不应求。

LXL 和北京高校联手举办各种活动，推广灵尚刺绣。灵尚刺绣资助北京林业大学美术学院举办刺绣图样设计大赛，为学生实习和调研提供条件，让学生参观刺绣生产，以对手工刺绣产生切身的感受。同时，让绣娘走进北京高校，为高校女教师、女学生现场讲授刺绣知识、技法，并提供工具及材料，让高校师生亲自感受手工刺绣，该活动在北京印刷学院、中国戏曲学院、北京林业大学已举办过多次。[②] 2017 年，灵尚绣品有限公司与晋中学院合作，成立刺绣、剪纸非遗传人工作室，面向晋中学院本科生开展刺绣传习课，教学生学习刺绣，参加该课程的学生学会基本针法后，就能根据自身喜好选择图案，独立制作刺绣胸针、项链、书签等。2018 年，灵尚刺绣在晋中灵石县职业中学和晋中职业技术学院继续开展"非遗进校园"活动。

这些活动不仅提升了各地消费者对灵尚刺绣的熟悉度，也对其品牌知名度的扩大有着双重意义：从非遗保护角度看，以大学生为对象展开的刺绣体验活动，是对非遗的积极弘扬，在培养年轻一代对非遗的兴趣和保护意识方面发挥了不可替代的

---

① 李锡东. 文化产业的营销与管理 [M]. 北京：清华大学出版社，2011：33.
② 闫朝. 校工会举行"三八节"系列活动之刺绣培训 [EB/OL]. (2016 - 03 - 17). http://news.bigc.edu.cn/xykb/62210.htm.

作用；从产业发展的角度看，也是在培养刺绣潜在消费者，奠定了灵尚刺绣未来的发展基础，虽然其潜力还难以预测。

发展至今，灵尚绣品有限公司已经具备古今人物肖像、中外驰名油画、名胜风光、古迹建筑、山水花鸟、佛像以及民间传统刺绣精品的手工制作能力，能满足不同品位消费者的文化需求。总体而言，灵尚刺绣以手工刺绣产品为核心，以外地城市为消费市场，发展成有一定规模的"公司+家庭绣坊"式的手工刺绣企业。在生产上，统一提供原材料，统一进行指导验收，统一培训技术；在推广上，统一品牌装裱、包装；最后统一销售。这种商业思维与手工刺绣的结合，使灵尚刺绣不仅重视刺绣传承者的技艺水准，更重要的是加入了对市场、消费者等因素的考虑。

目前 LXL 正将灵尚绣品与家居市场结合起来，首先，让消费者从观念上把刺绣作品与家居软装联系起来；其次，欲与国内知名电商合作，建立网上销售平台；最后，推动灵尚刺绣与旅游相结合。借助与灵石县尹方村毗邻的资寿寺和王家大院的旅游东风，灵尚绣品有限公司计划在尹方村生产基地旁建立一个集旅游、刺绣观赏体验、餐饮于一体的旅游园区。

这些基于当下社会经济环境并针对不同的消费者诞生的思路，如果规划得好，家居消费者、地方特产购买者以及来灵石旅游的游客，都将成为灵尚刺绣的消费者，其具体经营值得期待和观察。

三、灵尚刺绣非遗生产性保护成功实践的启示

灵尚刺绣面向市场的成功经营，是晋中非遗生产性保护的成功体现，它构建起灵石、交口两县女性刺绣技艺在当代继续传承的社会生态空间。

（一）构建起刺绣销售的市场生态空间

非遗生产性保护，其本质是在商业市场背景下非遗仍能良性传承，在这种情况下，非遗蕴含的精湛的传承水准和深厚文化底蕴并不是其市场活力的唯一评价标准，其市场活力还依赖于完善的产业环节和成熟的社会配套环境。

在市场经济背景下，就灵尚刺绣而言，当地女性掌握的刺绣技艺与市场的良性互动，可合理平衡刺绣的文化属性与商品属性的关系。没有刺绣技艺所蕴含的文化意象和特色美感，它不可能吸引到都市和外国的消费者；没有都市的市场消费，费时费眼且工艺复杂的手工刺绣难以与实用廉价的工业产品媲美，萎缩是必然的。灵尚刺绣面向大都市的商业化经营，为当地绣娘将绣艺转化为收入提供了条件①，这

---

① 刘亮明. 灵石：绣出乡亲好日子 [EB/OL]. (2014-04-28). http://pic.people.com.cn/n/2014/0428/c016-24948008.html.

不是市场对刺绣文化的低俗化,而是市场构建了地方手工刺绣原先没有的商业价值,为手工刺绣创造了一个"生意"环境,这是灵石、交口两县地区手工刺绣在当代继续传承的决定性前提。

目前,晋中大部分传统工艺类非遗曾以本地政府公务礼品和企业商务礼品消费为主,当地民众在这方面的消费能力十分有限,随着此类消费需求的减少,生活在乡村地区的非遗传承者没有开拓出其他市场,又没有获得必要支持,所以尽管传承人技艺精湛,但靠此却难以维生,只得另谋生路,已很难顾及非遗的传承。而且,晋中以家庭式作坊传承为主的传统工艺类非遗,传承者几乎不懂现代商业经营管理,又没有与之相匹配的人才介入展开合作,因此无法应对来自市场的各种挑战,抗击市场风险的能力非常弱,导致非遗传承状况不佳。鉴于这些原因,晋中各级政府虽大力提倡非遗的产业化,但难有起色。而灵尚刺绣的经营者恰恰克服了上述掣肘,成功开拓出城市乃至海外市场。

借鉴灵尚刺绣的经验,晋中传统工艺类非遗产业化发展应在确保传承人传统技艺水准的基础上开拓市场。面向市场的产品设计、推广和销售是此类非遗传承发展过程中的着力点,应着重发展以下六大模块:一是产品设计;二是产品的手工加工;三是文化产品的经营营销,包括融资、行业管理、人才培训、宣传推广;四是技艺培训、收藏活动的常态化;五是与文化旅游的结合;六是产品的销售。可以某一企业为龙头,集聚各模块所需人才,实现有效连接与配合。在这一过程中,创造各种条件和环境,引入和培养既懂非遗又懂市场经营管理的人才至关重要。慢慢培育出服务于共同市场的非遗产业链,才能使非遗在市场竞争中立足,起步发展并逐渐成熟,才会有之后的多元化和专业化方面的进一步发展。

实现上述目标,需政府对此类文化产业从政策、机制上予以大力支持,做出长时间的巨大努力,此产业链条一旦发展,能为当地带来持久的经济回报,这既是政府重要的政绩,也是以产业的方式构建了非遗继续传承的社会生态,是非遗整体性保护的实际体现。

(二)构建起刺绣在当代继续传承的文化生态

作为政府认定的非遗项目,手艺是非遗生产性保护的核心要素,而手艺唯一的承载者是人,鼓励越来越多的人学习并传承非遗,确保佼佼者把掌握的手艺传给下一代,是保护非遗的具体目标,常见的做法是政府出资鼓励非遗代表性传承人收徒传艺。但这一做法仅具示范和引领意义,务实性却不强,难以覆盖诸多发展状况不佳的非遗传承人。灵尚刺绣基于市场在地方实施的刺绣人员培训却能在实际中被民众广泛接受,较之于政府指定代表性传承人的做法,灵尚刺绣培训人员的做法更符合实际。

灵尚刺绣在灵石县和交口县各设生产基地，在政府支持下，举办刺绣培训班传授技艺，把喜欢刺绣的女性聚合到一起，让她们以自己认可的方式自由、灵活、轻松地学习和分享刺绣，相互交流心得，即使是在家做绣活的，如遇到不会的地方，也能过来向其他绣娘请教。这样，灵尚刺绣以企业生产基地为平台，以培训为手段，以收入为引导，使刺绣在当地女性日常生活中重新传播，与过去相比，当地女性在刺绣方面共享、开放的学习方式并没有发生本质性变化。这表明，灵尚刺绣在当地刺绣传承过程中发挥了发现、培养、聚集和保护优秀刺绣人才的作用，构建了一个利于当地传统手工刺绣继续传承的新的文化生态，避免了刺绣因为产业化而丧失传统性的情况出现。

（三）正确把握技艺传承与产品创新的关系

优秀的非遗传承人应该具有既能继承前辈技艺精髓，又能开拓创新的特点。就灵尚刺绣来说，绣娘们在掌握传统刺绣技法的基础上，根据市场需要，创造出新的绣法和配色技法，能大大增强刺绣作品的艺术性。从传承的角度来说，绣娘们通过对前辈流传下来的肚兜、绣花鞋、钱包、服装等旧式物品的观察和实践来掌握传统刺绣技艺，制作出符合当下人们生活需求和审美需求的绣品，只有这样，才能实现传统技艺类非遗的代际间的有序传承。简而言之，要继承的是传统技艺，要创新的是产品形态和功能。

在我国民间传统技艺的发展过程中，"技艺传承—产品创新"的关系被颠倒的情况比较常见。民族企业家杜重远就曾痛心地评论 20 世纪初的景德镇陶瓷："社会所需要的瓷器不会制，而出的皆是陈旧样式，不知改良，以致不受社会欢迎。因此，国瓷渐被洋瓷打倒，尤以东洋瓷畅销各省。"[①] 其实，这种情形在当代仍然存在，许多传统技艺的传承人只会制作前辈流传下来的产品，而不能制作被现代人欣赏的物品。这种墨守成规的传承方式也使当代民众对非遗产生了误解，认为传统工艺只能制作过时的"旧式"东西，进而形成"传统工艺无用论"，极大地削弱了民间传统技艺的当代社会基础。

2015 年，文化部启动了"中国非物质文化遗产传承人群研修培训计划"工作，说明国家主管部门已经意识到传统工艺类非遗传承人虽有精湛技艺，但却缺少将这些技艺与当下民众生活相结合的作品设计能力和市场营销能力，希望通过该计划使

---

① 李韵．文化部非遗司负责人就非遗传承人群研培计划答记者问［EB/OL］．(2016－02－26)．http://ex.cssn.cn/wh/wh/whzx/201602/t20160226_2884301.shtml.

这种状况得到改善。① 在这一方面，灵尚绣品有限公司树立了使传统工艺类非遗与产品设计、市场营销相结合的典范。在面向市场产业化的过程中，该公司遵循"技艺传承—产品创新"的规律，在不断传承、吸收传统刺绣技艺精华的同时，与高校设计人员进行合作，在产品类型、产品图案和造型方面进行大胆创新，选用符合当代人审美趣味的摄影作品、画作、图案为底本，借助传统刺绣技艺的强大表现力，生产出了受当代人欢迎的刺绣用品，使传统刺绣技艺在传承过程中顺利实现了"移步不换形"。

四、助力地方包容性经济发展

包容性经济是指消除贫困与饥饿，减少不平等现象，确保体面的工作和生产性就业，意味着在可持续的生产和消费模式基础上，实现稳定、公平且包容的经济增长。② 它是联合国教科文组织《非遗公约业务指南》（2018 年版）中"在国家层面上保护非物质文化遗产和可持续发展"中列出的四大核心内容之一。③ 我们在调查中发现，晋中灵尚刺绣的产业化发展，推动了当地包容性经济的发展。

（一）为当地农村女性提供了生产性就业和体面工作

从上文可以看出，与灵尚刺绣合作的女性大多生活在农村，年龄集中在 30～49 岁，受教育程度以初高中为主，成家育有子女。她们通常不外出打工，主要在家里照顾老人、孩子，给上学的孩子按时按点做饭，家庭收入依赖于男性，但她们在家务之外又有一定的空闲时间，一些心灵手巧的女性会利用这段时间做一些手工活，如织毛衣、剪纸、纳鞋垫、刺绣等，有一定的技艺基础。这个年龄段的女性，较之于年老的女性，她们有视力上的优势，较之于年龄更小的女性，她们又能沉下心来，心无杂念地做绣活，是灵尚刺绣的主要生力军。

与灵尚刺绣合作，她们可以在生产基地做绣活，也可以带回家做，这样就既能照顾家庭，又能利用闲暇时间做刺绣赚钱。这种人性化且灵活的形式广受欢迎，从事刺绣的女性也获得了来自社会的尊重和肯定，同时也使农村妇女的既有生活方式得到了延续。作为适应当地女性生活背景的就业形式，灵尚绣品有限公

---

① 李韵. 文化部非遗司负责人就非遗传承人群研培计划答记者问 [EB/OL]. (2016-02-26). http://ex.cssn.cn/wh/wh/whzx/201602/t20160226_2884301.shtml.

② 联合国. 实现我们共同憧憬的未来——给秘书长的报告 [R]. 纽约，2012：33，38.

③ 《非遗公约业务指南》（2018 年版）第 183 段：鼓励缔约国认识到保护非物质文化遗产有益于包容性经济发展，在该前提基础上承认可持续发展依赖于以生产和消费的可持续模式为基础的稳定、平等和包容性经济增长，同时需要消除贫困和不平等，需要生产性就业和体面工作，以及保证每个人对价廉、可靠和可持续的现代化能源的获得和逐步改善消费和生产的资源使用效率。

司让晋中刺绣的家庭传承、村落传承、行业传承方式又重新出现，为当地女性就业提供了一个新的选择，对减少和避免留守家庭的出现发挥了积极作用。

（二）引入市场化运作方式，增加了农村妇女的经济收入，为农民脱贫贡献了力量

在整个刺绣产品的加工制作过程中，绣娘的刺绣水平决定着绣品的质量，因此计件取酬是灵尚绣品有限公司向绣娘支付刺绣费用的主要方式，其中作为钥匙链、书签、项链等元素的双面缝合小绣品，每件支付15～25元，而一件售价5000元以上的刺绣画，基于时间、手工刺绣精细度，绣娘能获销售总价的一半以上。与灵尚绣品有限公司长期合作的绣娘，根据制作绣品的件数，每年的常规收入为5000～20000元。与平时没有任何收入相比，利用在家空闲时间做绣活就能获得收入，这是一个非常受当地农村妇女欢迎的选择。

灵尚刺绣于2008年和2014年分别在交口县和灵石县成立了合作社，并先后于2012年和2016年被山西省农业厅评为省级示范合作社，合作社将两县各村的绣娘组织起来，除采取计件取酬的形式付给报酬外，还以绣品入股的形式，将100多名绣艺精湛的农村绣娘直接吸收为合作社股东，作为股东的绣娘，她们享有优先加工绣品等权利，由此将合作社的效益和绣娘的经济利益直接挂钩，最大限度地激发了她们的工作主动性。这种商业思维的运用，有助于避免绣娘个体间的利益冲突和不良竞争现象的出现，一方面促进了企业发展，另一方面让绣娘以自己的勤奋和手艺增加经济收入，成为直接受益者。当地绣娘在获得稳定的经济收入后，就有了动力参与非遗的传承和弘扬。

由于积累了丰富的技艺培训经验，灵尚绣品有限公司2016年起积极参与山西灵石县农村的扶精准贫工作，根据政府要求，每年固定分配17户贫困户，即脱贫几户就接收相应数量的贫困户作为灵尚绣品有限公司的扶贫对象。灵尚绣品有限公司派技术人员上门指导，对扶贫对象进行一对一的刺绣技艺培训，并让其为公司加工绣品，扶贫对象连续3年年收入达到3000元以上后被视为脱贫。

（三）灵尚刺绣的产业化避免了"商业化滥用"

联合国教科文组织《非遗公约业务指南》"与非遗有关的商业活动"和"在国家层面上保护非物质文化遗产和可持续发展"两章中多处提到以下两点指南性意见：第一是在"创收和可持续生活""生产性就业和体面工作""旅游业对非遗的影响"内容中指出确保非遗传承人、相关社区、群体是主要受益人[①]；第二是确保

---

① 《非遗公约业务指南》（2018年版）第185段（b）ⅱ部分，第186段（b）ⅱ部分，第187段（b）ⅰ部分。

非遗的本质意义和存续活力，避免商业化滥用①，滥用主要是指商业对非遗不恰当、没有原则地开发和使用。

通过上文的阐述可以看到，在灵尚刺绣产业化的过程中，当地农村绣娘已从中获益，那么值得关注的就是这是否对传统刺绣这一非遗项目的存续力构成威胁。以产业化形式为主的"非遗+扶贫"模式在我国越来越普遍，有研究者认为以"非遗扶贫"名义进行的刺绣开发利用，是在某个公司的整合下，绣娘们被编入某一个生产链条中，这使绣娘在刺绣方面的文化创造力萎缩为一个公司的设计产品，从而导致传统刺绣文化丰富性的丧失。②在对灵尚刺绣的调查中，我们发现，与灵尚绣品有限公司合作的绣娘有着相当大的工作自由度和灵活度，在合作形式上，双方本着自愿互惠的原则形成合同式雇佣、股东关系；在绣品制作上，除了定制的大型刺绣作品外，通常情况下，一件灵尚绣品由一个绣娘单独完成。由于刺绣的全手工性质，每个绣娘都有各自不同的习惯和风格，即使是采用相同的图案进行刺绣，最后完成的作品也是各具风格。例如一个以栖息在树枝上的孔雀为底图的绣品小摆件，由于每个绣娘对孔雀图案及配线、配色、针法等方面都有自己不同的见解，绣出的树枝、孔雀翎毛颜色及形态神韵就千差万别。正是意识到手工刺绣的这一本质特性，在计件取酬的付费方式下，灵尚绣品有限公司根据绣品图案的复杂性、技艺水准及尺寸面积来衡量每件成品的质量，而不是用一个绣品标准来要求和规范所有绣娘的刺绣技艺，禁锢绣娘的自我想象力，也没有为迎合市场而降低传统刺绣技艺水准，反而更加精益求精，这样，当地绣娘在刺绣技艺上的多样性创造力必然会继续保持下去，而不是萎缩。

与山西汾酒、老陈醋、平遥牛肉等早已完成产业化发展的非遗项目不同，灵尚刺绣是近年来保护区把地方非遗资源成功转化为文化产业的少数案例之一，以灵尚绣品有限公司的设立为标志，它代表了当地除了能源经济以外的一个正在兴起的文化产业——女性手工技艺产业，尽管还不是支柱性产业，但它在推动传统手工艺传承的同时，也改变了农村女性的价值观和人生观。2016年，山西省人民政府出台政策支持女性手工艺制品产业的发展③，希望这类服务于民众生活的非遗转化为有市场竞争力的文化产业后，能够使更多的农村妇女受益。

2016年6月，联合国教科文组织《保护非物质文化遗产公约》第6次缔约国大会在《非遗公约业务指南》中新增"保护非遗与可持续发展"内容④，涉及非遗

---

① 《非遗公约业务指南》（2018年版）第117段，第187段（b）ii部分。
② 许伟明．"非遗扶贫"未必是好主意［EB/OL］．(2018–05–15). https://thisandthat.cn/s/129.html.
③ 2016年4月，《山西省人民政府办公厅关于支持妇女手工艺制品产业发展的意见》发布。
④ 《非遗公约业务指南》（2018年版），第170段—197段。

传承与性别、就业方面的议题，指出民众如果能以非遗为职业，是适应传承者实际生活的有尊严的就业形式。

由以上可以看出，灵尚刺绣的做法与《保护非物质文化遗产公约》的精神不谋而合。在以往我国以物质经济为主导的发展模式下，女性尤其是农村女性掌握的传统手艺、知识一直被忽略和边缘化，这部分女性的角色也被定位为依赖于男性的家庭妇女，但这部分女性传承的传统手艺、知识是非遗的重要组成部分。笔者认为，十分有必要从"包容性社会发展""包容性经济"视角对女性尤其是农村妇女在社会发展中所承担的角色予以重新思考，结合不同的非遗项目，将《保护非物质文化遗产公约》提倡的保护理念纳入我国非遗生产性保护实践中。

而结合晋中社会发展状况，非商业类非遗要实现产业化转型，关键在于精通非遗和市场经营方面的高水平人才在产业链上各个环节中的作为以及由此构建起的适于非遗产业发展的社会环境，因时因地形成以消费者为导向的商业战略、模式和经营措施等。但目前，晋中能推动传统工艺类非遗产业发展的关联因素主要是旅游业，其他都不占优势，如生活宜居性、地方民众价值观、信息发达程度均不利于非遗产业转化所需各类人才的进入，导致既懂文化又懂市场的文化产业人才非常缺乏。所以，在保护区内，虽然很多非遗项目都有较强的商业潜力，很多人也有极大的兴趣发展非遗产业，但由于不懂非遗或缺乏文化产业经营的必备能力，注定很难获得成功。

最后，笔者深刻感觉到，保护非遗的过程只有与地方发展背景和民众谋生方式结合起来才具有说服力。同时市场也只是人类社会生活的一部分，而不是全部。从非遗整体性保护理念出发，通过市场经济推动非遗传承是顺应时代发展的体现，但这一方式还应结合关系人类命运的社会发展议题来进行，制定出相应的文化制度和措施。

第三节 非遗视野下的民间艺人
——以祁县农村"跑事筵"艺人为例

在非遗保护实践中，国家确立了国家、省、市、县四级名录保护体系，指定相应的代表性传承人，以确保非遗活力和传承后继有人。但这是否是非遗保护的全部？如果非遗保护资源仅仅向少数代表性传承人倾斜，这意味着非遗传承所依赖的社会力量会越来越薄弱。在当今各种流行文化盛行的情况下，有一些非遗项目之所以还能保持一定的活力，是因为除了有各级政府部门认定的非遗传承人外，还有一批数量庞大、在政府扶持体系之外的民间艺人，他们依靠自己所掌握的非遗技艺养家糊口，在真实的生活中显示出顽强的生命力。

美国人类学家斯图尔德（Julian Steward）认为，人类通过文化认识资源，通过技术获取资源，这是人类创造性适应环境的过程，文化生态学旨在"解释具有地域性差别的文化特征及文化模式的来源"。非遗文化生态主要指特定区域内以非遗为核心的各类文化事项、文化传承者与周围环境等要素组成的动态平衡的共生系统，侧重构建文化与社会的和谐关系。从这个意义上讲，非遗传承是建立在不同社会力量构成的动态演进系统基础之上的，从事非遗相关行业的民间艺人自然是这个过程中不可缺少的社会力量。目前山西许多传统戏剧仍能占有广阔的农村市场，是国有院团、民营院团、临时组合的草台班子等团体共同作用的结果，这些群体的艺术水准有高低之分，其受众群体和经营方式也各不相同，他们和广大民众一起组成了地方传统戏剧的"文化生态系统"。

在晋中祁县、平遥县、清徐县、太谷县一带，有一批常年在婚丧嫁娶仪式场合进行吹打和戏剧表演的从业人员，当地人用"跑事筵"① 来称呼这一群体，他们以表演吹打奏乐、晋剧、祁太秧歌为主，流行音乐为辅。本节所要讨论的正是晋中传统戏剧文化生态系统中的草台班子——"跑事筵"艺人。一些研究者以山西上党八音会、晋南丧葬戏、上党梆子等为案例，对草台班子群体进行研究，考察当代传统音乐、戏剧正在发生的变化，将这些变化置于传统音乐、戏剧历史发展脉络中，得出艺术学层面的结论。② 黄旭涛以太谷县"跑事筵"艺人为主，对祁太秧歌与丧葬仪式的互动关系进行民俗学的研究。③

本节以祁县"跑事筵"艺人发展现状为基础，讨论"跑事筵"艺人在晋中乡村文化消费中扮演的角色，在培育传统演艺受众群体方面发挥的作用。从非遗整体性保护角度看，晋中农村广大民众是晋剧、祁太秧歌继续存在的买方市场，"跑事筵"艺人是晋剧、祁太秧歌实现整体性传承不可缺少的力量。

---

① 晋中地区把家庭举办的婚丧嫁娶、满月祝寿等礼仪活动统称为"办事筵"，参与事筵吹打和戏剧表演的艺人则称自己是"跑事筵"。

② 王亮，赵海英，郭威. 上党八音会现状调查［J］. 文艺研究，2009（9）：73-82.
孔美艳. 民间祭奠与晋南新编丧葬戏——以《抱灵牌》为个案［J］. 文艺研究，2011（5）：101-110.
路畅. 民间戏曲的传承与保护问题——基于上党梆子的调查分析［J］. 文艺研究，2013（1）：102-109.
卫才华. 山西高平八音乐班与民俗礼仪细乐调查——兼论新时期乡民艺术的传承特点［J］. 文化遗产，2013（4）：114-123.

③ 黄旭涛. 民间小戏表演传统的田野考察——以祁太秧歌为个案［M］. 北京：知识产权出版社，2013.

一、祁县"跑事筵"艺人发展现状

祁县古为"川陕通衢"之地,是山西重要的交通枢纽之一,目前人口约26.7万,其中农业人口21.2万。在祁县有100多人专门从事"跑事筵",这些人穿梭于晋中平遥县、祁县、清徐县、太谷县、榆次区等地。其中一支"跑事筵"班子的十名骨干成员中,两名是女性,戏曲行当分别是青衣、须生,一位男花脸,其中只有青衣表演者在戏校学习过,两位男表演者为票友;乐器演奏人员共七名,均为男性,分别为鼓师、琴师及唢呐、马锣、鼓、笙、铙钹、电子琴伴奏人员,主要通过家传和跟师途径学得演奏技艺。这一班子的民间艺人年龄集中在45岁左右,40岁以下的仅有两名。

调查中问及他们为何选择学习这一行,多数人的回答是喜欢或受家庭影响而走上这条路的,期望自己的表演有一天能获得人们的认同。这不难理解,20世纪80年代,由于电视的普及度不高,因此,当时是戏曲发展的繁荣时期,当时出色的戏曲演员是"台柱子",也是乡民心中的明星,各村争相请这些人来表演,这样的待遇是极具吸引力的。但好景不长,戏曲演艺行情急转直下,许多剧团解散,更多的人加入了"跑事筵"队伍,技艺的学习不仅辛苦,而且回报也越来越差,因此,在这一群体中,30岁以下的年轻人便越来越少了。

这些成员都是祁县本地人,其中HJS是承揽生意、召集其他成员的"揽头",他形容这一角色是"包工头"。HJS初中毕业后,1992年,在家长的影响下,在柳林县某剧团跟着师傅学习唢呐吹奏。2000年起,HJS开始以"跑事筵"为生,有生意头脑,后经常出面承揽婚丧仪式上的表演之事,慢慢地成为"揽头"。

HJS说,从事这一行业,主要是出于生计和生活便利上的考虑。第一个原因是如果随剧团演出,常常很长时间都无法回家,而他的两个孩子正在上学,家里许多事情都需要他及时处理。从事"跑事筵"生意,他基本可以保证每天下午回家,照顾家庭。第二个原因是剧团工资数额是固定的,拿到的报酬远不如"跑事筵"的收入高。他的考虑是,等孩子长大考到外面上大学,不需要大人操心,而他也不想主动揽婚丧事筵的生意时,会考虑随剧团演出。

"跑事筵"生计行情与各县人生礼俗、季节有密切关系。在晋中,平遥县红白事均会请吹打或祁太秧歌、晋剧到家表演。祁县、太谷一带则通常只在丧事中才有吹打或戏剧表演。春、夏两季生意比较清淡;立秋后,以婚事事筵居多;立冬后的生意最旺，2013 年的农历十一月，HJS 的班子有 23 天都在跑事筵①，进行丧事出殡日的表演。2014 年农历三月初一到二十三，HJS 有 12 天是在外跑事筵②。在十几年的时间里，HJS 班子去过祁县大部分农村，去每个村子的次数已无法统计，在这个过程中，祁县许多村子的人和他们慢慢熟悉起来，提起事筵表演时总会提到"二俊"，即"揽头"HJS 的小名。

在每次的跑事筵活动中，找哪些人搭班"跑事筵"，主要由"揽头"决定，辅以成员是否愿意承接此次事筵表演，确定成员后，大伙就各自从居住地前往事筵主家。当地人对事筵表演的要求并不高，艺人只需保持一定的表演水准，这些成员无须像那些专业剧团要在一起排练以求协调，他们的默契是在一次次的事筵表演中形成的。当然在同等价位下，表演水准高、口碑好的"跑事筵"艺人会更受欢迎。"跑事筵"艺人到达主家后，先是确定表演场地，通常是根据主家院子的格局而定，着眼方便实用性，他们会选择便于接拉电线、安放音响乐器设备的场地来表演；如果院子小，便选在主家所处的街上搭棚表演。婚嫁是在迎娶的那一天进行表演，丧葬则是在出殡当天进行表演，直到主家出殡队伍快至墓地时结束。在当天的表演时长上，冬季通常是从上午 9 点到 12 点，下午是 2 点到 4 点，夏季通常是从上午 8 点到 12 点，下午表演时间变化不大，一般表演 1 个小时，休息 10~20 分钟，或者是轮流休息。

事筵上表演的内容多为民众喜欢的吹打乐、晋剧名家唱段和祁太秧歌戏。戏曲唱段主要来自晋剧老八本（《打金枝》《三关点帅》《下河东》《狸猫换太子》《双官诰》《卧虎令》《火烧庆功楼》《金沙滩》），以及《忠报国》《走山》《三娘教子》《芦花》《算粮》等剧目；祁太秧歌大部分曲目由于表演时间比较短，剧目数量比较多，通常视当天到场的艺人擅长的剧目灵活而定，大多以青衣、花旦演唱的剧目为主，如《苦伶仃》《上坟》《割田》《算账》《看秧歌》《奶娃娃》等。在表演传统音乐和戏曲的基础上，按目前的行情，艺人们会增加流行歌曲的演唱环节，曲目不限，但会选择节奏感特强，能带动现场情绪的流行歌曲。

---

① HJS2013 年农历十一月的跑事筵情况：
初一、初二：祁县前营村；初三：祁县瓦屋村；初六：祁县北谷丰村；初八：平遥县下汪村；初九、初十：祁县申村；十一：祁县城内；十三、十四：祁县城内；十六：祁县北谷丰村；十七：祁县三合村；十九：榆次区郝村；二十：祁县东六支村；二十二、二十三：祁县北左村；二十四、二十五：清徐县西营村；二十六：祁县丰泽村；二十八、二十九：祁县丰固村；三十：祁县城内。

② HJS 2014 年农历三月的跑事筵情况：
初二：清徐县北程村；初三：祁县城内；初四：祁县丰固村；初七、初八、初九：祁县瓦屋村；十四：祁县城内；十七：祁县武乡村；十九：文水县榆林村；二十：祁县东阳羽村；二十一：祁县夏家堡；二十二：祁县天居村。

他们表演时只需从大方向配合主家仪式即可，如婚嫁场合当然不能唱悲戏，在具体的表演内容安排上则有着很大的自由度和灵活度，能说明这一问题的一个例子就是在丧葬仪式上表演的哭戏，虽有着配合仪式的一面，但更深层次的原因在于人们喜欢艺人那种形神兼备、以假乱真的哭戏表演。如果某位艺人哭戏演得不好，主家和村民便不会要求在丧葬仪式上唱哭戏。许多时候，艺人出现唱错，漏了台词、段子的失误，也不会成为主家为难"跑事筵"艺人的借口。这种情况说明，晋中地区事筵上的表演与仪式的关系是比较松散的。

在每次"跑事筵"活动中，成员的成本投入主要是交通费用。艺人的伙食由主家承担，每次"跑事筵"的总收入视以下两种情况而定：由七八人组成的吹打班，主家需要支付1200元左右的费用；由10人组成的有器乐伴奏的戏曲歌曲表演的收入浮动则在1600～1700元。[①] "跑事筵"成员内部的收入分配遵循一套默认的规则，"揽头"抽取此次总收入的四分之一作为中介费，联络他们的村里"管事人"约有100元左右的酬谢费。余下的收入再依据艺人的劳动付出平均分配，唢呐吹奏者收入最高，往往高于其他成员的一倍。[②] 携带大型乐器的成员也可多拿点报酬，以收回这些乐器设备的购买成本。总体而言，艺人每跑一天"事筵"，纯收入在150元上下浮动，"揽头"则在500元上下浮动。

"跑事筵"生计是在"熟人社会"中发展形成的，这些艺人通过亲戚血缘关系、村落地缘关系揽到生意，能迅速临时搭班，做到"随叫随到"。作为民间最底层的市场演出，"跑事筵"艺人的特殊性在于服务于婚丧仪式，以谋生为首要目标，谋利性特征明显。乡村民众对这一群体也无太大偏见，而是宽容地认为这是一项生活本领。与正规、具有专业演艺水平的国有、民营剧团相比，大部分"跑事筵"群体与政府几乎没有交集，没有官方的任何资助，艺术水准也没有被专业鉴定过，尽管他们当中的许多人曾经是剧团的一员。

二、"跑事筵"艺人在晋中农村文化发展中扮演的双重角色

在祁县，大部分农村地区的文化娱乐活动是相当匮乏的，看电视、打牌、搓麻将是许多农民每天的消遣方式。年龄40岁以上，能熟练使用网络或智能设备的农民并不多见。大部分农村家庭没有购买和阅读纸质书刊消遣时间的习惯。从文化基础设施这一层面看，20世纪七八十年代在许多农村修建的戏台几乎被弃置不用，20世纪90年代末，祁县城内的影剧院被拆除，县城迄今还没有一处正规的可供公众

---

① 根据我国国民经济和居民收入情况，喜丧事中这方面的费用呈逐年上涨的趋势。
② 在同等条件和相同的时间里，较之其他乐器，唢呐吹奏者要消耗更多的体力。

观看戏剧和电影的场所，若有戏曲表演，则临时搭建表演舞台。

　　基层的这些文化生活现状是进入国家政策视野之内的，许多新闻报道把农村文化生活与读书室、健身场地、健身设施、棋牌室等文化公共设施频繁联系在一起。但祁县绝大部分农村是没有这样的设施的，即使有，也经常是关闭的。许多由政府买单的送书下乡、电影下乡等活动也基本流于形式。而演艺水准高但数目有限的国有和民营团体受经营成本、设备搬运等限制，无法顾及所有的农村。

　　与之形成对比的是，小规模私营演艺团体使得当代农村文娱生活没有完全陷入"真空"状态。从演出费用支付渠道看，此类演出主要分为两类，这两类演出也是农村文化产业①的主要形态。

　　第一类是由村委筹措资金支付或企业赞助的戏曲演出，通常在特定节庆、庙会、企业庆典期间进行，为期三天。但必须注意到，有太多不确定性因素如热心此事的乡民，经费筹措，企业领导的意愿等都会影响此类演出能否办成。在祁县，这一类演出以村镇约定俗成的赶会日为主，2013年，在祁县赶会期间唱了为期三天祁太秧歌或晋剧的乡村有22个，为所有起会乡村总数的30%。② 这一数值并不高，而另一份报告指出，2007年，在山西整个文化产业中，传统文化艺术服务年均增速是3.7%，比平均增速低了20.8个百分点。③ 这一数据说明整个山西的传统文艺市场演出状况都不乐观。

　　第二类是由农村家庭支付，用于婚丧满月的事筵演出。举行婚丧满月仪式，广邀亲朋好友，排场铺张，是人们在社会共同体中用以衡量乡民家业的标尺和宣示，是确立社会地位、身份的方式之一，也是乡村民众间相互交流、沟通、协调及互动的传统生活方式。婚丧仪式由此也是一种炫耀性的奢侈消费，是为当地民众所认可的，"跑事筵"艺人的表演是这一奢侈消费的重要组成部分，早就成为当地许多农村家庭的传统惯常行为。因此，较之企业庆典、庙会期间的演出，由农民私人支付

---

① 文中所用的文化产业是指生产并销售符合文化概念的产品或服务的产业。
② 祁县赶会期间晋剧或祁太秧歌演出的村庄如下，数据源自2014年2月28日在祁县修善村的调查，对照一户做生意的人家中保存的一本手抄祁县及周边各县乡村起会会谱获得。

会善村（农历正月十五）	南社村（农历正月十八）	王　村（农历二月初九）
建安村（农历二月十三）	大韩村（农历二月十三）	原东村（农历二月二十五）
高城村（农历三月十八）	东炮村（农历三月二十五）	城赵镇（农历三月二十八）
苗家堡村（农历四月初八）	前营村（农历四月十二）	祁城村（农历四月十五）
秦村（农历七月初四）	下申村（农历七月十五）	原西村（农历七月二十四）
西管村（农历九月初九）	丰谷村（农历九月十八）	固邑村（农历九月十九）
马家堡（农历九月二十一）	左敦村（农历九月二十四）	思贤村（农历九月二十七）
东高堡（农历十月初九）		

③ 徐中孟. 中国文化创意产业研究［M］. 台北：秀威资讯科技股份有限公司，2009：94.

费用的"跑事筵"艺人的演出稳定而频繁,并随着社会变迁,与仪式一起,正不断褪去庄重神圣的仪式色彩,世俗娱乐的特征日趋明显。

同时,婚丧等人生礼俗是特定社区的文化表达,仪式本身不是直接面向他人出售的文化产品,虽依附仪式,但与仪式关系日益松散的"跑事筵"艺人的表演是有商业价值的。他们为婚丧仪式提供演出服务,赚钱养家,必须从做生意的角度来研究"跑事筵"。"跑事筵"艺人的经营能力、交际能力和在农村乡民中的口碑都会影响他们能否成功地跑一场事筵。

与日常生活物资的"刚性"消费不同,当地农民没有直接付费消费"软性"文化的传统习惯,花钱购买只能感受却留不下任何实物的文化内容,在许多村民看来是非常不值的。这一观念至今并无多大变化。在这种情况下,"跑事筵"艺人承担了双重角色,从民俗视角看,"跑事筵"艺人是婚丧仪式功能的承担者;而从消费角度看,"跑事筵"艺人借婚丧仪式,向农民提供了一次又一次的现场文艺演出服务。农村虽已经普及电视,可以从电视上观看各类戏曲表演,但其效果远不如在现场的亲自感受,许多农民也在追求互动体验的文化生活,"跑事筵"艺人表演便是这样一个平台,满足了许多农民体验现场演出的娱乐需求,是祁县农村家庭自掏腰包的一项重要文化消费。而由农民个体自费观看事筵上的文艺演出,是其他文化产业至今仍无法比拟的。

三、"跑事筵"培育了传统民间戏曲观众

近年来,传统戏曲进入市场自求发展,已是各界基本共识,鼓励传统戏曲与市场体制相适应的文化体制改革也正逐步推进,但缺少受众是最大的困难。然而戏曲商业价值需以受众的经济消费来体现,否则,"产业"二字遥不可及。与物质消费受众的培养相比,戏曲艺术受众的培养是一个漫长而复杂的过程。

不管是吹打音乐还是祁太秧歌、晋剧的表演,都是人们通过身体动作直接呈现出来的,并且在某一社会共同体中表现出独具特色的文化内涵,它们同人的五官有密切关系,观者只能通过视觉、听觉把它们内化于心,进一步体验其中的内涵。这些通过表演者唱、念、做、打传递出的意思和情感,倚重感官传输的艺术,只接触一次是难以完全透彻了解的,而是需要重复感觉、消化和反刍,消费者才能完成自身想象空间的提升和享受那种内在的精神体验。

对自身周围文化的感觉、消化和反刍,是一个个体社会化过程的一部分。社会学的研究已经证明,人的性格、气质的塑造,文化记忆的形成始于其婴儿期开始的社会化养成过程,这个过程是潜移默化的,他向周围的家人、朋友、老师学习,也从自己接触到的各种事物中学习,在反复接触熟悉相同的事物中不断体会到其中的

细微差异，因此也会喜欢、欣赏和热爱它，形成某种文化品位。在这一过程中，人所感觉到的周围社会氛围影响着他自我形象的塑造，会对其一生产生持续的影响。

以文化内容为主的产业也必须遵循上述规律，与那些附加了文化内涵的物态商品不同，文化产品是直接把只能用心感受的符号、内涵等方面的无形体验转化成经济财富。文化产业不是生产者的自我消费，而是通过市场交换寻求他者的商业消费，与消费者的文化偏好密切相关，即一个人在音乐、戏曲、视觉、文学等方面的偏好及由此形成的消费意愿会直接影响到不同文化表现形式的市场行情。这种文化偏好又是累积重复性的，随着人们对某种文化的不断接触而增强。

在经济状况良好的前提下，农村传统节事活动的演艺通常是一年一次，不难想象，如果仅有此类演出，从次数上就降低了人们接触传统演艺的频率。在血缘、地缘关系日益淡薄的背景下，比起节庆走亲戚、赶集、企业典礼等形式，婚丧满月礼俗仍是农村不可缺少的民俗，也是最能聚集亲朋好友人流量的场合。"跑事筵"艺人的表演不仅为其亲戚、本村乡亲提供了现场反复体验晋剧、祁太秧歌、传统吹打乐的契机和平台，还使晋中农村民众自幼年起便浸淫在这些艺术形式中，听久了吹打，看多了戏曲表演，无形之中就熟悉了方言、音乐、唱腔，不经意间已能欣赏戏曲唱、念、做、打的各种内容意义，在现场反复观看这些表演的过程中获得了无穷的回味，亦能牢固地认同其中隐含的深远内涵，有天赋的人甚至能逼真模仿相关表演。这一过程培育出大量喜欢甚至痴迷戏曲的民众，他们对戏曲、传统音乐有一定程度的鉴赏水平，推动着传统演艺的表演水准的提高。有鉴于此，依托传统人生礼仪，祁县"跑事筵"艺人是培育当下祁太秧歌、晋剧戏曲观众的重要力量，是确保祁太秧歌、晋剧生命力的基础。

反之，我国普通正规教育通常不提供任何传统戏曲音乐的体验，传统戏曲表演与年轻一代的接触被阻断，青少年对戏曲的热爱也就无从谈起，我们又如何期望他们成年之后会主动保护这些传统演艺形式？他们自小接触和体验的是来自电子媒体输送的流行文化，拥有的是欣赏流行音乐的文化能力和品位，这是直接导致事筵表演中出现流行音乐的原因。

在市场经济体系下，国有和民营的专业剧团虽然代表了戏曲的艺术高度，但这并不意味着这些高端剧团能顺利占有市场，其艺术水准必须通过观众的消费后才具备产业层面的实质性意义。如果缺少了其他层面的配合，数量有限的优秀团体是绝不可能支撑起一个健康的行业生态的。以农村为主要市场的传统演艺团体本身没有强烈的自我营销意识，更没有专业的营销机构对其进行传播和推广。随着受众面的不断缩小，演艺剧团演出收入的下降，抽出专项资金展开营销工作变得愈加困难。

在这种情形下,"跑事筵"艺人为了营造仪式氛围,经常选择戏曲名家的经典唱段和拿手曲子来表演,使得这一地区的民众对晋剧、祁太秧歌保持着持续的现场体验感和熟悉度,无形中扮演了传播推广的角色。得益于这一群体在农村的长年渗透,演艺水准高的艺术团体才能顺利占有这一地区的市场,保持晋剧、祁太秧歌的传承活力。

随着农村文化市场活力的进一步释放,这一群体的活动将会更加活跃。他们与其同时代的不同层次的从业艺人一起,共同培育和发展出具有鉴赏能力的戏曲受众,这是他们对非遗传承产生影响的具体表现,也是乡村礼俗成为传统演艺生存的土壤的原因之一。

四、启示

在不断变化的当代社会,民俗早已不是戏曲赖以生存的土壤,尤其是当我们看到目前祁县、平遥县、太谷县一带婚丧事事筵上出现的不仅有唢呐、锣鼓,还有电子琴、架子鼓时;不仅有祁太秧歌,还有流行歌曲的火热表演时,以民俗习惯解释仍在传承发展的传统戏曲已越来越不具说服力。或许,仪式层面上的神圣性也没那么重要,与其说民俗是戏曲的生存土壤,不如说是"跑事筵"群体利用了民俗习惯来养家糊口。换言之,对于当下晋中"跑事筵"群体而言,生计利益与表演能力的关联是居于首位的。注重这些群体的表演水准,从其与生活的关系切入展开艺术民俗学的研究固然重要,但放到非遗保护的范畴中,却不能单一地突出这一方面,否则在实际中很容易形成对非遗保护观察的盲点。

很多非遗在当代的传承离不开不同社会、经济和人力资源各个环节的密切合作。依赖市场生存的非遗,从传承者习得、传承非遗到大众对非遗的共享、消费,二者间并不是直接衔接的,而是要经历以下环节:①非遗传承者学习、传承非遗;②明晰非遗的使用目的;③传播推广;④交换流通;⑤传承者自己和大众的接受、反应。这五个环节是循环和相互支援的关系,从非遗产生到输出为大众所认同接受,每一个环节都需要各种不同的经营组织,如果这些组织经营表现良好的话,是文化产业的优势,也是保护非遗的众多社会力量之一。① 换言之,这些环节上的人及其作为、获得的社会各种资源是非遗传承所依赖的文化生态系统。

当下我国非遗保护从态度、政策、规划、实际操作上都主要集中在非遗传承的"产出"环节,这符合我国当下非遗保护实际状况,但这种"倾斜"如果没有置于非遗整体性保护框架下,便有使非遗生态系统失衡的危险。当前传统演艺类非遗项

---

① 钱永平. UNESCO《保护非物质文化遗产公约》述论 [M]. 广州:中山大学出版社,2013:289-290.

目保护重点也集中在那些与创作表演本身直接相关的环节上，对产业链上的传播推广环节还较少关注，某种程度上可等同于忽略相关受众群体的培育，这是非遗"碎片式"保护的体现。

而市场背景下传统演艺类非遗项目的传承，终极目的在于消费，当此类非遗缺少与消费它们的多层次受众群体的互动时，势必造成该非遗市场生命力的萎缩。没了"忠诚"于非遗的受众，非遗自身的水准便难以保证，继而违背该非遗传承本质的各种拙劣创作生产也会出现。面对那些艺术价值极高但没有人认同的非遗，人们还极易形成"保护此类非遗有什么用"的疑惑。

非遗的传播推广作为一种管理手段，恰是把受众与非遗传承者及其创造的非遗恰当地联系起来，以更好地实现非遗传承目标。但附带的许多问题还有待观察和论证，其中之一就是，依赖市场买卖的非遗以什么样的方式和形式来实现传播与推广。根据我们现在观察的事实，显然，不同的非遗，其传播推广的人员主体构成、实施方式是千差万别的。比如青春版《牡丹亭》传播和营销的模式，这一模式成功唤起大学生对昆曲的兴趣，但是青春版《牡丹亭》的制作生产模式是大多数戏曲传承者难以企及的。

鉴于此，当下的保护应从各项正在传承的非遗实情出发，给予由传承社区提供的各项资源、活动以积极的肯定。对于保护区内的祁太秧歌、晋剧及吹打乐而言，以"跑事筵"艺人为代表的民间艺人不是官方指定的代表性传承群体，但他们与那些高水平的表演团体一样是非遗传承群体，他们没有分享非遗名录体系带来的资源（如荣誉、各界肯定以及资金扶助），而是靠自己掌握的非遗技能谋生。如果说进入官方非遗保护体系的代表性传承人是红花，那么他们就是绿叶，没有绿叶衬托，哪来红花的娇美？与国家扶持下的代表性传承人相比，这些奔波于乡村基层的民间艺人，无疑起到传播和推广非遗的作用。

这也提醒我们，非遗的整体性保护，要整体地审视非遗传承各个环节的主体力量及其所发挥的作用，并善待、善用来自"草根"的力量。

第四章　晋中国家级文化生态保护实验区非遗保护实践经验

各地社会发展程度并不均衡，这决定了各地要根据自身的情况探索适合于本地的非遗保护模式，作为一项浩大的文化系统工程，参与其中的非遗保护主体[①]的态度及行动影响着非遗的传承样式和走向。笔者曾论证，我国昆曲虽有极高的艺术魅力，但从它受冷遇到引起广泛关注这一过程来看，离不开不同的社会力量围绕其在艺术表演、研究阐释、宣传推广、商业营销等环节上所做的各种努力。[②] 我国非遗保护虽以政府为主导，但培育面向基层地区的多元文化保护力量及运作机制是非遗保护的必然要求。让代表不同利益、服务于不同目标的各类民间组织、教育机构、企业机构、传媒等社会力量嵌入地方社会发展情境中，形成非遗人才培养、资金筹集、教育弘扬、传播推广、市场营销等各个环节上的多样化运作机制。这套机制在晋中国家级文化生态保护实验区内基层社会如何培育、形成、发展，仍只能通过地方社会的实际行动来摸索寻找。

在保护区内，政府、非遗企业、学校是最重要的非遗保护团体，这些团体秉持的保护态度、保护理念、所展开的非遗保护实践，对非遗传承、非遗与所在社区的关系产生的影响也是不一样的。笔者选取了保护区内县级文旅局[③]、大学、企业等非遗保护主体的保护实践展开分析。

[①] 王文章主编的《非物质文化遗产概论》（修订版）对非遗保护主体的定义是，指负有保护责任、从事保护工作的国际组织、各国政府相关机构、团体和社会有关部门及个人。它包括国际组织、国家政府、各级各类非遗保护机构、社区与民众。
[②] 钱永平. 遗产化境域中的昆曲保护研究［J］. 文化遗产，2011（2）：26-35.
[③] 2018年后，文化局与旅游局合并，名称已变更为县文化和旅游局，简称文旅局，下文根据具体时间使用称谓。

第一节　社区参与视角下的地方政府非遗保护实践
——以祁县文旅局为例

在国家层面实施非遗保护，一个重要的背景是联合国教科文组织对非遗保护的大力推动。2003年联合国教科文组织出台《保护非物质文化遗产公约》后，非遗保护的主导思想和立场发生了重要转变，第一次明确地将非遗传承社区置于保护的核心位置，首次以国际法的形式承认社区、群体和个人在传承非遗方面的重要贡献，在保护政策、保护措施的制定和执行等方面赋予非遗传承社区重要责任[①]，提倡非遗保护的社区参与理念。

这对扭转我国长期忽略、贬低传统和民间文化的做法极具启发性，为我们观察我国非遗保护实践提供了新的理论视角。从文化和旅游部到县级文化和旅游局，自上而下，相继成立了非遗司、非遗处、非遗科、非遗保护中心等行政部门，负责非遗方面的常规保护工作，如普查、建档和组织项目申报等。由于我国大部分非遗项目在县一级地区进行传承，县级文化和旅游局及其下属事业单位文化馆是实施各项非遗保护措施的主要部门。《保护非物质文化遗产公约》中的"社区参与"理念在我国县级政府主导下的非遗保护实践中是否得到体现？又是如何体现的？对此，保护区内的祁县非遗保护实践是一个值得分析的案例，有助于我们了解社区参与非遗保护的理念在县域社会中的具体表现，厘清当前非遗保护实践中存在的一些误区。

一、祁县文旅局传统戏剧保护实践

祁县是一个典型的农业县，也是晋商重镇，民风淳厚，重视教育，民间文化资源丰富，是我国历史文化名城。祁县许多非遗传承人虽面临种种困难，但仍有着较强的文化自觉，一直以低调认真的态度传承着非遗，并不在意自己所传承的文化能否申报为非遗。截至2019年，祁县有2个国家级非遗代表性项目[②]，11个省级非遗代表性项目，19个市级非遗代表性项目，省级非遗代表性传承人13名，市级非遗代表性传承人27人，县级非遗代表性传承人135名。多年来，申报非遗项目是祁县文旅局的主

---

① 《保护非物质文化遗产公约》序言第7段、第1条（2）款、第2条（1）款、第11条（2）款、第14条（1）款、第15条有关内容。
② 祁太秧歌、戴氏心意拳。

要工作,于实际传承效果不大。2014年,祁县文化局以地方社会发展实情为基础,在非遗保护方面迈出了实质性一步。

(一)利用中央专项资金购买与晋剧祁太秧歌传承有关的乐器和文化服务

2013年,中央财政设立农村文化建设专项资金,用于支持农村公共文化事业发展,保障农村群众基本文化权益。[①] 2014年,祁县文化局利用其中用于购买文化器材的资金,以统一购置统一配发的形式,为全县154个行政村中的59个行政村购买了晋剧文武场乐器,分6批发放(见表6),用于村民定期展开祁太秧歌、晋剧票友活动。

表6 2014年祁县文化局中央专项资金文武场乐器发放情况

批 次	村 名	时 间
第一批	永兴庄、梁家堡、修善、王贤、贾令、孙家河、中梁、原西、东观镇、前营	2014年12月9日
第二批	南谷丰、丰固、城赵、晓义、梁村、原东、左墩、盘陀、西六支、东观村	2014年12月20日
第三批	会善、固邑、城赵庄、东阳羽、峪口村、北团柏、武乡、北谷丰、小韩、张南	2015年2月10日
第四批	西韩、南圐圙、涧法、南庄、谷恋、朴村、西关、北关(昭馀镇)、苗家堡、麻家堡	2015年2月13日
第五批	小贾、榆林、乔家堡、南团柏、大韩、申村、下古县、闫漫、北马堡、里村	2015年7月14日
第六批	下申、夏家堡、吴家堡、后营、河湾、圪垛、段家窑、牛居、塔寺	2015年7月22日
合计	59个村(镇)	

2014年、2015年,祁县文化局利用其中用于开展文化活动的资金,向祁县祁太秧歌剧团和晋剧团连续2年购买了下乡演出服务,祁太秧歌市场价2200元/场,专项资金补助1200元;晋剧市场价2700元/场,专项资金补助1400元,剩余戏价由各村补足支付。2014年8—10月,祁县祁太秧歌剧团在25个村子各演1场(见表7)。2015年2—8月,由祁太秧歌剧团、晋剧团自己联系各村,签订表演合同,其中,祁

---

① 财政部关于印发《中央补助地方农村文化建设专项资金管理暂行办法》的通知(财教〔2013〕25号)。

太秧歌剧团在16个村子各演1场，晋剧团在23个村子各演1场（见表8）。

表7　2014年祁县中央财政资金资助传统戏剧文化下乡演出情况

演出团体	演出村名	演出时间
建华祁太秧歌艺术团（祁太秧歌）	修善、高城、常家堡、西白圭、朴村、丰固、韩家庄、北团柏、西寺庄、鲁村、官厂、东高堡、梁家堡、南社、河湾、刘家堡、王贤、东城、西阳羽、前营、范公、丰泽、南谷丰、北谷丰、下申	2014年8月1日—10月1日

表8　2015年祁县中央财政资金资助传统戏剧文化下乡演出情况

演出团体	演出村名	演出时间	演出村名	演出时间
建华祁太秧歌艺术团（祁太秧歌）	修善	5月5日	大桑	5月16日
	高城	5月6日	张名	5月17日
	小韩	5月7日	下闫灿	5月18日
	下古县	5月8日	上古县	5月19日
	上八洞	5月10日	西高堡	5月28日
	元台沟	5月11日	前营	5月29日
	蒲桑	5月13日	南团柏	7月27日
	小桑	5月15日	北团柏	8月16日
小计	16个村庄			
祁县昌源晋剧团（晋剧）	大韩	2月12日	李家堡	3月23日
	温曲	2月15日	范公	3月25日
	神堂头	2月20日	峪口村	4月26日
	许子沟	2月27日	段家窑	4月27日
	新寨	3月3日	中梁	5月6日
	任村	3月4日	天居	5月16日
	东阳羽	3月5日	侯家庄	5月18日
	后营	3月7日	三合	6月30日
	南左	3月10日	塔寺	7月6日
	吴家堡	3月11日	盘陀	7月30日
	北左	3月13日	晓义	8月3日
	西阳羽	3月19日		
小计	23个村庄			

（二）自筹资金举办祁太秧歌非遗比赛①

祁太秧歌核心传承地是祁县、太谷县两县，辐射流传于平遥县、文水县、汾阳市、清徐县、榆次区、太原市等周边县市。但在祁县，由官方组织的祁太秧歌比赛非常少见，当地民众能够回忆起的是2000年曾举办的一次祁太秧歌票友比赛。展开非遗保护后，2014—2017年，在民营企业的资金赞助下，祁县文化局连续策划举办了四届祁太秧歌非遗比赛，当地民众反响强烈。

2014年5—9月，祁县文化局举办了首届祁太秧歌大赛，300余人参加了在祁县各乡镇举行的初赛，81名选手参加了在城区的复赛，比赛分为清唱和彩唱②两组，覆盖了祁太秧歌表演的所有行当③。清唱组参赛人数59名，其中女性42名，最大年龄82岁，最小年龄27岁④，最后清唱组30名参赛人员进入决赛，其中女性21名；彩唱组参赛人员22名，其中女性18名，最大年龄63岁，最小年龄25岁⑤，最后彩唱组10名参赛人员进入决赛，其中女性7名。参赛人员选用的剧目共41个⑥，传统祁太秧歌剧目32个，表演频率最高的剧目是《算账》（19次），其次是《割青菜》（9次），《送樱桃》（6次），《清风亭》《偷南瓜》（5次），其他剧目的表演频率则为1～4次。

2015年，这项比赛吸引祁县周边地区文水县、汾阳市、平遥县、寿阳县等地的祁太秧歌表演者参加，400多人参加了各县各乡的初赛，复赛和决赛则在祁县城区举行。26人参加了清唱组复赛，其中女性17名，最大年龄82岁，最小年龄

---

① 祁县文化局利用这笔资金同时还举办了两届剪纸比赛。
② 清唱指不化妆不穿戏服的表演，彩唱反之。
③ 祁太秧歌的角色行当有小生、小旦、青衣、老生、老旦、丑角、花旦。
④ 2014年祁太秧歌比赛清唱组复赛人员年龄性别情况：27～40岁参赛人员5名，其中女性3名；41～50岁参赛人员16名，其中女性15名；51～60岁参赛人员17名，其中女性10名；61～70岁参赛人员17名，其中女性13名；71岁以上的参赛人员4名，其中女性1名。
⑤ 2014年祁太秧歌比赛彩唱组复赛人员年龄性别情况：30岁以下参赛人员2名，均为男性；30～40岁参赛人员1名，为女性；41～50岁参赛人员8名，均为女性；51～60岁参赛人员9名，其中女性8名；61岁以上参赛人员2名，其中女性1名。
⑥ 2014年祁太秧歌比赛剧目情况：
传统剧目：1.《割青菜》2.《开店》3.《送樱桃》4.《算账》5.《卖元宵》6.《卖高底》7.《十八相送》8.《卖胭脂》9.《洗衣计》10.《偷南瓜》11.《起解》12.《唤小姨》13.《五秃子闹洞房》14.《卖绒花》15.《清风亭》16.《十家牌》17.《劝吃烟》18.《游铁道》19.《二姑娘梦梦》20.《大吃醋》21.《写状》22.《上包头》23.《赶子》24.《挑帘》25.《锄田》26.《西河院》27.《拾麦穗》28.《大挑菜》29.《送情郎》30.《偷点心》31.《郭巨埋儿》32.《唤小姨》。
新创剧目：33.《夕阳红》34.《说说小韩大变化》35.《颂党》36.《说说俺村大变化》37.《兴祁富民成绩大》38.《老婆夸党政策好》39.《党的群众路线就是好》40.《古城祁县是我家》41.《党的路线指方向》。

28 岁①；36 人参加了彩唱组复赛，其中女性 29 名，最大年龄 64 岁，最小年龄 26 岁②。最后，20 名清唱组参赛人员、14 名彩唱组参赛人员进入决赛。参赛人员选用的表演剧目共 26 个，仍以传统祁太秧歌剧目为主③，《算账》表演频率仍最高（10 次），其他传统剧目表演频率为 1～4 次。

比赛结束后，祁县文化局组织召开了祁太秧歌研讨会，邀请晋剧名家、祁太秧歌名家、地方文化人士、戏剧专家总结反思比赛中出现的问题，以明晰祁太秧歌下一步的传承与保护方向。

2016—2018 年，祁县文化局启动祁太秧歌振兴工程，搜集传统老剧本和老声腔，排演传统剧目，录制影像。在此基础上，向社会公开征集新编剧目，与太原师范学院、山西戏曲职业技术学院合作，排演祁太秧歌精品剧，通过剧目表演来选拔和培养祁太秧歌年轻演艺人才。

文化下乡惠民、举办非遗比赛，在我国是很常见的文化活动，但结合这类活动的受益对象、达成目标来看，相同的活动所取得的效果却大相径庭，从非遗保护角度，我们应如何审视？

二、为谁保护？——使地方民众从政府非遗保护工作中受益

非遗为谁保护？这一问题的答案影响着非遗传承的路径和保护方向。较之于以前的民俗文化保护，在《保护非物质文化遗产公约》框架下的非遗保护对象、保护目的都发生了根本性的转变。

长期以来，以研究者为主的社会群体把那些被我们现在视为非遗的传统和民间文化，以文字、录音影像、信息数字化和博物馆等有形固定的物化形式加以记录和保存，随着时间的推移，其历史价值日益凸显。这种有形保存方式将非遗在某一时刻的表现状态记录下来，使非遗以固定的"文物"样态传于后世，但它无法将非遗随时出现的即时性表达魅力和无法言传的经验知识保存下来。作为身体性文化，非遗中的"非物质"特征在于突出传承人"怎样、如何"运用身体表现的创造能力，

---

① 2015 年祁太秧歌比赛清唱组复赛人员年龄性别情况：41～50 岁赛人员 11 名，其中女性 10 名；51～60 岁参赛人员 6 名，全部为女性；61～70 岁参赛人员 9 名，其中女性 1 名。

② 2015 年祁太秧歌比赛彩唱组复赛人员年龄性别情况：25～30 岁参赛人员 4 名，其中女性 1 名；31～40 岁参赛人员 4 名，全部为女性；41～51 岁参赛人员 14 名，其中女性 12 名；51～60 岁参赛人员 13 名，其中女性 11 名；60 岁以上参赛人员只有 1 名女性。

③ 2015 年祁太秧歌比赛剧目：1.《偷南瓜》2.《卖元宵》3.《送樱桃》4.《算账》5.《洗衣计》6.《割青菜》7.《割田》8.《开店》9.《闹洞房》10.《清风亭》11.《好年头》12.《送情郎》13.《偷点心》14.《劝吸烟》15.《卖胭脂》16.《卖绒花》17.《西河院》18.《二姑娘梦梦》19.《上包头》20.《断料子》21.《赶子》22.《游铁道》23.《小姑贤》24.《看女儿》25.《卖高底》26.《卖苗郎》。

这种创造能力以身体为媒介，依赖于非遗传承者把握生活的悟性和不断提高的文化涵养。与非遗有关的身体创造力并不能通过静态记录方式被保存下来，只能保留在人的身体和头脑记忆中，很难通过除人以外的媒介得到完整传承，后代也只有通过请教前辈和不断地模仿才能入门，它们一旦被别的形式取代，消失几乎是不可逆转的。① 所以，传承人而非实物，是非遗首要的保护对象，而围绕人展开的保护，远比保护静态的物质遗产复杂和困难。

同时，传统性和民间性是非遗必不可少的社会属性，这意味着非遗是世居某地的民众代际传承的产物，是民众集体智慧的体现。因此，非遗要代代传承下去，取决于传承者及其生存环境、社会关系及地方民众对非遗的接受、认识，以及下一代人是否真正继承了上一代人所拥有的非遗精髓。

可是在当代，非遗濒危的一个重要原因就是传承人所在地民众首先不再认同它们，继而不再传承和利用它们。墨西哥人类学家洛德斯·阿里斯佩就此提出疑问：如果是这样，非遗被记录、分类、归档和展示后，接下来是什么？在这样的思路之下，洛德斯·阿里斯佩认同了当时联合国教科文组织总干事和一些成员国所表达的观点：把传统文化放入博物馆是不够的。② 美国民俗学者理查德·古雷（Richard Kurin）则指出，非遗不能保存在国家档案和博物馆中，它只能存在于其实践者所在的社区中，如果非遗在社区中仍具活力（vital）、可持续的（sustainable），非遗就获得了保护。相反，如果非遗仅存于纪录性媒体、专著论文、博物馆展出的纪念性物品中，非遗保护是失败的，因为非遗不可能是固定静态的文化形式。相应地，地方社会对非遗保护的责任和措施都会有所变化。③

上述学者的论述表明，保护非遗是要促进非遗继续在地方社会民众日常生活中发挥作用，激励非遗从业者和地方文化群体将非遗代代传承下去，而代代传承是一个动态过程，而非一个结果，从这一角度理解的话，非遗保护也就不能止于对非遗的记录和实物的收藏陈列。"授人以鱼，不如授人以渔"，实际上，我国民间社会在面对一项技艺和一件物品时，一向看重人对技艺、方法的学习和掌握的过程，使非遗融入传承人的记忆中。因此，从对非遗有形的静态保存到对非遗传承人的保护，也是从保护非遗成果到保护非遗代际传承过程的转变。正是在这种转变中，地方民众及其生存环境对非遗传承的重要性凸显出来，成为《保护非物质文化遗产公约》最重要的理念。

---

① 钱永平. UNESCO《保护非物质文化遗产公约》述论［M］. 广州：中山大学出版社，2013：109.

② Lourdes Arizpe. The Cultural Politics of Intangible Cultural Heritage［C］//Janet Blake. Safeguarding Intangible Cultural Heritage：Challenges and Approaches（A Collection of Essays）. Institute of Art and Law，2007：35.

③ Richard Kurin. Safeguarding Intangible Cultural Heritage：Key Factors in Implementing the 2003 Convention［J］. International Journal of Intangible Heritage. 2007（2）：12.

以《保护非物质文化遗产公约》为里程碑，以往的文化遗产保护（protection）以防御为主，所实施的一系保护措施的目的在于防止遗产遭到损坏，而《保护非物质文化遗产公约》框架下的非遗保护（safeguarding）则带有更多"活用"的性质，"《保护非物质文化遗产公约》的主要目的不是'防护'（protect），而是'保护'（safeguard）"。防护意味着在某一表现形式周围构建屏障，使其脱离自己的环境与历史，并降低其社会功能或价值。保护则是保持其活性、价值与功能。① 可以看到，《保护非物质文化遗产公约》是以非遗保护为契机，保护的根本目的是赋予地方民众自主实践的机会和权利，以他们的视角保护非遗活态的代际传承过程，在这一过程中创造或改善地方文化传承所需的各种社会条件，提升民众传承文化的各种能力，恢复或增强地方社会文化活力。显然，比起对非遗的记录和博物馆式的保存，这种以人为本、以非遗代际传承过程为对象的保护要困难得多。

现实中，晋中各县在文化方面的物力、财力和人力资源都异常匮乏，要实现上述非遗保护目标面临重重困难。在相似的困难面前，祁县文旅局的非遗保护实践与《保护非物质文化遗产公约》提倡的非遗保护理念相契合，其产生的积极意义值得分析和总结，由此我们需清醒地认识到我国地方社会发展语境下的非遗保护所应坚持的方向。

（一）将筹措到的民间资金用于非遗活态保护，以地方民众文化价值观为导向，提升了非遗在地方社会中的存续力

以文化和旅游部批准设立晋中国家级文化生态保护实验区为契机，保护区内各县市的非遗保护工作陆续进入实施阶段，其工作重点各有不同，大多县级文化部门热衷于将资金投入与非遗有关的项目申报、图书音像出版和展览馆传习所的建设，比起下一代传承人的培养，这些工作更容易实施、出成果，也便于上级领导、各类研究人员、传媒等群体的参观和观摩，且符合当下的政绩思维。这些保护措施必不可少，非遗传承者也因此进入上述群体的视野中，这会给某些非遗项目带来不可多得的发展机遇。但上述保护方式又游离于非遗传承群体的生活之外，在地方民众中没有产生辐射效应，大多数传承情况不佳的非遗项目并没有得到改善；相反，有些非遗项目的申报不仅没有调动起地方传承者保护非遗的文化意识和责任感，反而带来了更多的利益博弈。

更值得警惕的是，长期以来我国许多地方对非遗的典型做法是由政府投入财政资金，联合学院派、精英艺术家以"打造文化精品""文化工程"等名义，运用他

---

① 联合国教科文组织总干事伊琳娜·博科娃语. 2003年《保护非物质文化遗产公约》基本文件·序言[Z]. 2010.

者文化价值观对非遗进行大规模整理、改编和加工，参加各类评比、大赛，以能获他者的欣赏和利用为荣。与此同时，政府大力倡导把非遗与旅游相结合，将非遗以"舞台化""活橱窗"等形式展现给外来游客。此类做法并不注重非遗能否继续在地方民众真实的生活中传承下去，更不会有意识地鼓励年轻一代将非遗前辈的技艺安心认真地继承下来，对非遗的利用也不遵循地方民众认可的标准和评价尺度，这样，《保护非物质文化遗产公约》提倡的以传承社区为主体的非遗保护理念在上述做法中被悄然置换。与之相悖的是，由他者主导的对非遗的开发利用往往被媒体等同为保护非遗，反复向公众宣传。

相较而言，考虑基层对非遗的认识、政绩考核和社会发展条件等各种因素，在资金极为紧张的实际情况下，祁县文旅局将从民营企业筹集到的资金用于本县举办的非遗比赛上，非常难得，这对恢复、提升非遗在地方社会的传承活力发挥了重要作用。祁太秧歌、剪纸两项非遗比赛虽由文旅局自上而下发出通知，但比赛却是村—乡—县自下而上经过初赛、复赛和决赛完成的。比赛中，无论是参赛人员还是参赛内容，涉及的是真正了解和喜欢剪纸、祁太秧歌的地方民众。尤其是祁太秧歌，表演者和观众面对面，现场感强烈，是地方民众长期互动积累起来的传统且独特的唱腔、舞台表演艺术、表演剧目，它代表的是本地民众的审美品位、欣赏感觉和价值情感。

比赛还为非遗传承者提供了一个集中切磋交流的平台，对提升剪纸、祁太秧歌参赛者的艺术水准和知名度起到了推动的作用。以行政力量动员祁县各村秧歌表演者和剪纸能手参加比赛放大了保护"地方化"的效果，把官方对百姓所喜欢的祁太秧歌、剪纸的肯定传递给祁县各村。从乡村民众的日常闲话中，我们可以感受到民众因政府主办的比赛而对剪纸、祁太秧歌在态度上的积极变化。如果这类以地方民众为主导的非遗比赛能持续举办，将会孕育地方民众对非遗的认同感和持续感。长远来看，这为本地文化产业的繁荣奠定了资源上的基础。同时，借着比赛的机会，祁县文旅局连带摸清了祁太秧歌在祁县的传承状况，初步掌握了传承人情况，并判断出祁县民众在祁太秧歌方面的传承水准和趣味偏好。从本质上看，这是符合地方基层工作实际的一种非遗普查形式。①

在此后的全民文化活动季期间，祁县文旅局让民众自主报名参加祁太秧歌表演，虽然没有专业艺术者的评审，但是民众的参与程度却更高了，使得许多不喜欢

---

① 建立在民俗学、人类学学术思想基础上的非遗普查方案，由于各种因素的限制，普查对非遗保护的重要性在实际中并没有得到切实认真的落实。基层地方文化工作人员深入乡村进行非遗专项普查既没有实现常态化，更没有做到研究层面所要求的系统规范。相反，许多基层部门多应付了事，以简单的名录申报替代普查，以出版介绍性图书替代普查。更多论述参见陈上荣.非物质文化遗产田野调查的重要性与必要性[J].神州民俗，2013（11）：15-18.

比赛但热爱和精于祁太秧歌表演的民众一展风采。反思其原因，较之于比赛，这一活动虽由政府出资承办，但评价祁太秧歌的主导权则更为彻底地还给了地方传承者和观众，这正是《保护非物质文化遗产公约》倡导的非遗保护伦理原则①。

（二）公共文化资金的使用与非遗保护相结合，适应农村文化生活习惯，真正满足地方民众实际文化需求

公共文化资金的使用主要由政府文化部门负责实施，工作人员通常会不自觉地以自己所接受的现代教育输送的价值观为标准，觉得发展农村文化，就应是让农民多读书。在这一思维逻辑下，我们看到晋中许多地方将资金用于修建农家书屋、活动室，购置书柜、图书、电脑、体育健身器材，以提高农村民众文化素养。这些做法符合专项资金的使用规定，符合文化精英对文化的理解，但唯独不符合农村实际情况。且不论所购图书数量和题材类型如何，仅图书阅读就不符合当下农村大多数农民的文化习惯，数量有限的电脑还存在如何分配使用的问题，有的农村的文化活动室没有配备电源、接通网络，冬季没有取暖设备，电脑几无用处。而由于农村以劳作为主的生活习惯，大多数农村的户外体育健身器材也难以发挥作用。这些物品配发到农村后，成为日常闲置而临时应付上级领导或外界人士考察的摆设物。而以农村为市场的传统戏剧虽然深受村民欢迎，但其演出却又难以获得政府资金资助，因此，原本用于改善农村文化薄弱状况的资金项目，因与当下农村实际发展的背景和特点相脱节而没有产生应有的效果，同时另一个实际情况就是非遗保护资金又极度缺乏。

祁县文旅局虽然也为农村购买图书，但把购置文化器材和举办文化活动的资金用于传统戏剧的传承活动，此项举措的可贵之处在于，对中央农村文化建设专项资金的使用既符合规定，也符合祁县农村发展实际和农民的文化习惯，为农民传承传统戏剧提供了所需的物质条件和观赏机会，也扶助了正遭遇生存困境的祁县祁太秧歌剧团、晋剧团，增加了其演出机会。祁太秧歌剧团经纪人刘建华认为，这项来自政府资金支持的演出盈利虽少，但却扩大了他们的演出范围，为剧团在祁县各村做了非常有力的推广，同时祁县许多农村的民众对祁太秧歌的热爱也让他们十分惊讶。实际情况也是如此，据笔者调查所知，在该资金资助下，2014 年、2015 年祁太秧歌或晋剧团在农村演出时，观看的人数尤其是晚上观看的人数可占到全村总人数的一半以上，演出反响极为强烈。这种情况说明祁县民众对晋剧、祁太秧歌实质上有着比较强的需求，欠缺的是与之匹配的演出机会，但同时民营剧团的市场运营

---

① 联合国教科文组织《保护非物质文化遗产伦理原则》原则六：每一社区、群体或个人应评定其所持有的非物质文化遗产的价值，而这种遗产不应受制于外部的价值或意义评判。见联合国教科文组织. 保护非物质文化遗产伦理原则 [J]. 巴莫曲布嫫，张玲，译. 民族文学研究. 2016（3）：6.

困难重重,这是一个值得深思的现象。

虽然国家已明确将文化产业作为国民经济的支柱产业,大力推动文化消费,但晋中基层地方缺少发展文化产业的消费受众。晋中农村普通民众没有直接出钱消费和赞助文化的传统。一般情况下,农村中唱戏所需资金的筹措需有一个由头,如庙会、寺庙落成、企业庆典等值得纪念或庆祝的日子或事件,再由村中热衷于此事并在民众中有一定威望的人向全村村民募集,或动员村中较富裕的村民出资赞助。如果不能顺利募集到经费,该村就无法唱戏。而以往社会整体对民间文化长期漠视,在农村若要展开"纯粹"的文化活动,如果没有基于"艺术价值""社会价值"判断下的公共资金的直接补贴,其实施并延续的困难是难以想象的。

如此规模的财政资助,是祁县近30年来少见的,对于资金极度匮乏,传承情况不佳的传统戏剧的重要性不言而喻。农村由此能将戏剧票友自娱自乐的活动普及化并常年持续下去,结合职业性剧团演出频率的增加,这不仅可以培育出数量可观的传统戏剧受众,也为精通祁太秧歌和晋剧的年轻一代受众的出现奠定了基础,这也是在保护非遗传承所需的社会生态环境,是非遗代代相传的前提。

更重要的是,随着电子信息媒体的日益普及,民众私欲意识得到释放,农民生活私人化、家庭化趋势日益明显。在晋中,看电视、玩手机、打麻将是农民闲暇时的主要消遣方式,农村很多赌博性、玩乐性的不良活动兴盛,懒散风气日趋严重,有助于提升民众精神风貌的文化建设则全盘萎缩。而通过购买戏剧文武场乐器组织票友活动,提倡民众从打麻将、玩扑克等活动中走出来,积极参与集体活动,是重建集体文化空间,增强村庄凝聚力和民众间亲密关系①的重要方式。马盛德指出:"非遗的核心是'人',人的需求是第一位的。若脱离了生活需求,无异于把非遗当作目的,把人当作实现手段,使文化凌驾于人之上,(非遗)这样不可能走得太远。"② 所以,从人之发展这一层面看,不是为"保护非遗"而保护非遗,更不是为追求纯粹的经济增长,而是为在关心、创造和承载了非遗的地方社会的人。

三、如何保护?——迈向《保护非物质文化遗产公约》精神的地方基层非遗保护

保护区内非遗资源十分丰富,但公众对非遗的认识含糊混乱,大部分公众虽听说过"非遗"这一术语,但非遗是什么,非遗能否传承下去,他们觉得与自己并无

---

① 《保护非物质文化遗产公约》序言第14段:认为非物质文化遗产是密切人与人之间的关系以及他们之间进行交流和了解的要素,它的作用是不可估量的。

② 周飞亚. 非遗:从个体传承到人群传承 [EB/OL]. (2016-03-17). http://www.ce.cn/culture/gd/201603/17/t20160317_9566421.shtml.

多大关联。同时，由于不同非遗的生存状况各不相同，传承人能力不一，并不是所有非遗传承人都能参与自己所传承的非遗的申报、弘扬、宣传、振兴等保护工作。除了政府、传承者、少数地方文化人士外，县域社会中其他非遗保护力量极为缺乏，即使有，也是无意识地间接性发挥作用，或者仅是孤立的个案，没有形成保护非遗的整体的结构性力量，这种结构性的缺失，也使当下县域社会的非遗保护举步维艰，难以落到实处。因此，《保护非物质文化遗产公约》框架下的社区参与非遗保护理念在祁县主要表现为政府具体实施的非遗保护工作与地方民众价值观相契合，在此基础上，由政府尽可能动员社会力量加入非遗保护中。

这从另一个侧面说明，晋中基层地方政府的"全能型"特点突出。许多研究者指出以政府为实施主体的非遗保护有诸多弊端，提出转变政府职能，吸收社会力量参与非遗保护的改进策略。在现阶段，这样的改进策略只能停留在理论构想上。相反，只有那些抓具体事务，具有强执行力的地方政府才能使非遗保护成为事实上的可能。有鉴于此，务实的做法应是思考现行条件下由政府具体实施的非遗保护工作如何助益于非遗在地方社会的传承。在这一层面上，祁县文旅局非遗保护经验才值得我们思考和总结。

在祁县非遗保护实践中，祁县文旅局对非遗的理解，对中央政策的把握和灵活运用，高度的工作责任心和出色的筹资能力，使祁县非遗保护从观念转化为面向地方民众的实际行动。这说明，县级政府文化部门的非遗保护工作负责人的选拔是关键，他们的文化态度决定其行政作为，决定了非遗保护的效果和走向。这就需要县级政府在非遗"为谁保护""如何保护"的问题上从观念层面有一个根本转变，不再以物质GDP为唯一思维，不再将文化管理部门置于行政体系中无足轻重的地位，重视基层政府非遗保护工作负责人的选拔及工作人员的非遗保护业务素养的培养。

从祁县文旅局的非遗保护工作中可以发现，非遗保护要取得实效，目前对县级政府部门工作人员比较迫切的要求还有以下几个方面。

首先，一些非遗保护工作人员可能对非遗不感兴趣，这时应将自身的审美趣味与保护工作做有效区别，以尊重非遗传承人为工作前提，不以自己的主观趣味随意改造非遗。其次，具有筹集资金的能力。保护非遗都需不菲的资金投入，且周期比较长。晋中县级及以下的地方保护资金缺口很大，除了中央专项资金拨款外，省、市、县级财政资金很少投入非遗保护事业中，民间资金筹措渠道非常缺乏，要实施有利于提升地方民众对非遗认知的各种政策和措施，推动非遗与地方日常生活的结合，先要解决保护资金不足的难题，这就要求相关负责人具有筹资能力，及时掌握上级政府发出的资金项目信息，并利用各种机会，筹措非遗保护所需要的资金。

进一步地，通过对比不同非遗保护措施及其倾向和效果，从《保护非物质文化遗产公约》社区参与非遗保护理念的角度肯定祁县文旅局现有非遗保护实践，意在强调我国非遗保护虽以政府为主导，但其保护应以非遗传承社区为基点，在具体保护中急需改变以下两种比较常见的倾向。

第一，改变把保护物质类遗产的方法直接挪用到非遗保护中的简单做法。对非遗的记录、博物馆式的静态保存固然重要，但在人员和资金有限的情况下，非遗传承人及其生活应成为首要的保护重点。我国虽有非遗代表性传承人认定制度，但其积极效应主要体现在示范和引导方面，许多非遗传承人在当下遇到的各种困难并非靠个人就能全部解决。要使非遗有人继续传承，在社区中为传承人构建包括支持非遗存续的资金和人才等方面的文化生态环境是重要前提。

第二，改变以他者价值观改造非遗的错误观念。理解《保护非物质文化遗产公约》所阐述的非遗保护理念，尊重非遗传承人，围绕传承人及其所处社区展开保护，思考这些表述如何应用于基层地方政府的非遗保护实践中。

在更大范围内，基层地区的非遗保护还有很多难题有待解决，例如，如何建立年轻一代学习非遗的常态培养机制和生活资助机制？如何培育本地民众对非遗的市场消费力？如何增强本地普通民众的非遗保护意识？鉴于当下非遗传承不佳的状况，今后参与比赛的人员是否总是老面孔？比赛是否还能定期举行？传统戏剧乐器配发农村后能否使"闹票"活动长期进行下去？种种问题表明，非遗能否传承下去，不是单一的文化部门及领导所能解决的。

总之，一个地方的非遗精髓只有当地民众才知晓，非遗传承的好与坏，不在于他者的喜好，不在于它被多么高级的保存手段静态存储起来，放置于多么高级的博物馆中，而在于是否还有人能高水准地传承它们，其所在的地方民众是否还愿意在生活中分享它们，这是非遗的根脉所在，也是非遗保护的根本所在。

第二节　晋中非遗的正规教育实践与经验

教育是当代非遗传承的重要途径之一，是培养年轻一代非遗兴趣和保护意识的必然途径，是当下为未来非遗保护所做的重要准备。《非遗公约业务指南》（2018年版）第四章"关于提高对非物质文化遗产的认识中"对非遗"正规和非正规教育措施"提出了 11 条指南性意见[①]。又在"在国家层面上保护非物质文化遗产和

[①] 《非遗公约业务指南》（2018年版），第107段。

可持续发展"一章中指出:"在其各自教育制度和政策范围内,缔约国将尽力通过各种适当方式,确保承认、尊重和增强社会中的非物质文化遗产强调其在传递价值及生活技能和贡献于可持续发展方面所担当的特殊角色,特别是通过在相关社区和群体内开展具体教育和培训项目,和通过非正规知识传播途径。"① 强调了教育对非遗传承的重要性,并且专门分出正规与非正规教育,认可非正规教育长期在非遗传承中发挥的重要作用。正规教育是指国家承认的正规组织(主要是学校)展开的教育活动,是"有目的、有组织、有计划、有固定机构与场所,有专职教学人员,对学生进行系统的文化科学知识和思想品德的训练的培养人才教育"②。与正规教育相反,非正规教育"指在生产劳动、日常生活过程中,个体从家庭、邻里、工作娱乐场所、图书馆、大众宣传媒介等方面获取知识、技能、思想、信仰和道德观念的过程。非正规教育为失去学校教育的人提供学习机会,参与直接同劳动、工作相联系而内容广泛的学习活动。教育目的具有实用性和直接性,并与个人的学习需要和国家发展要求相一致。它是有组织的,但不是充分制度化的;是系统的,但不是完全常规化的。基本上是在校外进行,其内容、方法、形式比正规教育具有较少的正规性,较多的灵活性"③。由这两个定义可以看出,正规教育与非正规教育从学习内容、学习场所、学习方式都有着比较明显的区别,当代社会主宰的教育形式是正规教育。

长期以来,很多非遗的传承是以非正规教育形式完成的,主要通过血缘(父子、母女、祖孙)传承、家庭传承(婆媳等)、师徒传承、村落传承、科班传承等方式实现代际传承,这也是当下非遗研究的重要内容,本节不再赘述。随着现代以学校为组织的正规教育方式的普及,这些传统的非遗传承方式已很难吸收到大量的年轻传承人,优秀传承人出现的概率也大大下降。

在我国现行的学校教育体系中,与非遗相关的专业教育主要有戏曲、国画、书法、工艺美术、民族音乐、民族舞蹈、传统医药和民族传统体育等,一方面,作为大学本科专业,它们分别被设立在独立的专业艺术院校、医科大学和综合类大学中的美术、音乐、医学专业教学院系中,已在硕士研究生及以上学历层次进行招生培养;另一方面,艺校、卫校等中等职业类院校也开设了民族艺术、传统医药方面的职业教育,培养相关人才,但由于社会整体上对人才评价的"高学历"导向,此类中等职业教育从招生到人才培养、社会就业等都不太乐观。

总的来看,很多非遗依旧被排斥在一般学校的正规教育之外,也就难以进入在

---

① 《非遗公约业务指南》(2018年版),第180段。
② 顾明远. 教育大辞典(第一卷)[M]. 上海:上海教育出版社,1990.
③ 顾明远. 教育大辞典(增订合编本)(上)[M]. 上海:上海教育出版社,1998:354.

学校中度过大部分时光的青少年视野中，其结果就是当代年轻人对非遗项目极度陌生和不感兴趣。我国政府正式展开非遗保护后，引起公众对非遗的重新认识，非遗教育也开始受到多方重视。2017年，中共中央宣传部、教育部、财政部、文化部联合发布《关于戏曲进校园的实施意见》（中宣发〔2017〕26号），提出加强戏曲通识普及教育，增进学生对戏曲艺术的了解和体验，引领学生树立正确的审美观念、陶冶高尚的道德情操、培育深厚的民族情感，促进学生全面发展，营造戏曲传承发展的良好环境。2019年3月1日开始正式实施的《国家级文化生态保护区管理办法》也提出"国家级文化生态保护区建设管理机构应当整合多方资源，推动将非物质文化遗产保护知识纳入当地国民教育体系，编写非物质文化遗产传承普及辅导读本，在保护区内的中小学开设非物质文化遗产乡土课程，在职业学校和高等院校设立非物质文化遗产相关专业或开设选修课，推进非物质文化遗产进校园、进课堂、进教材"。这都表明，将非遗纳入学校正规教育体系是我国实施非遗保护的重要措施。如何通过以学校为主体的正规教育培养年轻一代对非遗的兴趣和保护意识，使非遗代代传承下去，就成为社会各界尤其是政府和学校教育工作者思考的重要问题之一。下文以保护区内晋中学院非遗课堂教学为例对此展开分析。

一、晋中非遗教育情况

在保护区内，各县非遗保护工作者和传承人结合各自的实际情况，以不同的形式启动了非遗的教育性传承活动。

（一）晋中各县非遗非正规教育展开情况

保护区内非正规教育层面的非遗传习活动主要以代际家传、跟师拜艺、定期培训和业余兴趣班学习为主要形式展开。传统中医药如平遥道虎壁王氏中医妇科、中药传统炮制技艺如安宫牛黄丸制作技艺主要通过父子相传的形式展开传习，独门秘方和技艺不轻易外传。以平遥漆器、"三雕"（砖雕、石雕、木雕）传统手工制作技艺为代表的非遗项目延续了传统的代际家传和跟师方式来培养年轻学徒，大部分学徒来自农村，接受过初中或高中教育，没有考上大学，在寻找生计出路的过程中，通过亲属、熟人介绍等途径走上了跟师学艺的道路，无形中成为非遗传承人。在这种情形下，由于出师周期长，当学徒认为学艺无法维持生计时，往往会中途放弃。在调查中我们发现，一些优秀的传统手工技艺类非遗传承人自己的孩子考入大学后，基本也不愿再继承父辈的手艺。

还有一类非遗传习是由非遗企业组织，由该公司非遗重要传承人对公司员工展开技艺培训，如太谷广誉远国药有限公司的传统中药炮制技艺。近年来，由某一公司承担，以扶贫为主的传统技艺培训在晋中各县逐渐开展起来，如晋中市灵石县灵尚绣品有限公司多次应晋中市灵石县、平遥县和吕梁市交口县政府邀请，对当地农村妇女进行刺绣技艺培训，在此基础上，雇用其中手艺好的妇女制作手工刺绣品。

而一些在农村传承的团体性非遗项目，代表性传承人往往利用冬季农闲时间召集本村村民一起进行非遗传习活动。如国家级非遗代表性项目寿阳傩舞，该项目主要在晋中市寿阳县平头镇韩沟村传承，在过去的几年中，由国家级非遗项目代表性传承人韩富林利用冬季农闲时间，对本村30～50岁的妇女进行培训。有的非遗项目则是由当地文化馆组织，利用学员的节假日时间展开培训，如国家级非遗代表性项目左权小花戏，由当地传承人李铭芳定期对当地女性进行培训，并带领学员在左权县各种场合展开小花戏演出活动。榆社县霸王鞭情况与左权小花戏类似。

同时，面向公众，以弘扬推广非遗为主的非遗传习体验活动在保护区内陆续开展起来，此类活动的传习者以爱好者、兴趣者居多。如汾阳市的地秧歌、太谷县的王宗岳太极拳等非遗项目都是由爱好者商定时间、地点后，集中练习。另一些非遗项目如寿阳县和祁县的剪纸、太谷砖雕、太谷饼制作技艺、中国毛笔字书法等，由非遗项目传承人向少年儿童开设非遗兴趣培养班，他们通过联系本县幼儿园、小学、初中学校，利用周末和寒暑假，让少年儿童到本项目的非遗传习所来参加培训活动，活动进行过程中通常有1～2名工作老师在一旁指点，注重孩子自己思考并独立动手完成东西的制作，最后会向每名儿童按人头收取数额不高的培训费或材料费、机器使用费。比如太谷砖雕，如果小孩要求将自己捏制的砖雕放进砖窑烧制，体验活动的主办者会收取50～100元不等的烧制费。经过2～3年的坚持开展，此类非遗项目在当地少年儿童中取得了很好的教育效果。

以上述形式展开的非遗传习活动，除了以家族、企业为主导的非遗技艺培训和体验式活动外，其他传习活动的非组织化、松散性特征非常明显，大部分活动是由非遗传承人主导或推动展开，须自行筹集资金，很少获得固定的资金资助，因此难以实现定期和常态化的培训传承，除极少数个案外，对传承效果很难做出评估。

（二）晋中各县非遗正规教育展开情况

在调查中笔者注意到，响应国家非遗保护号召，由政府组织牵头，晋中各县利用文化遗产日或节假日，非遗项目及传承人会进入各层次学校，通过节目表演、手艺展示及小型展览等形式增进青少年对非遗的认识和了解[①]。这类活动已成为非遗保护的常规性工作，也成为非遗与学校正规教育碰撞的主要形式，往往能引起学校教育者的注意和兴趣，为学校开展非遗课堂教学奠定了前期基础。

---

① 2018年山西省戏曲进校园活动启动 [EB/OL]. (2018-11-14). http://www.sxrb.com/sxwb/aban_0/02_0/7814763.shtml.

在我国政府正式实施非遗保护前，各大高校如山西大学、太原理工大学、山西师范大学、山西中医药大学等开展的以传统音乐舞蹈、传统工艺美术、传统体育、中医中药为主的非遗本科和研究生层次的专业教学外，保护区内还有山西戏曲职业学院、晋中市艺术学校，这两所高职类院校都设有戏曲表演专业，以培养晋剧表演人才为主。

随着非遗保护的实施，保护区内有的县市文化部门为一些非遗项目陆续编制或出版了教材和录制了教学光盘，如文水鈲子、汾阳地秧歌、太原锣鼓、榆社霸王鞭、左权小花戏等国家级非遗项目①，以供人们学习时参考，但这并不意味着这些教材进入了学校课程中。

从教育层次看，在中小学教育层面，以聘请非遗传承人为本校教师的形式，左权小花戏、榆社霸王鞭、孝义太极拳进入当地中小学课堂中，祁太秧歌进入太谷县中小学第二课堂。在职业中学层面，祁县剪纸、灵石县手工刺绣进入县职业高中业余课程中。平遥文旅局与县职业中学联合，建成平遥推光漆髹饰传统技艺传习培训基地，配合文化和旅游部、教育部完成了平遥推光漆髹饰技艺进校园工作。

在高等教育层面，山西农业大学信息学院将形意拳作为大学生体育课选修课程之一，太谷县形意拳国家级非遗代表性传承人高宝东及他的徒弟以该校外聘教师的身份向学生教授形意拳。2017年5月，晋中学院成立平遥漆器髹饰技艺、左权小花戏、心意拳非遗大师工作室，刺绣剪纸非遗传人工作室，聘请非遗传承人进校开设相关非遗项目课程。

不难发现，保护区内各层次学校针对非遗课程的开设和具体的教学实践处于尝试和摸索阶段，相关研究也比较薄弱。鉴于现实条件的制约，迄今为止，保护区内正规学校中的非遗课堂教学开展情况，教学方式、教学内容与非遗传承效果间的关系，尚没有真实、客观而系统的调研成果出现。在学校正规教育成为主导教育方式的发展趋势下，有必要对非遗传承与学校教育结合的相关情况展开研究，以推动非遗学校教育的常态化和科学化，而不是"特色化"教育。

二、晋中非遗正规教育传承案例分析——以晋中学院为例

正如前文所述，较之非正规教育，以学校为组织、以课堂教学为形式的正规教育是当代人接受知识的主要途径，我国非遗传承濒危的重要原因之一，就是大多数

---

① 资料来源：
武济文. 文水鈲子[M]. 太原：山西春秋电子音像出版社，2014.
何守法. 汾阳地秧歌[M]. 汾阳：汾阳市文化广电新闻出版局，2011.
李明珍，刘瑜，刘瑞琪. 左权小花戏[M]. 北京：新世界出版社，2015.

非遗项目并没有被纳入正规的学校教育中。而将"非遗"纳入学校教育体系中，是我国非遗保护持续性、长久性的前提。目前很多地方高校本身都确立了为地方服务的发展定位，在地方高校中开展"非遗"教学课程改革，对推动非遗进入正规教育，解决非遗与学校正规教育相脱节方面能发挥重要作用。

（一）晋中学院非遗教学开展情况

晋中学院是一所地方本科院校，位于山西晋中国家级文化生态保护实验区核心地带——晋中市榆次区大学城，在本科专业层面，该校在二级教学学院美术学院下设全日制书法学本科专业，招收艺术特长本科生。

同时，学校许多老师日益意识到研究晋中民间文化的学术价值和文化、社会价值，结合自身专业优势，对传承于晋中地区的传统和民间文化展开了多角度研究，其中，在晋中祁太秧歌、左权民歌、左权小花戏（民间舞蹈）、"三雕"（砖雕、石雕、木雕）传统建筑技艺、节庆习俗、晋中民俗旅游等方面取得了一定的科研成果。在此基础上，晋中学院探索将祁太秧歌、左权小花戏、平遥漆艺、剪纸、刺绣、面塑等非遗项目引入本科生教育中。聘请祁太秧歌、左权小花戏、平遥漆艺、心意拳、刺绣等代表性非遗项目传承人进校开设相关课程。2017年9月，左权小花戏省级非遗项目代表性传承人李明珍、灵石县灵尚刺绣以李崇枝为首的非遗培训团队分别在晋中学院音乐学院和旅游与公共管理学院向本科生传授左权小花戏和传统刺绣技法，现已开展四个学期。

左权小花戏对学生的形体和身段动作有一定的标准和要求，因此主要面向舞蹈艺术专业本科生展开，由李明珍老师指导学生，在左权民歌音乐伴奏下，根据课时安排，有计划地学习左权小花戏舞蹈动作、步法，排练左权小花戏节目。

晋中学院的刺绣非遗课程以非艺术类学生为主，与左权小花戏课程不同，每个学期有20～30名学生报名参加该课程，以女生为主，男生只有1～2名，这些学生大部分没有美术绘画基础。刺绣课程每周一次，每次6课时，时长约6小时，共上16周。在教学内容的安排上，第一次刺绣课由灵尚绣品有限公司负责产品营销和市场销售的经理向学生讲授刺绣文化历史和该公司刺绣产业发展情况，向学生现场展示大量刺绣作品，并与学生一起欣赏和点评，以激发学生对刺绣的兴趣。

此后的刺绣课程教学分四个阶段完成：第一阶段是让学生熟悉和掌握基本的刺绣针法。学生从最基础的绣线整理开始学起，在绣架上学习基本的刺绣针法。第二阶段是学生基本掌握刺绣针法后，开始在已经加工好的布帛上制作5厘米大小的小刺绣成品。在这一阶段，所有学生都要手工完成一个小熊头像和荷花图案的刺绣作品。第三阶段是学生自主选择自己喜欢的图案，印在布帛上，刺绣老师根据每个学生选择的图案从针法、配线、走线、配色等方面给予针对性指点，学生自己手工完成图案的刺绣。第四阶段是根据学生手工完成的刺绣作品，搭配珠粒、吊坠、穗子等辅件，制作成项链、胸针、书签等刺绣成品。

学生在亲自动手体验刺绣的过程中，身心并用，能很快领悟和理解手工刺绣劳动时间投入与绣品市场定价的关系，对刺绣产品的消费者群体以及非遗在当代的传承问题有了更为深入的思考，提出自己的见解，这些见解与他们没有亲自体验刺绣时有非常大的差别。刺绣课程在增强学生动手能力和审美情趣的同时，增进了学生对非遗的认识和了解，参与刺绣课程的大学生都认同非遗是我们中华民族的文化财富，不应任其消亡，而应该采取相应的保护措施。可以说，晋中学院以刺绣课程作为非遗大学正规教育的初步探索是成功的，取得了双重收获。在教育层面，引导学生结合自身体验主动思考相关问题，如非遗产业开发、非遗与就业、非遗传承与社会发展的问题，培养了学生的思考能力；从非遗保护层面讲，该课程培养了年轻大学生对非遗的兴趣，唤起了他们对非遗的保护意识，更长远地看，这种非遗保护意识也会随着大学生毕业走向社会而不断扩散至社会各个层面。由此可见，将非遗课程纳入学校正规教育对我国民族文化的弘扬、振兴具有深远的意义。

在开设上述课程的基础上，晋中学院以文化产业管理本科专业的学生为主，在教学活动层面开始有意识地安排学生实地参观晋中各地的非遗展览馆，如晋中市博物馆、太原东湖醋园、清徐宝源老醋坊、中国清徐葡萄文化博物馆、太谷县非遗展览馆等，开展现场教学，以促进学生对非遗的认知和了解。

（二）晋中学院开设非遗课程面临的实际困难

学校正规教育是一个社会实现其经济、社会和文化目标的重要工具，能够促进社会和谐，提高国民素质，但这很大程度上取决于教师的教学质量和学生能学到什么，以及社会对学校教育的整体导向。根据晋中学院已有的教学实践经验，对于大多数一般性大学而言，非遗课程作为学校一项教学实践和作为非遗保护的重要措施，要真正实现常态化，还面临不少有待解决的实际困难。

第一，关于如何确定进校园的具体非遗项目。根据不同非遗的外在表现形态，剪纸、刺绣、编织、面塑、书法、珠算等单个非遗项目更容易进入普通学校正规教育的课程体系中，这些非遗项目所需材料、工具低廉易得，也能以个体为单位展开学习，不需要团体协作。由于教学成本低和容易组织学生，因此开设上述非遗课程更具可行性，教学效果也可以较快显现。晋中学院开设的刺绣剪纸课程就是有说服力的一个案例。

另外，传统音乐、舞蹈及武术比较容易与学校正规教育相结合。此类非遗项目主要以人的声腔、动作为载体，不需要特定场所、材料以及工具，但需要学生通过高强度和长时间的身体训练掌握基本功法和技能，因此对学生学习此类非遗的时间、时长、内容提出了较高要求。学生要在这方面真正学有所成，就必须在时间投入和功法练习上付出巨大努力。鉴于此类非遗项目的传承规律和经验，往往需要传承人在年纪较小时就开始学习这些非遗项目，然而在大学阶段学生才开始接触这些非遗项目，会取得何种学习效果有待进一步观察和研究。

而把一些传统工艺美术类、传统手工技艺类的非遗引入学校课堂教学中，则需要配备特定设备、工具、材料。晋中学院二级教学学院美术学院开设平遥漆艺课时，需要采购天然中国漆（土漆）、矿物、植物颜料、金、银箔或粉、蛋壳、贝壳、螺钿等工艺材料及各种型号和规格的笔、刀等工具，且漆艺在不同的工艺环节对材料、工具等方面又有特定要求，还需建荫房以晾漆艺作品，较之于剪纸、刺绣、面塑等非遗，开设此类非遗课程的资金投入很大，学生也需具备一定的美术功底，与美术专业课程一样，不能够面向其他专业的大学生开设此类课程。

第二，从师资层面讲，我国正式展开非遗保护的时间仅15年，较之于之前我国社会对非遗的长期漠视，15年时间并不长，这使得现下各教育阶段的学校里了解和熟悉非遗的师资人员非常缺乏，对非遗往往限于浅层次的了解，导致学校很难面向全体学生开设通论性质的非遗公共课程。现阶段，晋中学院在音乐学、美术学、体育学、汉语言文学本科专业人才培养方案中分别设置了与非遗有关的中国民族民间音乐、民间美术、心意拳、民间文学、民俗学课程，在文化产业管理本科专业人才培养方案中设置了非遗课程。这些课程由本校在这方面已有一定研究成果的老师讲授。

而且，不是所有非遗传承人都能并且适宜进入校园开展非遗教学。通常情况下，非遗传承人需要适应学校教学的特点，具备一定的口头表达能力，不能完全照用平时的教徒方法，而是要针对在校生的学习特点，结合自身熟悉的非遗项目，琢磨并提前准备授课内容、授课方式，做到动手实践和讲解知识并重，学生能够接受和理解，才能产生应有的教学效果。

而在聘请非遗传承人进校授课时，传承人年龄和身体状况、居住地点、来校时间、整体教学安排都是必须考虑的因素。在晋中学院传授左权小花戏的李明珍老师有丰富的教学经验，并且在学校所在城市定居，授课相对比较方便，但年龄较大。刺绣课程聘请了技术培训经验丰富、普通话标准的年轻刺绣老师来校上课，但教师家在灵石县，往返学校与灵石县的路程约320千米，在这种情况下，既需要刺绣课老师妥善安排时间，也需要学校根据实际情况安排课程时间，才能确保课程的顺利进行。

第三，学校现有课程教学模式与非遗传承方式存在难以调和的矛盾。晋中学院面向非艺术类大学生开设的刺绣非遗课程，常会与学校现有的教学课程、校园活动安排发生冲突。在刺绣课程进行过程中，学生各类课程考试、资格考试、学校课外活动都影响到学生投入刺绣练习的时间，而该课程没有学分要求，全凭学生的兴趣和意志完成课程学习，因此，在上课过程中，刺绣课程老师都需特别叮嘱学生安排好时间，坚持练习。针对这种情况，学校已经将非遗课程作为全校的选修课和第二课堂，计入学分，以保证学生学习时间。

任何非遗的传习都是以身心并用并且不断练习为前提的，在学校正规制度化教育中，大部分本科专业以传授普遍性知识为主，注重标准性、逻辑性，以客观分析、归纳和演绎为学习方式。这种学习方式以脑力劳动为主，对学生动手能力要求不高，这与刺绣课对学生动手能力的要求正好相反，因此我们看到，学生动手练习刺绣和专业课程学习很难兼顾，往往顾此失彼。

非遗传统性和民间性的文化本质属性要求非遗教学还须与非遗传承的社会文化背景结合起来，需要学生实际的参与和体验，浸润其中，身心结合全面感知非遗所蕴含的地方文化情感。但学校普遍以知识为主的标准化教育与此恰恰是互斥的，标准化教育普遍滤去了生活情感和实践经验，仅有老师在课堂上将相关知识用言语、视频等形式传递给学生，很难激起学生对非遗的文化情感。因此，就这一点而言，在当前学校教育模式下开设非遗课程，就会出现很多学者指出的非遗"去语境化"的情况。学校正规教育中的这种学习惯性，加上课时的限制，某种程度上扼杀了年轻一代传承非遗所需的文化整体性的感悟能力，非遗的学习效果较之于在民间生活情境下的师徒、家传等传承方式会差很多。

而且，当下我国学校的艺术专业教育来自西方教育范式，注重艺术结构、原理、规则、方法技术，以课时为节奏安排，按照教材已经规定好的内容展开教学过程，其中发生的非预期性变化并不是课程教学所考虑的，如基本乐理和视唱练耳教程是音乐专业的基础必修课程，是以普遍性知识为前提，以课程和等级水平考试为核心，培养出可标准量化的艺术人才，这不同于非遗传承过程中师徒针对不同个体的口传心授的传承方式。晋中学院音乐学院曾尝试开设晋中民间小戏祁太秧歌课程教学，但学生短期内很难掌握祁太秧歌的旋律和唱腔，更不用说舞台表演。针对这种情形，晋中学院音乐学院的一位老师认为，学了音乐专业的乐理再学祁太秧歌，正如学了西方哲学再学东方哲学一样，两者南辕北辙，互不融合。

整体上，晋中学院面向非艺术类专业大学生开设的非遗课程在整个教学体系中仍处于边缘位置，仅被当作学生的兴趣爱好课程而存在，所以，在晋中学院二级教学学院开设的刺绣、剪纸、左权小花戏等非遗相关课程被归纳为"特色"课程。学生也非常清楚学习非遗与自身未来的就业关系不大。在这种情况下，将非遗课程推及高中、初中、小学教育中则更加不乐观，因为非遗并不在考试的指定内容中。这些都不利于从深层次培养年轻一代尊重传统文化的整体社会氛围。

三、非遗进入正规教育的路径

在专门的艺术院校、职业学校和一般大学的艺术专业、体育专业教学院系中开设传统音乐、传统戏剧、传统美术、传统手工技艺、传统武术类非遗项目的课程，让这些专业院系中的学生直接学习非遗，将大大增加优秀非遗传承人出现的概率，这对非遗传承的意义将十分深远。成功的关键在于各类学校结合自身的办学定位和实际情况，选定合适的非遗项目，设计与非遗传承本质相契合、在实际层面又具操作性的课程教学方案。

对于普通高校而言，在现行条件下，探索与某一非遗项目代表性传承人或团体开展产学研合作可能是一个很好的思路。根据实际情况，在学校建立该非遗项目的研究与教学平台，如非遗传承人工作室，选定老师，与非遗传承人一起，系统整理非遗相关资料。在此基础上，鼓励和引导学生参与此项工作，以此为切入点，培养本校非遗"双师型"师资人员，在非遗传承人的参与下开展非遗课程体系建设、教学计划安排、课程讲义编写等，以培养非遗传承人的心态开设相关课程。

如果是与非遗企业合作，则在非遗传承单位建立学生顶岗实习基地，以校企共同培养的模式开展人才培养，专业课程设置以企业岗位需求为依托，企业参与课程开发，企业派出人员参与完成师带徒的教学。笔者在参与晋中学院刺绣非遗课程中，深感刺绣课程要取得期望中的效果，更适合开设在美术教学院系或职业技术类学院中，非美术专业的学生则应接受美术绘画技巧方面的培训。在此基础上，企业、非遗传承人与学校合作，确立以刺绣为核心的非遗课程体系，主要包括三大类：一是刺绣文化类课程；二是刺绣设计与技法类课程；三是刺绣文化产业经营类课程。在这三类课程下再细分出各类的子课程，形成系统的刺绣教学内容，以培养学生形成刺绣产业所需要的技术能力和市场经营能力。在这个过程中，进一步制作刺绣技法的教学视频和技法步骤的模拟动画视频，制作刺绣产业经营管理视频，作为刺绣非遗课程的重要辅助手段，这也是以另一种方式保存非遗相关资料。

总体上，对于各类地方性学校尤其是地方高校而言，要发挥地方优势，有针对性地选择3~5个非遗项目引入学校正规教育中，加强校企合作，培养相关师资人员，探索与之相关的人才培养模式，灵活调整课程结构体系，使高校在非遗教学方面做出特色，在推动非遗世代相传，增强民族文化自信方面发挥积极作用，让当下接受过非遗教育的学生在未来成为非遗保护的中坚力量。

从更大范围讲，在各层次教育中开设非遗通论类课程，培养相关师资人员，编写适用于不同教育层次的非遗教材、视频，指导学生参与本地非遗项目的调查和资料整理、传播和弘扬等保护活动，让在学校学习的青少年有充分的机会和时间，以恰当的方式接触、了解到非遗。这些工作在保护区内各层次学校正规教育中还很少涉及，要有实质性改变还需要社会各方力量付出艰苦的努力，坚持不懈地探索下去。

第三节　晋中企业的非遗生产性保护实践
——以太谷县广誉远国药有限公司为例

在保护区，为了适应市场的发展，以传统饮食、传统手工艺类和传统医药为主的非遗项目传承已与现代企业的经营管理衔接，企业成为非遗传承的重要社会组织，非遗是企业面向市场打造的产品。这些企业发展情况各不相同。企业与非遗传承人之间的关系主要有两种：一种是非遗传承人是企业的主要管理者，对企业的发展有管理权和决策权；另一种是非遗传承人是公司员工，接受公司的管理。据不完全统计，目前，保护区内主要有以下非遗项目以企业为主体展开经营（见表9）。

表9　晋中国家级文化生态保护实验区非遗企业

项目级别	项目类型	项目名称	项目依托公司
国家级非遗代表性项目	传统手工技艺	平遥漆器髹饰技艺	山西省晋中市平遥县唐都推光漆器有限公司
		老陈醋酿制技艺	山西省太原市老陈醋集团有限公司 山西省太原市清徐县水塔老陈醋股份有限公司 山西省太原市益源庆宁化府醋业有限公司
		杏花村汾酒酿制技艺	山西省吕梁市汾阳市杏花村汾酒集团有限责任公司
		传统面食制作技艺（龙须拉面和刀削面制作技艺、抿尖面和猫耳朵制作技艺）	山西省太原市晋韵楼

续表9

项目级别	项目类型	项目名称	项目依托公司
国家级非遗代表性项目	传统手工技艺	冠云平遥牛肉传统加工技艺	山西省晋中市平遥县冠云平遥牛肉集团有限公司
		六味斋酱肉传统制作技艺	山西省太原市六味斋实业有限公司
		郭杜林晋式月饼制作技艺	山西省太原市双合成食品有限公司
	传统医药	中医传统制剂方法·龟龄集传统制作技艺	山西省晋中市太谷县广誉远国药有限公司
		中医传统制剂方法·定坤丹制作技艺	
		中医传统制剂方法·安宫牛黄丸制作技艺	
省级非遗代表性项目	传统手工技艺	堡子酒传统酿造技艺	山西省晋中市榆次区后沟古村酒业有限公司
		太谷饼传统制作技艺	山西省晋中市太谷县鑫炳记食业有限公司 山西省晋中市太谷县龙杯食业有限公司 山西省晋中市太谷县荣欣堂食品有限公司 山西省晋中市太谷县喜蓉食业有限公司
		清徐葡萄酒酿制技艺	山西省太原市清徐县葡萄酒有限公司
		油茶制作技艺	山西省晋中市平遥县晋升食品有限公司 山西省晋中市平遥县兆辉食品有限公司
		曹家熏肘制作技艺	山西省晋中市平遥县延虎肉制品有限公司
市级非遗代表性项目	传统工艺美术	灵尚刺绣	山西省晋中市灵石县灵尚绣品有限公司

表9列出的汾酒、老陈醋、太谷饼、中药炮制技艺等非遗项目历史悠久，是山西地方特产，汾酒、老陈醋、太谷饼随着郭兰英演唱的《夸土产》闻名全国，积淀了较深的文化底蕴，在国家的支持下，很早就建起生产工厂，在20世纪90年代初，经过改制成为完全自负盈亏的公司，在这一过程中，不同的非遗企业命运各不相同。

第一类是转型成功的企业，主要是汾酒、老陈醋所依托的企业转型成功，企业发展壮大。第二类是一些非遗企业由于经营不善而破产解体，后由其他人员重新组建公司进行生产，如山西省清徐县是我国有名的葡萄种植区，有自创的特有葡萄酒酿造技艺，清徐县解放后曾建有清徐县露酒厂，但在1997年时破产变卖。近年由清徐本地熟悉葡萄种植和酿酒技艺的人新建山西省清徐县葡萄酒有限公司，恢复了地方"炼白"葡萄酒传统酿造技艺并用于酿酒，为这一产品注册了新的商标。第三类是非遗企业解体破产后，从企业流失出去的非遗传承人自谋生路，形成以个体经营为主的非遗传承格局。如平遥推光漆器髹饰技艺，于1958年成立的平遥县推光漆器厂早已不复存在，工厂培养的各层次漆器人才各寻出路，逐渐形成了当下以个人漆器工作室为主体的平遥漆器生产局面，但资金实力不强，适应市场竞争的能力有限。继平遥古城进入《世界遗产名录》后，旅游业发展迅速，在巨大的经济利益面前，平遥漆器出现了同行市场恶性竞争、原料品质退化、技艺简化劣化严重现象，公众对平遥漆器的认知和理解比较混乱，底蕴深厚且精湛的平遥传统漆器技艺的良性传承很难得到保证。

我国启动非遗保护工作后，非遗企业成为申报非遗项目最为积极的团体，申报成功后，紧接着利用非遗所具有的权威性展开宣传，尽可能地提升公司及非遗项目的美誉度、知名度，以赢得市场。

非遗项目所依托的企业是其传承过程中最重要的保护力量。在市场经济背景下，企业需要盈利才能生存，在这样的导向下，如何处理非遗传承和经济利益的关系是任何非遗企业都要面临的挑战，这也直接影响了非遗能否代代传承下去。因此，从保护角度看，以企业为外部组织依托的非遗传承值得关注和研究。下面以保护区内的山西省广誉远国药有限公司（简称"广誉远"）在传统中药炮制技艺保护方面的做法展开分析。

山西广誉远国药有限公司建在太谷县县城，1949年以前是"广升药店"，据传其始于明代嘉靖年间，发展过程中还用过"广升远""广升誉""延龄堂""广源兴"等字号。在1955年公私合营为"山西太谷广誉远制药厂"，1973年更名为"山西中药厂"，1998年山西中药厂改制为"山西广誉远国药有限公司"，2003年成为西安东盛集团控股企业，以生产传统中药和龟龄集酒为主。2006年该公司成为国家商务部认定的"中华老字号"企业。从组建中药厂发展至今，广誉远之所以在太谷县有悠久的发展历史，原因之一是历史上太谷县曾是晋商贩卖中药材的重要集散地，涌现出数量众多的名中医和名中药店，他们持续不断地服务当地百姓，使太谷县民众对中医药有极强的认同度。

一、广誉远传统中药炮制技艺保护经验

广誉远作为一家中药制药企业，拥有龟龄集传统制作技艺、定坤丹制作技艺、

安宫牛黄丸制作技艺三项国家级非遗代表性项目。其中，龟龄集处方和制作工艺、定坤丹处方和制作工艺于2004年被国家科技部、国家保密局列为"国家保密品种"，历史上这两项传统中药一直是宫廷药物，疗效显著。前者由明嘉靖帝命名，后者作为清宫妇科药物，由乾隆亲自赐名，意为"坤宫得到安定"。而安宫牛黄丸是传统中药中久负盛名的急症用药，素有"救急症于即时，挽垂危于顷刻"的美誉。中医将其与紫雪丹、局方至宝丸并称为"温病三宝"，并奉其为"三宝"之首。在此基础上，该公司八宝玉枢丸、麝雄至宝丸作为历史上自创的传统中药品种，对中暑中寒，水土不服等日常救治和时疫防治作用显著，其制作技艺中又囊括了广誉远深厚又独特的中药炮制、制剂经验。随着我国民众旅游出行频率的不断上升，这些中药有巨大的市场潜力。一个县城的中药企业保存有如此多且重要的传统中药处方和中药炮制技艺，今后如何发展，从非遗传承和保护角度是值得研究的。

对这样一大批配方珍奇、选料上乘、炮制讲究、疗效显著的传统中药，以及掌握了传统中药炮制技艺的药工，广誉远意识到这是企业发展独一无二的文化遗产资源，可遇而不可求。在这一认知之下，广誉远注重整理、继承和恢复传统中药炮制技艺，力求达到既传承传统技艺，又能盈利的目标。2014年，广誉远国药有限公司成为国家级非遗生产性保护示范基地，该公司在传统中药保护方面形成了自己的经验。①

（一）恢复并遵守中药炮制技艺的传统标准

随着时代的发展，许多中药企业放弃传统药物炮制器具，改用不锈钢容器。同时，考虑经济成本和中药材加工成本，对药材炮制的时间和次数都进行了简化和省略，导致中药疗效不断减弱。经过对比，为确保药物疗效，广誉远围绕龟龄集、定坤丹、安宫牛黄丸，根据老药工的传承记忆，将我国传统的"天人合一""阴阳""五行"文化观念作为中药炮制依据，就中药炮制工具和每味药的炮制过程，放弃了当代中药生产通行的一些做法，恢复了中药组方中每味药材的传统炮制技艺。

在中药材熬制工具上，广誉远不再完全遵照国家药品生产质量管理规范（GMP），放弃不锈钢容器，转而根据每味药物不同的炮制方法和传统制法的要求选用不同的炮制用具：蒸制药材使用瓷罐，晾晒蒸制出的药材使用陶瓷大缸，姜炭炮制使用砂锅，炒炙药材使用铁锅，龟龄集药物的升炼则仍使用银锅完成。

为确保药物传统疗效，广誉远对每味药材原料的加工和炮制也严格遵循传统标准。在药材的选用上，对药材的产地、采摘时间、形状、大小、生长周期等都有严格限定，不会因当代人不了解而随意使用不符合要求的药材。加工药材不求省工省

---

① 下文内容部分数据使用了广誉远国药有限公司2016年撰写的《在生产性保护中发挥传承人的重要作用——广誉远非遗保护传承工作情况》非遗交流汇报材料。

时，严格遵循传统要求，如加工淫羊藿时，是通过人工一片叶子一片叶子地进行剪裁去梗。

在传统制作工序上，广誉远安宫牛黄丸、定坤丹、龟龄集中药药丸都是由几十味药组合而成的，所以必须先对每味药材进行炮制，其传统制作工艺均非常烦琐，如龟龄集从辅料逐味制作，每味药材从炮制到粉碎、日晒、夜露到其后的炉鼎升炼、沐浴、出锅等有九十九道大工序，三百六十五道小工序。定坤丹从每味原料药材的特殊炮制到配研、合坨、打捶、圈养、推丸、挂蜡等也有二百八十道工序，每道工序又都有严格的要求。广誉远依托老药工丰富的经验和熟练的操作手艺，严格遵循每味中药炮制的传统工序，确保制作出地地道道的传统中药。

在药物炮制方面，根据传统标准，构成广誉远各种成药的每味药材的炮制各有讲究，鹿茸需埋入地下，吸尽地气；珍珠需用豆腐蒸制光亮如晶；朱砂、雄黄的炮制恢复了传统的球磨、水漂做法；硬质矿物类药材则恢复使用传统煅制方法。而辅料陈醋的选择，则选取采用山西老陈醋工艺制作的二十千克上等陈醋再晒制三年，使其浓缩成为一千克的醋膏，产生浓郁的醋味，才能作为辅料入药，成为其中的药引子，引药入肝，达到散瘀止痛、疏肝行气的效果，同时降低其他药材的毒副作用。

在广誉远工作的柳惠武是国家级非遗项目代表性传承人，掌握了安宫牛黄丸、定坤丹等中药的整套炮制技艺，他讲述了姜炭炮制和生地黄"九蒸九晒"的方法和过程①。姜炭炮制是将干姜放进特制的砂锅内，盖上盖子，再用铁丝捆绑牢固，然后在锅外面均匀抹上一层泥巴，放在一个自制的火炉上，烤制24小时。此过程并没有任何秘密可言。但柳惠武指出，锅上的泥巴是用阴土加上一种特殊的草合成的。阴土是指见不到阳光的黄土，取土地点因此有严格讲究，而不是随意挖取的土都行。阴土取自河底或背山阴面处。根据我国"阴阳"观，有阴土自然就有阳土，阳土需从山阳面或"东壁"采挖，并经日晒5年以上才能使用。

而对于大众熟知的生地黄"九蒸九晒"炮制过程，柳惠武提及需按固定的比例，将干净的生地黄浸入纯正的黄酒中进行搅拌后，再将容器密封，等生地黄将黄酒吸尽后再用瓷罐蒸制，然后将因蒸制而流出来的熟地汁收集起来，等地黄被蒸成发虚发黑时晒一天，再拌入收集的熟地汁和黄酒，再蒸一天后取出再晒一天，这一过程如此反复九次，地黄熟到"黑如漆、亮如油、甜如蜜、香如怡"方能入药。②

---

① 聚焦不该被遗失的中医药：广誉远老药工的坚守［EB/OL］．（2016-12-21）．http://money.163.com/16/1221/09/C8Q594D0002580S6.html.

② 聚焦不该被遗失的中医药：广誉远老药工的坚守［EB/OL］．（2016-12-21）．http://money.163.com/16/1221/09/C8Q594D0002580S6.html.

这个过程极费劳力且非常耗时、烦琐，与当代中药材炮制工艺的简化和粗糙化形成了鲜明对比。

（二）中药新制作工艺与传统炮制技艺品质标准的有机衔接

当下中药的生产已无法使用手工技法和传统器具完成全部工序，在这种发展趋势下，广誉远不断摸索"新工艺旧效果"的途径，即如何在新的制药工艺和器具投入使用后仍能确保传统工艺的炮制效果。20世纪70年代末，柳惠武曾参与龟龄集中药升炼炉的改造，他指出为了增加产量，在生产过程中引入电控升炼炉，虽不同于木炭升炼炉，但对电控升炼炉升炼时间、温度、大小火的把握是以传统升炼技艺效果为依据的。而对于定坤丹、安宫牛黄丸虽已放弃手工推丸器具制丸，但在合坨、制丸过程中仍以传统"打百锤""圈百日"中对药泥的滋润程度作为标准反复揉制，并放置一定时间，最后通过一粒一粒的称量，来检查药丸是否达到传统制丸所要求的药泥圆润度与准确剂量。

在发展过程中，广誉远还对中药材炮制技艺制定了现代规范标准，比如对制作鹿茸时的锉、辅料用量、渗透时间、埋制药的地气与天气要求都做了量化规范，从而保证核心技艺的一脉相承。

由于广誉远中药传统炮制技艺在初加工、工序和过程中采取了较为全面和严格的恢复性措施，对中药材原料品种的要求特殊和讲究，产生的一个积极效果就是使中药产业的上游生产端——中药材产地重视药材的种植水准和追求药品种类的全面性，而不是只种植量大和市场销量好的中药材，从源头上促进了中药材产业的健康发展。

（三）培养传承人，整理弘扬中药传统炮制技艺

为确保中药炮制技艺不变样和保持药材的高品质，广誉远多次聘请中药原制作人员及退休的老药工回厂进行座谈指导，还原补充了部分遗漏或更改的工艺，保证中药非遗项目以传统状态进行传承。作为人才培养平台，广誉远还让老药工指导公司员工学习中药炮制技艺，借助非遗项目代表性传承人指定制度，建立起非遗传承人才队伍。该队伍现有2名国家级非遗项目代表性传承人、5名省级非遗项目代表性传承人、10名市级非遗项目代表性传承人、20多名县级非遗项目代表性传承人。2017年，广誉远为4位老师傅和8位徒弟举行了收徒仪式，逐渐形成"老药工传授，中坚力量操作，培养后续传承人"的传人培养模式。

同时，广誉远对其前身"广升远"药店的相关资料进行了系统收集和整理。通过有偿征集，获得了与龟龄集、定坤丹、安宫牛黄丸等传统中药相关的典籍、制药器具、药材标本及老照片、旧仿票、老账本、书信、旧包装、奖牌等实物。广誉远还派人前往国家档案馆进行查询，对与广誉远相关的宫廷档案、中药传承历史、销

售区域、药店字号等文字、图片资料进行了收集和整理,建立起广誉远传统中药资料库,在此基础上,广誉远制作各类电视宣传片,出版《龟龄集探秘》等图书,利用各种平台对公司生产的中药进行推广和展示。在各类非遗博览会上,龟龄集、定坤丹、安宫牛黄丸等都是重要的非遗展示项目。同时,广誉远对厂区环境进行了具有旅游观光性质的整修和规划,建成中药展览室和药材炮制展示区,面向公众开放厂区,现场宣传中药传统技艺的精髓、作用,在全国各地建立国医馆,聘请名中医出诊,这些都增强了公众对广誉远生产的中药产品的认知度。

通过努力,广誉远近年中药生产和经济盈利可观,尤其是龟龄集在2008年成为国家级非遗代表性项目以来,产值已累计翻三番;定坤丹自2011年成为国家级非遗代表性项目以来,当年产量实现翻番。广誉远获得了"中药工业企业主营业务收入百强"等荣誉称号。2018年10月底,在国家卫生健康委员会、国家中医药管理局公布的2018年版《国家基本药物目录》中,广誉远共有36个中药品种纳入《国家基本药物目录》,其中新进品种4个,包括定坤丹水蜜丸、定坤丹大蜜丸(10.8g)、西黄丸和石斛夜光丸。广誉远的营业收入和净利润也主要来源于龟龄集、定坤丹、安宫牛黄丸、牛黄清心丸等传统中药。据广誉远年报显示,2016年和2017年,传统中药分别实现营业收入5.8亿元、9.5亿元,营收占比分别为61.9%、81.27%。定坤丹水蜜丸和定坤丹大蜜丸(10.8g)在2017年的销售额分别为2.81亿、7649.37万元,营收占比分别约为24%、6.54%。2018年一至三季度,广誉远传统中药实现营业收入5.12亿元,营收占比为78.17%。其中,定坤丹水蜜丸和定坤丹大蜜丸(10.8g)在2018年前三个季度的销售额分别为2.99亿元、5792.63万元,营收占比分别约为29%、5.67%,合计占比约为35%。①

二、广誉远传统中药传承过程中存在的问题

(一)市场逐利倾向与中药炮制工艺费时费工的矛盾

在市场经济中,确保经济盈利是任何企业追求的目标,从前文关于广誉远中药炮制技艺的叙述中我们看到,药材产地、种植周期、原料品质不一样,药材原料价格也不一样。而在生产龟龄集、定坤丹、安宫牛黄丸中药时,组方中所需的每味药材无法在购买后直接使用,还需采用传统工艺逐味炮制,且必须依赖于药工长年积累的经验才能精确地达到组方对药材的要求,运用传统技艺炮制药材时所耗费的时间最小单位是"天",常规时间单位是"年",药材炮制时间叠加人工成本,使广誉远生产的中

---

① 广誉远前三季净利倍增核心产品定坤丹入选国家基药目录[EB/OL].(2018-10-31). http://www.guangyuyuan.cn/index/article/index/aid/728.html.

药的成本远高于一般中药产品。投入市场后，一颗药丸的售价很高，安宫牛黄丸、龟龄集售价都超出普通公众所能承受的范围，尤其是用于民众疾病治疗时，有向高价药发展的趋势。简便验廉、就地取材是中医药文化的重要特点。因此，广誉远生产的中药定价"畸高"的发展趋势会造成好药"有价无市"，声名鹊起却日渐疏离公众，成为普通大众买不起的药品，长远看，这并不利于中药的传承发展。

（二）非遗企业难以享受相关优惠

我国于 2016 年 12 底通过《中华人民共和国中医药法》，2017 年起正式实施，但从鼓励传承的角度来看，该法缺少对中药材种植和中药企业的政策优惠措施，企业市场逐利性与传承非遗的公益性存在一定的冲突。虽然广誉远以传统中药炮制技艺加工中药材和生产中药产品，但按现代产业分类属工业企业。中药材在产业体系中被定性为农产品，其进项税率低于一般工业企业，但企业制成的中成药则按一般产品的增值税率征税，无法享受国家惠农政策给予的价格补贴和能源补贴，且无法享受土地占用、所得税等税费的减免。作为一家承担非遗传承责任，弘扬民族文化公益责任的中药企业，企业税负相对较重，面向大众的中药价格偏高，无形中削弱了企业的非遗保护能力。

这些问题与市场运行机制、国家政策有关，短期内难以解决，从中药良性传承的角度看，对这些问题必须予以重视。

三、传统中药企业化传承的反思

随着中药产业的发展，出现了越来越多的中药企业，这些企业生产的中药产品伴随着企业的营销宣传出现在药店中，公众可方便地购买到，这当然有利于增加中药产品的销售额。但辨证施治是中医认识疾病和治疗疾病的一项基本原则，相同的病症，病因却千差万别，因此中医根据每个个体患病成因来给出不同的处方，同中有异，灵活变化。但当下由中药企业生产出来的成药都以药品说明书的形式与疾病简单对应，忽略了疾病背后的病因。在缺少中医指导的情况下，很多容易在药店中购买到的中成药被患者服用后产生的效果不明显，甚至有害。因此，企业作为当代传统中药的重要传承与保护单位，如何审视和处理"病人—中医—中药"的关系，对于传统医药的传承也特别重要。

目前，很多中药企业的营销做法本末倒置，经济利益高于一切、实行过度营销，加之中医文化的整体性倒退，中药企业鱼龙混杂，很多企业披着中医药的外衣，打着振兴中药的旗号，做着损害中医药的事情，"龙胆泻肝丸事件""鸿毛药酒事件""权健事件"都显示出某些企业与传统中医药和诊疗的严谨标准渐行渐远。但毫无疑问，与医生一样，"治病救人"才是中药企业追求的终极目标，而不是利益为先。

再者，以广誉远为代表的中药企业，担负着传统中药炮制技艺代代传承的责任。真正掌握中药传统炮制技艺的老药工应成为公司最重视的人才，应让老药工在公司中药传统炮制技艺和人才培养的过程拥有话语权和主导权。在现实生活复杂的人际关系背景中，企业的管理者如何对待这些直接掌握传统技艺的员工，能否对老药工始终如一地保持尊重？能否持续不断地为掌握核心技艺的老员工提供很好的传承平台和良好的生活保障，免其后顾之忧，让他们能心无旁骛地培养后继人才？这一切，我们不得而知。但这样的企业日常管理，直接影响着中药传统炮制技艺代际传承效果。

总体上，广誉远作为较大规模的企业，由于资金雄厚，风险承担能力强，可以经受较长时间的无利润周期，并能集中力量展开非遗传承，没有简化炮制工序和降低药材炮制效果，不计市场成本和盈利对中药传统炮制技艺进行比较全面和系统地继承，比较重视老药工掌握的中药炮制技艺。某种程度上，这是个体户、小企业尤其是资金不多的企业难以做到的，较之于以个体、家庭或私营为主的非遗传承者，大企业可更快地建起比较成熟的后继人才培养机制。

而且，大企业更有能力聚集非遗产业发展所需要的各方面的优秀人才，不止广誉远，包括老陈醋、汾酒、平遥牛肉等非遗企业在内，除了在生产环节上确保非遗核心技艺的传承外，产品的生产、研发、营销、公关及市场等各环节上的人员各司其职，还有专门的研究团队，专业人员建起并负责工业旅游观光园（馆）和线上线下销售体系。这些人员与非遗传承人的作用是一样的，从非遗传承角度看，虽不是决定性因素，但不可或缺。反观很多以个体家庭或小企业为单位传承的非遗项目，由于很难聚拢到相关人才，往往是一人多职，虽拥有很高的非遗项目传承水准，在市场竞争中却面临不少难以克服的挑战。

第四节 晋中非遗"博物馆式"静态展示分析

近年我国很多地方建起了非遗静态、常态化展示的固定场所，有的省会城市依托省级博物馆对本省非遗进行专题展示，有的省会城市则建起专门的非遗博物馆，有的县级城市则建起兼传习与展示于一体的非遗综合传习中心。同时，类似于博览会、交易会、展演等形式的非遗展示也日益频繁，从类型到展示方式都逐渐丰富和复杂起来。目前关于非遗展示的研究主要集中于正规非遗博物馆中非遗展品的陈列设计，这种博物馆视角下的研究，受到现有物质类遗产展示研究的深刻影响。目前关于非遗的展示研究还比较薄弱，远滞后于非遗展示方面的实践。保护区内以非遗为主题的各种性质、各种形式的固定展示正不断展开，本节对此展开研究，分析其中存在的问题并提出建议，以助力保护区内非遗更好的传承。

一、非遗展示概念界定

较之于非遗展示方面的研究，学界对于物质文化遗产展示的概念、原则、方式等已有比较深入的研究，并在一些重要的国际文化遗产政策文件中得到体现，主要有《巴拉宪章》（1999）、《国际文化旅游宪章》（1999）、国际古迹遗址理事会《关于文化遗产地诠释与展示宪章》（2008）。其中，国际古迹遗址理事会《关于文化遗产地诠释与展示宪章》（ICOMOS Charter for the Interpretation and Presentation of Cultural Heritage Sites）是一份专门讨论物质类文化遗产展示的国际文件，对"展示"进行了概念界定：在文化遗产地通过对阐释信息的安排、直接的接触，以及展示设施等有计划地传播阐释内容。可通过各种技术手段传达信息，包括（但不限于）信息板、博物馆展览、精心设计的游览路线、讲座和参观讲解、多媒体应用和网站等。这一概念内涵将展示视为对文化遗产地"信息"进行阐释的具体手段，有别于我们将展品陈列等同于展示的理解。笔者认为，这一概念中关于展示的核心内涵"文化遗产信息的诠释"也适用于非遗展示。

沿用这份国际文件对展示的概念界定，非遗展示的核心内涵也是指有意识地运用各种形式对非遗信息进行诠释。但与物质类遗产不同，非遗展示并不限于在"文化遗产地"进行展示，根据非遗表现的不同载体，非遗展示可分为两类：一类是以人的活态表演为主的现场演出展示，诸如武术、音乐、舞蹈类等非遗必须由人来展现才能完整呈现其精华，可概括为"活态现场性展示"，这类展示无法固定在某一处进行静态展示；另一类是以静态的物质媒介为主的非遗展示，可概括为"博物馆式展示"，因为场所装修风格、物品陈列、信息的展现均非常接近于正规博物馆的展示基调。结合国际古迹遗址理事会《关于文化遗产地诠释与展示宪章》对展示内涵的阐述，笔者认为，非遗的博物馆式展示应理解为特定人员明确对非遗进行系统性整理、归纳后，运用各种手段对非遗实现静态、物质类的可视化传达，并运用各种方法展开信息诠释，吸引公众参观浏览，促进公众对非遗的了解。

《保护非物质文化遗产公约》中的"保护"指确保非遗生命力的各种措施，包括对这种遗产各个方面的确认、立档、研究、保存、保护、宣传、弘扬、传承（特别是通过正规和非正规教育）和振兴。这一规定中并没有出现"展示"的表述，但展示是宣传、弘扬非遗的具体体现。在《非遗公约业务指南》（2018年版）"提高对非遗的认识"这一部分内容中，鼓励缔约国在地方的中心和协会等类似机构举办遗产展览,并让非遗实践者和传承人参与。① 由这样的规定可以看出,展示是将与非遗有关的信息传递给公众,促进公众对非遗的了解,是培育公众保护意识,连接公众与非遗的重要环节。

二、晋中国家级文化生态保护实验区博物馆式非遗展示场所建成情况

保护区内非遗展示场所主要以"综合展示中心""传习中心""传习所""博物馆"等称谓出现,据不完全统计,建成情况见表10。

表10 晋中国家级文化生态保护实验区非遗展示场所

序号	名称	筹建主体	建设地点	建成时间	筹建主体性质及开放程度
1	山西龟龄集、定坤丹、安宫牛黄丸中药展览室	山西广誉远国药有限公司	太谷县城区	1977年	企业自建,半开放式
2	孝义皮影博物馆	孝义市人民政府	孝义市城区	1988年	政府支持,地方文化人士建设
3	东湖醋园	山西老陈醋集团有限公司	太原市市区	2002年	企业自建,公众免费参观
4	"一江晚霞"剪纸艺术馆	左权县杨宪江、李小凤夫妇	左权县城区	2002年	家庭个人自建展厅
5	汾酒博物馆	山西杏花村汾酒集团有限责任公司	汾阳市汾酒集团企业所在地	2007年	企业自建,公众购票游览参观
6	宝源老醋坊博物馆	山西水塔老陈醋股份有限公司	清徐县杨房村企业所在地	2008年	企业自建,公众免费参观
7	平遥推光漆器文化博物馆	平遥县人民政府	平遥县城区	2010年	政府筹建,公众游览参观

---

① 《非遗公约业务指南》(2018年版)105段及105段(b)内容:"缔约国应努力通过一切适当的途径,使公众了解非遗的重要性及其面临的危险,以及按照《公约》所开展的活动。为此鼓励缔约国,支持组织有关非遗的学术会议、讲习班、公共论坛和研讨会,举办展览、节庆、非遗日和竞赛。"

续表10

序号	名称	筹建主体	建设地点	建成时间	筹建主体性质及开放程度
8	孝义贾家庄民俗博物馆	孝义市贾家庄村民委员会	孝义市贾家庄	2010年	村集体自建,公众购票游览参观
9	清徐县徐沟背铁棍传习所	清徐县徐沟镇	清徐县徐沟镇	2013年	村集体建设,半开放
10	山西中医药博物馆	山西黄河中药有限公司	太谷县城区	2013年	企业自建,公众免费参观
11	汾阳市非物质文化遗产展馆	汾阳市文化馆	汾阳市城区	2014年	文化事业机构筹建,半开放
12	清徐县非物质文化遗产展馆	清徐县文化局	清徐县城区	2015年	文化行政机构、文化事业机构筹建,半开放
13	交城县非遗综合传习中心	交城县文化局	交城县卦山景区	2015年	文化行政机构、文化事业机构筹建,公众免费参观
14	太原市非物质文化遗产传习展示中心	太原市文广新局 太原市美术馆	太原市城区	2015年	文化行政机构、文化事业机构筹建,公众免费参观
15	昔阳县非物质文化遗产综合传习中心	昔阳县文化局	昔阳县城区	2015年	文化行政机构筹建
16	和顺县非遗综合传习中心	和顺县文广新局	和顺县城区	2015年	文化行政机构筹建
17	平遥牛肉博物馆	山西冠云平遥牛肉集团	平遥县城区	2015年	企业自建,公众购票游览参观
18	平遥三晋王氏中医妇科博物馆	晋中市中医院王金权	平遥县道虎壁村	2015年	个人自建,公众免费参观
19	平遥职业中学漆器生产工艺陈列馆	平遥县职业中学	平遥县城区	2015年	教育机构筹建,半开放式

续表10

序号	名称	筹建主体	建设地点	建成时间	筹建主体性质及开放程度
20	祁县戴氏心意拳传习所	祁县戴氏心意拳传承人穆金桥	祁县城区	2015年	个人自建,用于非遗项目传承交流
21	灵石县非遗综合展示馆	灵石县文化局	灵石县城区	2016年	文化行政机构、文化事业机构筹建,公众免费参观
22	太谷县非遗综合传习中心	太谷县文化局、鑫炳记食业公司	太谷县郊区	2016年	文化行政机构、民营企业共建,公众免费参观
23	文水县非遗综合传习中心	文水县文化局	文水县城区	2017年	文化行政机构、文化事业机构筹建
24	榆次区非遗展览馆	榆次区文化局	榆次城区	2017年	文化行政机构、民营企业共建,公众免费参观
25	榆社县非遗传习中心	榆社县文化局	榆社县	2017年	文化行政机构、文化事业机构筹建
26	中国清徐葡萄文化博物馆	山西省清徐葡萄酒有限公司	清徐县马峪乡	2017年	企业自建,公众免费参观
27	晋福祥鞋文化博物馆	平遥县晋福祥鞋业有限公司	平遥县城区	2017年	企业自建,公众免费参观
28	和顺县凤台小戏、夫子岭弦腔、跑莲灯非遗传习所				村集体和传承人合建,用于非遗项目传承交流
29	唐都推光漆器产业创意园	平遥县唐都推光漆有限公司	平遥县城区		
30	灵尚刺绣传习展示馆	灵石县灵尚绣品有限公司	灵石县静升镇尹芳村		企业自建的商业经营性质展厅
31	晋派砖雕传习所	太谷县晋派砖雕公司	太谷县城区		企业自建的商业经营性质展厅

续表 10

序号	名称	筹建主体	建设地点	建成时间	筹建主体性质及开放程度
32	孝义市南曹村豆腐传统制作技艺展示室	孝义九州香豆制品有限公司	孝义市梧桐镇		民营企业自建，半开放式
33	平遥纱阁戏人陈列馆	平遥古城景点清虚观	平遥县城区		公众购票游览参观
34	平遥言容堂木版年画制作中心		平遥县城区		个人自建，公众免费参观
35	陈氏面塑工作室		平遥县城区		个人自建，公众免费参观
36	和顺绣活	和顺县范素萍	和顺县团北村		家庭个人自建
37	文水鈲子传习所	文水鈲子传承人武济文	文水县岳村		个人自建，用于非遗项目传承交流
38	晋中国家级文化生态保护实验区非物质文化遗产展室	晋中学院	榆次区		地方高校教育机构，半开放式

这些非遗展示场所从建成主体看，主要分为以下三大类。

第一类是由政府文化部门负责建成的综合型展示场所，如孝义、汾阳、清徐、交城、太原等地由文化行政机构、文化事业机构、村集体建成的非遗综合传习中心，运用各种手段，对属于本行政区域内的非遗项目进行全方位展示，同时也设立可供非遗传人现场展示技艺的场地。这些综合传习中心的建设采取四种模式：第一种模式是把现有公共文化设施改造成综合传习中心；第二种模式是租用场地新建综合传习中心；第三种是联动模式，将非遗传习所设在旅游景区内；第四种是合作共建模式，政府与公司企业合作建成综合传习中心。①

第二类是由企业出资建成的单项非遗专题展示场所，展示规模与企业实力成正比，规模比较大的有山西老陈醋、汾酒、平遥牛肉、山西中医药等专题展示馆。规模较小的有晋派砖雕传习所等。

---

① 北京大学社会学系课题组. 晋中国家级文化生态保护实验区建设评估报告 [R]. 2016：14.

第三类是非遗传承人自建的商店、传习所或家庭非正式展馆，将非遗相关实物展示出来，与之有关的信息主要由传承人本人口头讲解给参观者，如果以销售为主，展厅往往是集非遗日常传承活动、作品展示、商业经营于一体的门店。

展厅内容的展示主要通过图片、文字、视频、实物等表现媒介呈现出来。综合性的非遗展厅通常是先介绍本地区历史文化和非遗方面的总体情况，再以非遗类别为逻辑次序排列展示本县所拥有的国家、省、市、县四级非遗项目和传承者相关信息。单项非遗主题展示则围绕该项目进行展示：第一部分是非遗项目内容简介，非遗项目的发展历史；非遗代代相传的过程；非遗制作或展演的过程；与非遗有关的各类实物；与非遗有关的民间传说、历史典故、诗文歌谣和书画作品；非遗项目的荣誉史及各种衍生功能；有关非遗项目的学术研究信息。第二部分则是关于非遗传承者的内容，传承者谱系、传承团体的发展历史、传承者传承非遗方面的历史和资讯信息。

以家庭为单位展开传承的非遗传承者，通常是把自己制作的非遗产品进行商品橱窗式的陈列，方便来访者参观的同时便于购买。这一类的非遗展示，平遥县做得最好。作为世界遗产旅游胜地，基于商业性质，平遥古城内的非遗传承人建成的商品展示橱窗都比较精致，有一定的艺术气息。

而一些商业性不强的戏剧、音乐、武术类非遗项目主要在传习所中进行展示。其展示工作主要是由传承人整理相关资料，将有关实物进行简单陈列，文字内容则以成本比较低的图版悬挂在墙上予以展示，有条件的会在来访者来时播放视频，面对重要的来访者，传承人会亲自表演自己所传承的戏剧、音乐和武术中的经典内容。

由上看出，保护区内建成的非遗展示场所，从建设主体、资金等方面为有关人员收集、调查各种形式的非遗载体创造了契机，展示是对已完成的非遗普查工作的进一步深化和整理，为普查中获得的非遗第一手资料提供了一个可以长久展示的保管场所，也为各级文化部门展开非遗方面的教育与宣传奠定了前期基础，更是利用非遗为后代留下宝贵的有形可见资源的一种方式。

受资金和信息方面的限制，保护区内博物馆专业设计的非遗展示场所并不多，以经济实力强的企业创办的非遗博物馆为主。绝大部分非遗展示场所是地方文化干部、传承人见解与思考的产物。在这一过程中，地方文化干部和传承人通常会到先期建成的类似场馆参观学习，然后照葫芦画瓢筹建起本地非遗展示馆。

三、晋中国家级文化生态保护实验区博物馆式非遗展示存在的问题

博物馆式的非遗展示场所的建设成为保护区内各级地方政府、非遗传承团体彰

显保护效果的重要手段，但暴露的问题削弱了非遗展示场所的功能，主要体现在以下两个方面。

第一，建馆难度大。在保护区内，由政府文化部门、村集体、个人建成的很多非遗展示场所，其建设动机主要源自上级下达的工作任务或者个人强烈的文化热忱和文化情怀，在完成展示场所基本设施的建设后，便把通过不同途径收集到的实物整理、陈列起来。在这一过程中，有的缺少资金和土地等方面的支持，场地空间局促有限，有的缺少日常运营资金，有的没有厘清非遗展示场馆的个人私有和公益文化之间的联系与区别。很多展示场所的负责人因缺少布展方面的专业知识，没有综合考虑与非遗有关的主题脉络、具体内容和形式、参观者的反应等因素，使已建起的展示场所在非遗信息的传递上并不科学，从而使参观者参观后对非遗的核心内涵仍无法深刻理解。

而且，在保护区内，大部分非遗展示场所不是对外开放传播理念下的产物，因此缺少与展示相配套的公共交通或专线车。其中仅有东湖醋园、华夏第一醋园、宝源老醋坊博物馆、汾酒博物馆、平遥城内的平遥牛肉博物馆作为旅游景点来经营，除位于市区的东湖醋园、平遥牛肉博物馆外，上述非遗主题旅游景点主要是通过与旅行社合作来吸引游客，因此游客类型通常是自驾游和旅行社的团体游客，没有交通工具的散客前往上述非遗展示场所极不方便。

第二，展示场馆对外开放程度不高，缺少维护场馆运营的专业人员。非遗展示的核心在于面向公众诠释非遗信息，那么非遗展示场所的建设就不仅只是硬装修和陈展，更离不开专业人才对展示场所的精心经营。保护区内已建成的非遗展示场所数量在逐年增加，但面向公众实现常态化开放的非遗展馆，主要有两类：一类是由实力雄厚的企业修建的非遗展馆，如老陈醋博物馆、汾酒博物馆等；另一类则是建在旅游景区内的场馆，如分布在平遥古城内的规模不一的非遗展示场所。

而其他县市由政府文化部门、村集体、个人建成的非遗展示场所还难以做到常态化开放，很多时候，公众要想参观，需提前联系，但不确定因素有很多。有的展示场馆由文化行政领导干部、工作人员以及企业内部人员主持和负责完成施工和装修相关工作，他们中很多人都是从其他部门转任而来，半路出家，一般工作人员更是如此，非遗和布展方面的专业知识均比较缺乏，再加上其主要职责并不是负责非遗展示，这种情况造成了目前建成的非遗展馆难以实现常态化的开放经营，更多时候，这类非遗展示场所更像个"仓库"。同时，随着保护区内非遗展馆的不断出现，现有与非遗有关的从业人员的专业素养、技能很难适应非遗展馆对外展示的管理需求，而在基层组织中，目前的人事招聘体制又难以保证招到所需的专业人才。

这些问题表明，博物馆式的非遗展示场所虽分布于县级地区，较之于大城市的博物馆,仍属新事物,主要作为政府文化部门和企业的工作成绩而存在,对非遗展示场所的开放性与公众间的关系缺少科学和长远规划,展示的功能远未实现,其建设及建成后的日常运营还没有形成比较成熟的机制和模式。

四、增强可参观性——提升博物馆式非遗展示功能

从保护区社会发展实际情况出发,非遗展馆是政府部门非遗保护工作的重要组成部分,也是呈现各级政府部门非遗保护工作最好的空间载体。好的非遗展示,还能提升地方荣誉感和推动旅游观光的发展,因此,那些已建成但近乎"仓库"的非遗展示场所,应尽快面向公众实现常态化开放展示,可从以下三方面改进这一状况。

第一,通过吸收专业人员或改变经营模式,设置专人负责非遗展示场所的开放运营。陈列非遗相关实物的展示场所,只有公众前去参观,才能真正发挥展示在非遗保护、信息传播、传承教育方面的作用。政府文化部门或个体在建成具有公益宣传性质的非遗展示场馆后,应在现有体制条件下,增加相应岗位,招聘具有相关专业知识的人员,或者从现有工作人员中选拔、抽调,进行必要的学习培训,专门负责非遗展示场馆的开放运作,建立起符合实际的管理体制,逐步实现公众可随时参观这些非遗展示场所的常态化开放,将非遗信息诠释、传递给公众。

第二,不断完善非遗展示场所的互动体验方式。很多非遗很难以静态性方式展示出其精髓,如传统音乐、戏剧和舞蹈等,都需观众亲自观看、体验和参与,在表演者和观众间产生互动。因此,非遗展示场所管理方应利用节假日及各类纪念日,配合特定的社会情境,举办非遗方面的各种形式的展演活动,如在传统节日可举办与节日有关的音乐舞蹈表演和节日特定用品的传统手工技艺展示,寒暑期举办适合青少年学习的手工类、表演类非遗兴趣活动,这能给非遗展示场所带来更好的公众体验,更直接地带动起与之有关的消费。

剪纸、面塑、小型游艺等都可以开展类似的互动形式,但必须重视优秀非遗传承人的参与,并精心策划互动活动细节,这是非遗展示与物质类遗产展示的根本区别。较之于实物、影像的静态展示,透过这些优秀非遗传人的现场展示和互动交流,公众对非遗的体验会更加真实和深刻,吸收到的非遗信息量会更大,对增强非遗在公众中的熟悉度可以起到事半功倍的作用。因此,保护区内各县非遗展示场所与非遗传习场所捆绑在一起建设能比较完整地展现非遗本质特性。

第三,完善周边配套环境和解说系统。要实现非遗展示场所常态化开放,需对场所周边区域的路线、交通等方面的配套设施进行规划和基础建设,以最大化方便公众前往参观,实现非遗展示场所交通可达性和公众前往时间的便利性。在此基础

上，还需完善解说系统，这是公众在非遗展示场所了解非遗必不可少的环节，也是非遗展示场所对外开放后产生影响的重要前提，同时也是保护区内许多非遗展示场馆缺乏的服务。卜琳认为文化遗产地解说系统分为场外解说和场内解说两大部分，场外解说是指在"文化遗产地边界线以外区域建立的对该遗产地及其周边环境的宣传和说明"，场内解说是指在"文化遗产地边界线以内区域建立的对该遗产地及其周边环境的宣传和说明"。① 借鉴这一观点，非遗展示场所的场外解说，其重点在于该场所的情况能进入各种信息传播渠道中，如地方形象宣传片、各类媒体新闻和各种印刷宣传品，以使公众尤其是地方民众知道其存在。在此基础上，配合展示场所中呈现的与非遗有关的图片、文字、音像等已有信息，精心编辑场内非遗讲解信息，将所展示的非遗最核心的信息由引导员讲解给参观者。除此以外，在场所内适当摆放和销售与非遗有关的印刷品，如宣传小册、图书及各类音像制品、各类纪念品等。

在当代，对非遗以静态实物陈列为主的博物馆式的展示，是向公众传递非遗信息和保护价值重要性的最直接的方式，对社会个体的观念和人生经验能产生重大影响。因此，应重视非遗博物馆式的科学展示，以推动非遗在当代及未来服务于人类，实现其价值。

---

① 卜琳. 中国文化遗产展示体系研究 [M]. 北京：科学出版社，2013：268 – 270.

第五章　晋中非遗旅游开发实践

第一节　晋中非遗旅游发展现状

目前，旅游是世界上规模最大的产业之一，文化旅游尤其是文化遗产旅游，在全球都呈现出日益增长的趋势。近年我国民众旅游消费也呈爆炸式增长。通过旅游推动非遗的传承与发展，成为非遗研究热点之一。目前对非遗与旅游的研究主要集中在非遗与旅游业结合的重要性及开发原则，非遗社区利益如何在旅游市场中得到保障，以及通过旅游开发非遗时对非遗原真性、传承语境等问题的学术讨论[1]，在此基础上，大量研究就如何实现非遗与旅游双赢提出了建议、对策。[2] 有的研究批评旅游使非遗表现形态变得庸俗化、表演化，导致非遗不再是社区民众自发传承的文化形态，如韩国学者金光亿对韩国和我国文化遗产旅游景点进行考察后提出，随着旅游的发展，当地的文化被当作商品化的物品以"表演"的方式供游客观赏，当注重新设计的文化遗产进入外国游客旅游视野时，也就仅剩毛皮，失去了当地主体性骨肉文化，成了一件事情、一个物品。[3] 在学者不断对非遗旅游开发进行反思的同时，我国的导向是鼓励非遗与旅游结合起来发展，这一思路已被写入国家层面的

---

[1] 易小力. 文化遗产与旅游规划 [M]. 北京：北京大学出版社，2014.
[2] 在中国知网以"非遗"和"旅游"为题目关键词进行模糊检索后，论文数量为950多篇，其中绝大多数论文以讨论我国各地非遗旅游开发的策略、路径、方式为主要内容。
[3] 金光亿. 实践中的文化遗产：看文化不见人 [J]. 西北民族研究，2018（4）：70-79.

各类规划、指导意见和办法中①。学者对包括旅游产业开发在内的非遗商品化的警惕和反思是有必要的,但同时有必要对非遗如何成为游客消费的旅游商品的转变过程展开研究,思考如何通过旅游推动非遗的良性传承。

学界公认的旅游定义是:人们离开惯常生活状态前往另一个地方进行与休闲娱乐放松相关的"吃住行游娱购"的行为。文化遗产旅游是"个人或群体对具有普遍价值的、代表性特征的人类遗存,以感知或接纳为个人遗产的方式或视角,所开展的观赏与体验活动"②。非遗旅游归入文化遗产旅游类型下,是文化旅游形式的一种,希拉里·迪克罗(Hilary du Cros)和鲍勃·麦克彻(Bob McKercher)在合著的《文化旅游》中指出,人们有时会忽略这样一个事实,文化旅游首先是旅游的一种形式,是用"文化"来修饰旅游,当"文化旅游"用于某一目的地的文化或遗产资产时,指导其运作的原则与驱使任何其他形式的旅游的原则是相同的。旅游是一种商业活动,包含对体验的消费,是娱乐,是一种由需求驱动的、难以控制的活动。同时,成功的旅游发展与旅游目的地吸引物、旅游目的地的可进入性、游客等因素密切相关③。本章在借鉴上述旅游概念界定、旅游运作理论的基础上,对基于旅游这个特定背景而不是其他产业背景下的晋中地区非遗开发与利用展开阐释。

晋中国家级文化生态保护实验区不仅有大量富于地方特色的非遗在传承,也早已成为海内外知名的旅游热门目的地,最具代表性的是世界文化遗产地平遥古城,其次是祁县乔家大院、介休绵山风景旅游区,以及灵石县王家大院、榆次常家庄园、榆次老城等,再加上其他古建筑景点,组合成为晋商民居旅游热点路线。2019年上半年,晋中市接待国内外旅游者人数达4468.7万,同比增长18.8%;旅游总收入458.6亿元,同比增长17.3%④。海外游客、创汇、国内游客、国内收入、总收入五项指标绝对值都居山西第一。依托晋商民居大院、古城、古街区等旅游景点对晋中非遗进行旅游开发,是晋中非遗旅游的主要模式。非遗如何成为这些旅游地的组成部分,为游客所消费,其可借鉴的经验和可改进的地方有哪些,今后应如何发展,对此展开研究,有助于我们进一步思考和审视旅游发展背景下的晋中非遗传

---

① 2017年4月,文化部《文化部"十三五"时期文化产业发展规划》;2018年9月,中共中央、国务院《乡村振兴战略规划(2018—2022年)》;2018年11月,文化和旅游部等17部门《关于促进乡村旅游可持续发展的指导意见》的通知(文旅资源发〔2018〕98号);2018年12月,中华人民共和国文化和旅游部令第1号《国家级文化生态保护区管理办法》。

② 易小力. 文化遗产与旅游规划[M]. 北京:北京大学出版社,2014:7.

③ [澳]希拉里·迪克罗,[加]鲍勃·麦克彻. 文化旅游(第二版)[M]. 朱路平译,北京:商务印书馆,2017:131.

④ 赵丽. 2019年上半年晋中市经济运行情况[EB/OL]. (2019-07-20). http://jz.sxrb.com/GB/314714/9433760.html.

承与开发。

一、适宜旅游开发的非遗项目

结合旅游的定义，非遗旅游主要指以非遗作为旅游吸引物，以特定的手段，能够满足游客游览观光、消遣娱乐、强身健体和求知等旅游需求。在这一界定下，并不是所有的非遗项目都适合被直接开发为可供旅游消费的对象，保护区内已被纳入国家、省、市、县级的非遗代表性项目中，主要是民间传说、传统工艺美术、传统手工技艺、民俗类尤其是节庆类非遗项目适宜成为旅游开发的对象。以晋中最为热门的旅游地平遥县为例，截至 2018 年，全县有 71 项非遗代表性项目，其中三类非遗项目成为平遥古城旅游消费商品：第一，传统工艺美术类非遗项目——平遥漆器髹饰技艺、泥塑、剪纸、木版年画、纱阁戏人；第二，传统手工技艺类非遗项目——布鞋传统制作技艺、宝剑铸造技艺、六合泰透气枕制作技艺、平遥牛肉传统制作技艺、平遥碗脱制作技艺、晋升油茶制作技艺、长昇源黄酒制作技艺；第三，以传统节庆为主的民俗类非遗项目，如平遥中国年。粗略统计，成为旅游消费对象的非遗项目数量有 13 项，约占平遥县非遗项目总数的 18%，比例不大。除在特定时节以活动经济形式出现的一些传统民俗活动外，在平日的平遥古城旅游景区内，游客通过实体商店、博物馆、居家展室、餐吧等物质场所，可以直接接触到那些由政府认定的代表性传承人或单位制作的手工艺类非遗项目。

而综观整个保护区，非遗与旅游结合的程度实际上仍比较低，大部分非遗传承人并没有以旅游业为生，而是以民众业余兴趣爱好、服务地方民众生活和市场等方式传承非遗。

二、晋中非遗的旅游开发形式

非遗必须经适宜的形式进行转化、加工后才能成为游客观光、消费的对象。目前晋中非遗的旅游开发形式主要有以下六种。

（一）非遗专题博物馆

2007 年 8 月，国际博物馆协会在奥地利维也纳通过的《国际博物馆协会章程》界定博物馆是一个为社会及其发展服务的、非营利的常设机构，向公众开放，为研究、教育、欣赏之目的征集、保护、研究、传播、展示人类及人类环境的有形遗产和无形遗产。在保护区内，已有不少非遗博物馆陆续建成[①]。2018 年晋中市在市级博物馆内开设了专门的晋中非遗展示馆。值得注意的是，这些非遗博物馆并不全都

---

① 晋中国家级文化生态保护实验区非遗博物馆建设情况见第四章第四节内容。

是面向游客的，其中以旅游消费为主的非遗博物馆主要有以下两种类型。

第一类是建在厂区内的非遗博物馆或展示馆。较早建成的有太原东湖醋园、山西汾酒博物馆和清徐县"水塔"宝源老醋坊博物馆。这三个博物馆分别位于山西省太原市区内、吕梁汾阳市、清徐县杨房村，分别由山西省老陈醋集团、山西省汾酒集团、山西省水塔老陈醋有限公司投资建成，均建在工厂生产区内，分别于2000年、2007年、2008年向游客对外开放，都已成为国家4A级工业旅游景区。其中，东湖醋园占地2000多平方米，汾酒博物馆占地9000多平方米。2004年，"东湖醋园"获得国家旅游注册商标，成为国家旅游局公布的333家"首批工农业旅游示范景点"之一。

这三家以老陈醋、汾酒为主题的博物馆陈展大同小异，以仿古建筑为物质空间载体，以文字、图版、实物、虚拟实景等形式相结合，再现了山西老陈醋和汾酒的悠久历史、酿造材料、传统酿造工艺流程、酿造器具及农业生产器具、盛放和饮用器具，与醋、汾酒有关的饮食养生方式。同时，展示了历代与醋、汾酒有关的诗词文赋、碑刻铭文和著名书画。在此基础上，对企业文化、发展历史也进行了弘扬性的展示。由于建在厂区内，游客还能参观真实的生产工艺环节，主要是自动包装工业线，游览的最后环节是销售产品。与物质类博物馆不一样，鉴于非遗的活态特征，这些博物馆会有传承人现场展示工艺环节的场景，引人驻足参观。

上述非遗专题博物馆采用了专业规范的博物馆陈列方式。而于2017年正式对外开放、位于山西清徐县马峪乡仁义村马峪葡萄酒厂内的中国清徐葡萄文化博物馆与上述博物馆的陈展方式不同。该博物馆的陈设思路和创意思路，主要出自创办人王计平及员工之手，以实物、文字、图片及虚拟场景形式比较全面地展现了清徐县葡萄种植历史、葡萄酒酿造及经营历史，文化信息巨大。具体内容有以下方面：一是透过地契、水契、种植工具（葡萄架支柱、苇勒、马莲绳、横杈、镰刀、鸡梢条方筐、高筒圆筐、翘尖扁担、打苇勒车、浅子等）、收割工具生动地展现了清徐葡萄种植历史、葡萄树的年龄、种植方法，其中一张葡萄地地契是乾隆五十二年（1787）的，距今有230多年历史，还有民国年间孔祥熙购买孔氏葡萄园的相关物证。二是通过玻璃瓶中的葡萄标本展示了清徐葡萄的传统品种，有记载的清徐县葡萄品种有160余种，展厅展出专门用于酿酒的霞多丽、赤霞珠、蛇龙珠、品丽珠、烟73、烟74等和仍在种植的龙眼和黑鸡心葡萄等60多种标本。在此基础上，以虚拟场景再现清徐独特的炼白葡萄酒①酿造方法。三是通过展示历史上的各类葡萄酒

---

① 该酒有着光荣的历史，1949年夏，中华人民共和国成立在即，周恩来总理在筹划中国人民政治协商会议第一届全体会议和开国大典时，特别指出届时举杯所用的葡萄酒必须是中国产的葡萄酒，要求华北局办理此事。华北局又委托华北露酒公司承办。清徐县炼制的白葡萄酒、红葡萄酒和汾阳杏花村酒被专运回京，以供会议专用。

酒标、买卖结账本、经营合同及百年橡木桶、酒坛、葡萄酒缸等，呈现清徐葡萄酒生产经营史，其中一件是博物馆主人花5万元高价从古董商手中淘回的清徐县益华公司简章，简章内容记载了1921年10月10日清徐县益华酿酒股份有限公司成立的事件，是清徐进入规模化生产葡萄酒的最早资料证明。

主办方还从晋中民间社会搜集大量含有葡萄元素的砖雕、木雕、石雕、剪纸等民间工艺品并加以展示，展现晋中民间社会对葡萄在文化层面的理解。更有趣的是，博物馆对曾经使用过的各类葡萄生产及酿酒工具展开创意性陈展，用收割葡萄的镰刀、铲刀、铁丝在墙上形成一幅乐谱图。废弃的葡萄酒橡木桶、钢架与电机组装在一起，变成了奇特而巨大的"地球仪"，勾勒出全球适合葡萄栽培的北纬38度黄金线。

游客参观完毕后，还会在讲解员的带领下前往品酒厅，一边了解品酒器皿、品酒顺序、葡萄酒的分类、品评标准，一边品尝红酒。

第二类是建在平遥古城内的非遗博物馆。最有代表性的是平遥古城内的平遥文涛坊古兵器博物馆①、平遥牛肉博物馆（免费）、晋福祥鞋文化博物馆（免费），这三个非遗主题博物馆均在平遥古城内选定一处院落，由企业投资对院落进行改造装修建成，分别于2010年、2015年、2017年建成并对外开放，配有讲解员，以文字、大图版、实物陈展的形式面向游客传播古代刀剑、平遥牛肉、传统手工制鞋技艺方面的历史文化。

平遥文涛刀剑坊又称中国古兵器艺术博物馆（以下简称"文涛刀剑博物馆"），位于平遥古城西大街，占地面积2000余平方米，内设六个展馆和五个作坊，以各种刀剑武器实物、投影、图片、浮雕、陶瓷、油画等形式，系统展示了自原始社会至抗战时期的兵器文化和历史，图文并茂呈现了平遥历史上发生过的重要战争事件，如西周尹吉甫在平遥驻兵构筑城墙、北宋平遥人民抵抗金将粘罕进攻等。同时展示了文涛刀剑制作的精品，五个作坊通过匠师演示操作，全方位再现了古兵器制作的冶炼、锻造、研磨、雕刻的工艺流程。

牛肉博物馆位于平遥古城北大街，于2014年5月开始建设，总投资5000万元，总建筑面积3320平方米，展览内容分为序厅（天下晋商）、平遥历史文化厅、平遥牛肉传承技艺馆、兴盛雷厅、平遥牛肉之父雷金宁厅等16个展厅，主体内容分为三个部分：第一部分是以历史为脉络，将收藏的我国各时期与农业生产、畜牛、养牛有关的实物分类后陈展出来，呈现出时间线性的特点；第二部分是展出平遥牛肉传统制作技艺"相、屠、腌、卤、修"的传承历史，以大图版形式展出与平

---

① 被纳入平遥古城通行门票参观的景点范围内。

遥牛肉有关的北魏时期"煮前腌制"和宋朝时期"急煮慢焖"由来的民间故事，牛肉名称与牛身体部位对应关系，将宰牛、煮牛、卖肉等工具实物分类陈展，并采用人物蜡像、仿造传统作坊、店铺等方式还原旧时牛肉铺、百姓享用牛肉的情景；第三部分是用图片、文字形式对平遥牛肉老字号及东家、掌柜和当代平遥冠云牛肉企业发展历程展开介绍。游客在讲解员引导下参观完毕后，顺着游览路线来到销售平遥牛肉的场所，自行选购牛肉商品。

晋福祥鞋文化博物馆选址在平遥古城北大街小巷一处私人宅院内，博物馆约1000平方米，陈展从中华鞋祖孙膑的故事讲起，对鞋的起源及发展历史和众人皆知的胡服骑射、各类绣花鞋文化寓意、三寸金莲鞋及各种鞋样工艺品进行了比较全面的展示，展出手工纺线锤、针锥等制鞋工具，还原手工制鞋场景。而另一个馆内则主要展示晋福祥制鞋企业的发展历史，同时销售晋福祥手工布鞋，还展出了游客选用鳄鱼皮、蛇皮等定制的手工高端皮鞋的现场制作场景，这些鞋由馆长王国中亲自制作。在展馆外，还挂有很多含"履"字的旧匾额，均是从山西民间搜集而来，向游客进一步展示由鞋衍生出来的传统文化底蕴。

这三家博物馆都是利用平遥古城民居宅院作为展示场馆，民居内部场所被改造为现代风格的展览空间，但外部建筑保留了平遥传统民居风貌。由于位于平遥古城的旅游景区内，除了刚开放的晋福祥鞋文化博物馆还没为游客熟知外，得益于平遥古城的旅游知名度，无论是免费参观的平遥牛肉博物馆，还是需要景区通票的文涛刀剑博物馆，游客量均比较大。

这三家以平遥牛肉、鞋、刀剑传统制作技艺为主题的非遗主题博物馆，与平遥古城内其他历史文化博物馆如晋商镖局、票号等一起成为平遥古城世界遗产博物馆群的组成部分，展览所具有的知识性、可游性、现代视觉感，使其成为一种把地方文化传递给游客的比较可行且令游客愉快的方式。由这些传统技艺制作的物品原是晋中地区民众常用的生活用品，但通过博物馆将其背后巨大而丰富的文化内涵借由各种实物、陈展手段集中展现出来，正好符合游客旅游过程中对"新奇"感觉的追逐和体验，激起了游客对相关产品的消费欲望，拓宽了其市场。可以看到，建成时间较早的平遥牛肉博物馆、文涛刀剑博物馆都在古城内设立有专卖店，同时这种形式也使旅游对当地文化的冲击相对降低。

在平遥，为适应旅游业的发展，一些非遗传承个体仿照博物馆形式在自家庭院中将自己制作的非遗作品进行简单展示，但较少用图片、文字等形式呈现信息，在游客参观时，主要由传承人本人口头传递相关信息。

较之于其他形式，在晋中，专题博物馆是非遗面向游客的主要形式。这些建在工厂厂区内和景点内的非遗专题博物馆通过对非遗展品的精心陈列，使其以一定的逻辑关系串联起来，在展示空间、视觉层面构建起一项非遗项目在行业、历史沉淀、传承谱系、代表作、技艺方面的全方位知识体系，使非遗从形式上完成了以知识性教育宣传为主的博物馆化转变，由此来阐释非遗的价值，向游客传递其所想表达的文化意象，推动非遗的传承与延续。博物馆中关于非遗的高密度知识和较强的视觉感往往会让游客大开眼界，对自身感兴趣的内容留下深刻印象，在公开展示的基础上，附加商业销售的功能。

（二）非遗主题园

这主要是指集非遗文化展示与产品售卖相结合的主题公园，较之于博物馆，主题公园有比较大的户外活动空间。在晋中，目前有两家非遗主题园——山西老陈醋集团建成的老醯醋博园和平遥县唐都推光漆器有限公司建成的唐都推光漆器文化创意园。

老醯醋博园位于榆次工业园区，占地127661平方米，总建筑面积74054平方米，是山西老陈醋集团筹建的国家级非遗生产性保护基地，也是山西以醋为主题的新型综合性特色生态工业园。该园于2013年6月开放，截至2015年，接待旅客20多万人次，收入5000多万元。除了新型液态醋发酵中心、技术研发中心外，其他区域都被建成用于休闲旅游的醋博园，建筑面积15000平方米，包括山西"谷醋博物馆"、醋疗养生园、醯祖文化展示堂、山西老陈醋传习所、醋窖、宣传养生知识的五行养生园、醋疗体验堂、全自动化立体仓库、整体现代化生产线、老醋食府等，是以"美和居"老陈醋酿制技艺为核心，集山西老陈醋生产与科研、健康、养生体验、旅游、餐饮住宿于一体的综合性生态工业园区。

唐都推光漆器文化创意园建在平遥古城内，于2012年开始建设，属于边建边开放式的非遗园区，其总体布局是集生产销售、展览收藏、研发设计、旅游观光、创业孵化、漆树种植于一体，建成"一馆一园七大基地"（中国推光漆器博物馆、漆树种植生态园、传统手工制作基地、文化旅游商品基地、全国工艺美术院校实训基地、大漆使用推广基地、漆艺文化学术交流基地、4D奇幻文化基地、文化产业示范基地）。目前，面向平遥古城游客开放的园区主要是漆器生产工作室、平遥漆器销售厅和平遥漆器珍品收藏厅，年接待游客在80万人次左右。

此类非遗主题园区户外场地空间很大，展示了与非遗有关的晋中人文历史、民风民俗，可供大量游客参观，甚至提供住宿和餐饮，游客参观浏览时不会有拥挤感。主题公园内还能举行一定规模的文化活动，以聚集人气。从旅游的角度看，此类主题公园的日常客流量并不大。

（三）非遗商店——传统柜台式销售

这类商店主要设在景区内，出售非遗产品，绝大多数为传统饮食和传统工艺类非遗项目。晋中很多热点旅游景区内均设有销售与非遗有关的旅游纪念品商店，如祁县乔家大院、灵石王家大院和平遥古城。其中，平遥古城旅游主景区成为世界遗产地前一直是该县的商业街区，成为遗产地景区后，因游客容量较高，平遥纳入各级非遗名录的晋升油茶、黄酒、平遥牛肉、曹家熏肘、碗脱、漆器、木版年画、宝龙斋传统布鞋、宝剑、透气枕等产品在古城街区内均设有商店门面。2018 年 8 月，笔者对平遥古城从北大街到东大街沿街开设的非遗产品店铺进行粗略统计，发现销售山西老陈醋、汾酒、平遥牛肉、平遥漆器的店铺较多，其他传统手工技艺类非遗商店一般是 1 家。这两条街开设的店铺有 138 家，其中专营汾酒的店有 11 家、老陈醋的店有 4 家、平遥牛肉的店有 11 家、平遥漆器的店有 10 家，同时销售汾酒和老陈醋的店有 15 家，同时销售汾酒和老陈醋、平遥牛肉的店有 6 家。

这些商店由售货员吆喝招揽，用熟练的语言向凑近的游客讲解销售的产品。有些商店如平遥"永隆号"漆器店铺利用庭院，以"前店后厂"的形式展开，临街门面摆放各类漆器商品，在后院各个房间中则呈现正在进行的漆器生产情景，游客可以随意参观欣赏，向工人提问题，展开简单的互动。

（四）传统节庆旅游

传统节庆和仪式是非遗重要的类型之一，在民俗范畴中，传统节庆的仪式感通过节庆装饰、饮食、表演活动呈现出来，这些内容均有着与日常不同的表现形式和视觉效果，成为社区民众表达、分享集体情感的文化载体。在保护区内，目前主要有平遥中国年和介休绵山清明寒食节两个传统节庆旅游项目，二者均已在全国形成品牌效应。

在晋中，春节、元宵节期间的民俗活动最具视觉感，挂灯笼、贴对联和窗花、穿新衣、看灯、包饺子是春节期间晋中地方民众集体一致的行为，唱晋剧祁太秧歌、背铁棍、舞龙、游旱船、大头娃、二鬼摔跤、踩高跷等街头游艺社火活动由来已久。晋中民众在春节期间的传统活动，也逐渐成为当地景区的特色旅游活动内容，为吸引更多游客前来，晋中各大旅游景区都会在春节期间组织人员表演这些传统社火活动。

平遥古城成为世界遗产地后，以传统民居客栈和街区为依托，以春节期间晋中传统活动为吸引点，从 2000 年开始策划平遥春节旅游主题内容，一年一个主题口号，如"我在平遥过大年""平遥中国年""红红火火过大年""2018 世界的平遥·我的家"。平遥县同时对地方文化资源有意识地进行了旅游开发和规划，一是通过春节亮化工程、街头社火、晋剧祁太秧歌表演活动让游客感受春节传统；二是提倡平遥古城内的客栈经营者与游客一起布置客栈，推出吃年饭、包饺子、写春联、贴窗花、点旺火等传统年俗活动，使游客在旅游过程中感受晋中春节节庆氛围，与体验平遥传统民居结合起来，感受真正的晋中本土文化。最终平遥县成功打造了以平遥古城景区为核心的"我们的节日·春节"传统节庆旅游品牌，游客大增。据平遥县旅游部门统计，2018年2月15—21日，全县接待游客43.01万人次，同比增长37.54%。其中，2月19日、20日游客流量达到高峰，日接待游客超过9万人次①，平遥县成为我国春节期间最火爆的旅游目的地。2019年"我们的节日·春节——平遥中国年"以"开放的平遥欢迎您"为主题，在2019年1月28日至2019年2月20日（腊月二十三至正月十六）举办，游客在街头可以领略到竹马、狮舞、高跷、抬阁等传统社火风采；在景区客栈看春晚，写春联，听戏曲，包饺子，到平遥文化艺术中心逛年俗文化展览，寻找记忆中的过年味道。其间，平遥县共接待游客45.39万人次。②

晋中介休绵山景点以春秋时期割股奉君的介子推历史人物传说为基础，在绵山自然景观的基础上，修建了一系列与介子推故事、传说及寒食节、清明节有关的人造景观，如中国寒食清明文化博物馆、介公岭、介公墓、介子祠、哀号坡、子母亭、雅韵亭、柏树岭等。景区管理者通过召开多次学术研讨会、邀请冯骥才等文化名人参会、出版图书、旅游宣介等方式不断向外界传递介休绵山与介子推人物传说内涵的关联，将绵山打造成中国清明节（寒食节）发源地。随着清明节成为我国法定假期，介休绵山风景区的知名度越来越大，2011年介休市将"清明寒食习俗"成功申报为国家级非遗代表性项目，也将它作为介休绵山景区对外进行旅游推介的重点内容，近年来游客人数和门票收入每年都在增长。2018年介休绵山举办了以"寒食源地品寒食，清明绵山踏青行"为主题的寒食清明文化旅游节，推出了直升机首飞仪式、民俗文化展演、品寒食、介公祠清明寒食公祭大典等活动，由此还带动了张壁古堡的清明节旅游，附近景点张壁古堡打造了"清明寒食风情一条街"，举办了折柳、蹴鞠、投壶、射箭、骑马放鹰、吴桥杂技等表演活动。③

（五）游客即时消费和可携带的非遗产品

在晋中主要旅游景区内，游客能即时消费和带走的非遗产品主要是传统饮食、传统工艺美术和传统手工艺类产品。

---

① 平遥古城春节期间游客数领跑全省景区［EB/OL］．（2018-02-25）．http://www.sxrb.com/sxxww/xwpd/dsxw/7324225.shtml.

② 平遥古城春节期间接待游客45.39万人次，"平遥中国年"受关注［EB/OL］．（2019-02-11）．http://www.sohu.com/a/294058043_606432.

③ 2018年清明节山西旅游共接待游客807.22万人次，旅游收入37.96亿元！［EB/OL］．（2018-04-23）．https://www.sohu.com/a/229118836_545092.

1. 地方传统饮食旅游消费

在保护区内,很多能生产可携带产品的传统饮食制作技艺都已被纳入各级非遗名录中,但为游客所熟悉和消费的主要还是汾酒、老陈醋、平遥牛肉、传统油茶、太谷饼、黄酒。作为早已为海内外民众所熟悉的山西知名特色产品,在每一个个体商店售卖的价格不一,视商店位置、经营情况而定。在东湖醋园、宝源老醋坊等老陈醋主题博览园中,面向游客推荐和销售的传统手工酿制老陈醋每千克售价在 150 元上下。博览园中还有各式特色包装的老陈醋,都是在一般生活区域内很少见到的老陈醋产品,可以说是特制的老陈醋旅游纪念品。一份旅游攻略中给出的一份平遥特产表[①]基本反映了这些非遗特色产品在平遥古城内的销售价格(见表 11)。

表 11 平遥当地特产(大致消费)

特产名	销售价格
散称延虎牛肉	55 元/斤
推光漆器(普通版)	150 元/个
威壮长山药粉	16 元/袋
200 克袋装曹家熏肘	20 元/袋
晋升油茶	13 元/袋
手工老陈醋(十年)	30 元/袋
200 克袋装冠云牛肉	26 元/袋
散称冠云牛腱肉	74 元/斤
手工剪纸(普通版)	2~20 元/张

除此以外,晋中各县都有本县独有的手工面食和特色菜肴,莜面栲栳栳、平遥碗脱、介休特有面食"甩旦旦"和特有蔬菜"银条菜"、祁县风味美食贾令熏肉、过油肉等都出现在平遥古城、祁县乔家大院、介休张壁古堡等景区周边的餐馆中。这些特色饮食与山西陈醋和酒一起品尝,往往是游客必不可少的晋中地方美食体验[②](见表 12)。

---

① 平遥古城旅游要花多少钱?这有一份花费明细 [EB/OL]. (2018-08-10). http://www.sohu.com/a/246411099_100204784.

② 平遥古城旅游要花多少钱?这有一份花费明细 [EB/OL]. (2018-08-10). http://www.sohu.com/a/246411099_100204784.

表12 平遥当地特色小吃（大致消费）

小吃名	销售价格	推荐地点
凉拌碗脱	10元/盘	平遥会馆小吃店 天元奎小吃店
炒碗脱	18元/盘	
拔丝长山药	28元/盘	
干煸栲栳栳	18元/盘	平遥会馆小吃店 天元奎小吃店
过油肉	28元/盘	
平遥牛肉	48元/盘	
油糕	15元/盘	
拨烂子	15元/盘	
手工月饼	10元/3个	明清街小吃街
水煎包	16元/份	
沙棘汁	10元/3瓶	
捞豆腐	2.5元/碗	
香草肉	5元/个	
平遥各色面食	12元/碗	又见一面（又见平遥剧场旁）

2. 便于游客携带的晋中传统手工技艺产品

地方特点鲜明的传统手工艺品一向是最为游客欢迎的旅游纪念品，好的传统手工艺品会让游客随着时间的流逝对旅游地的记忆变得更加美好。从游客消费角度看，晋中传统手工技艺产品可分为以下两大类。

第一类是保护区内许多被纳入非遗范畴的传统民间艺术传承人的作品。传承人往往技艺精湛，其产品品质一流并且具有很高的艺术和收藏价值，相应的价格也极高，这些产品通常不是普通游客所能消费得起的。旅游景区展示和销售这类产品，更多的考虑是借用旅游带来的人流量，通过文化传播和交流，增加其知名度、美誉度，拓宽其潜在的顾客群。晋中传统刺绣、民间木雕、石雕、石刻、传统家具制作技艺、平遥漆器、平遥传统金银器制作技艺、平遥文房刻铜技艺等产品的展示和销售均属这种情况。如平遥县传统手工技艺非遗传承人刘兴东制作的传统金银器、王维民手工制作的文房刻铜作品独具文化特色，也十分便于游客携带，但由于以黄金和铜为材料，手工制作过程费时费力，定价较高，客户往往是懂行的圈内人，因良好的口碑而来，而不是前来观光的普通游客。

而且，有的非遗传承人擅长制作的手工艺品并不是大多数游客所感兴趣和想购买的，如专用于庙宇的传统雕塑神像，不属于游客消费的选择对象。因此有的非遗传承人鉴于景区高昂的店铺租金，在拥有一定的知名度后，就不在景区设门店或将门店搬离景区核心位置。在笔者的调查中，平遥推光髹饰漆器技艺代表性传承人暨工艺美术大师薛生金、梁忠秀都在平遥古城景区外展开漆器传承和交易。不仅如此，对于这些拥有很高传承水准并且坚持手工制作的匠人，旅游的发展反而会对其形成不利影响，甚至威胁到传统手工技艺类非遗项目的代际传承。

一方面，面对旅游带来的巨大经济利益，很多运用现代工艺生产的商品涌入旅游地，在政府监管薄弱的情况下，经常出现鱼目混珠，扰乱非遗良性传承的情况。在平遥古城旅游如日中天的情况下，针对不同层面的游客，销售平遥漆器的店铺布满了平遥古城大街小巷，都声称采用了传统工艺，价格从百元到上万元不等，一般游客很难分辨出这些漆器是传统手工制作还是机器制作的。从非遗传承角度看，需从制作原料、工艺手法、美学风格等方面进行甄别，从而确定哪些平遥漆器产品能归入非遗范畴，但出于经济利益的考虑，这一做法很难在旅游景区销售漆器的商家中推行。

另一方面，可观的旅游业经济利益还会对非遗的代际传承带来负面影响。平遥传统金银器制作技艺传承人刘兴东的困扰在于他招收的学徒总是留不住。由于平遥古城游客量十分巨大，古城街区开设了很多家黄金珠宝销售门店，商家十分明白"手工""传统"等术语对游客购买行为的无形影响力，因此，以高薪为引诱，商家邀请刘兴东及他的徒弟在店内现场表演打制金银首饰，吸引游客进店观看，实际上主要售卖的是非手工制作的金银首饰。在这种情况下，刘兴东收的徒弟在薪酬的引诱下往往很难坚持跟着他一直学下去，许多徒弟中途离开他进入珠宝店工作，作为师傅的他深感浪费心血。

第二类是可以与大众旅游紧密结合的传统技艺产品。这类产品原料低廉、制作时间快，价格在千元以下，在大众游客可以承受的消费能力内，主要以刺绣、布艺类、剪纸、面塑、微缩泥塑和微缩砖雕为主，造型特点鲜明，很吸引游客。在调查中我们发现，继承祖上手工制鞋技艺的非遗传承人将自己制作的手工布鞋推向了平遥古城旅游景区，如平遥宝龙斋侯天龙的"二鼻子鞋"①，古朴的传统样式，舒适合脚的优点，有别于平时常穿的鞋子样式，符合游客追逐"新奇"的特点，使游客在平遥旅游过程中看到了与平时不一样的手工布鞋。

作为易于携带的工艺品，剪纸在旅游景区内最为常见。在调查中笔者注意到祁

---

① 平遥宝龙斋布鞋：一针一线密密缝百转千回手上功［EB/OL］.（2017-06-09）. http://www.sohu.com/a/147494735_719534.

县乔家大院、孝义三皇庙都开设了面向游客经营的剪纸商店。在平遥古城内开设店铺的温涛剪纸则是手工剪纸与旅游密切结合的典型个案。传承人温涛①是平遥本地人，自小跟随外婆耳濡目染学剪纸，能脱稿冒铰②，她的剪纸有着鲜明的自我个性。21世纪初从工厂下岗后她开始在平遥古城景区出售剪纸，在长期与外来游客交流互动的过程中，她不仅能用剪纸表现平遥古城景点风貌，更熟悉游客对剪纸的不同审美趣味，在熟练掌握剪纸技艺的基础上，在剪纸所用的纸的颜色、图案造型、拼贴装裱方面进行了大胆创新，形成了先染纸后剪图案的独特风格。由于剪纸便于携带，因此深受外国游客喜欢，外国游客愿意高价购买一张成人巴掌大的剪纸。

还有一些晋中传统技艺传承人将晋中旅游景区的特色内容表现出来，做成具有"定制"性质的旅游纪念品，如：平遥民间雕塑艺人以平遥双林寺泥塑像为蓝本，按一定比例缩小后捏出双林寺韦陀、自在观音等微缩塑像；灵石县灵尚刺绣以灵石县知名景点王家大院的标志风景为图案，运用传统刺绣技法，推出了三四种王家大院风景刺绣画，成为充满灵石地方特点的高端旅游纪念品。

晋中各县晋商大贾留下的民居大院的砖雕建筑造型既是重要的旅游看点之一，也成为当代传统砖雕技艺的重要借鉴。太谷县"晋砖世家"砖雕传承人对晋中各个民居大院现存砖雕、石雕、木雕建筑装饰进行了仔细研究，汲取造型灵感，在尺寸上按比例缩小，制作出了一系列便于携带的充满文化寓意的微缩砖雕工艺品；借鉴晋中民居大院各式门座装饰造型，缩小后制作成书挡砖雕工艺品；借鉴石椅造型，缩小后做成笔筒砖雕工艺品；借鉴墀头造型，缩小后做成花瓶砖雕工艺品；还有一系列微缩的影壁、磨盘、院门等砖雕工艺品。这些砖雕微型工艺品出现在乔家大院、常家庄园等景区旅游纪念品商店内。

在调查中我们还发现，一些传统手工技艺非遗项目在旅游促销上也有自己的特点，销售方在旅游区内会做一个按比例放大的产品模型来吸引游客的眼球。在平遥古城旅游景区内，平遥冠云牛肉博物馆在门口立了一块形似牛肉的巨石，石头上刻有"平遥牛肉博物馆"字样；很多汾酒和老陈醋商店则会竖一个近2米高的玻璃酒瓶和陶制黑色大醋缸，酒瓶醋缸均是山西汾酒和老陈醋所使用的大众经典样式，辨识度很高；晋福祥鞋文化博物馆和宝龙斋布鞋分别制作了近2米高的巨型皮鞋和布鞋，声称用纯手工完成。在客流量大的景区，这些立于展馆和商店一侧或橱窗中的巨型样品很能吸引游客注意。

---

① 温涛，女，1961— ，平遥县剪艺园主人，温涛剪纸是市级非遗代表性项目。
② 指剪纸能手不用在纸上先勾出图案就能完成剪纸。

（六）面向游客的个性化、特色化制作

在调查中，我们在平遥古城旅游景区中发现了两位针对游客现场即兴施展手艺的传承人，他们都有自己的门面。前文提及的剪纸传承人温涛擅长在极短时间内剪出游客头像，这是其剪纸生意的一个重要手段，也成为游客到平遥古城购买旅游纪念品的重要选择。另一个案例则是张荣现场给游客用泥巴捏制人物肖像，人像基本在 20 分钟时间内完成，惟妙惟肖。① 这两位非遗传承人分别在剪纸和泥塑传统技艺方面有着良好的功底，在平遥古城景区与游客经过长期的互动和磨合，分别掌握了剪纸和泥塑迅速艺术成像的规律和手法，因此可以迅速且娴熟地对游客神态给予不同的艺术化处理，给游客带来非常惊喜的体验。

三、晋中非遗旅游开发的特点

（一）不是所有的非遗项目都适于转变为旅游产品

在当代，非遗旅游作为文化旅游的一个类型，是非遗商品化的一种形式，本质是对非遗的开发和利用。相关研究对非遗在旅游中的商品化过程都比较谨慎和持反对意见。在现实中，为给非遗找到继续传承的途径，很多人都会想到通过旅游发展非遗，晋中地区许多人对此抱有强烈的美好愿景，强烈呼吁旅游从业者、政府将非遗纳入地方旅游业中，但从目前晋中实际发展情况看，许多非遗作为旅游看点和旅游纪念品对多数游客的吸引力是有限的。具有很高文化价值的非遗并不意味着大部分游客会自动对其发生兴趣，在非遗十大类型中，传统工艺美术、传统手工技艺（包括传统饮食）能长时期与旅游业结合起来，成为重要的旅游产品，但又因制作出来的产品各具风格和用途，价格也不同，这两类非遗的旅游产品化也需因具体情况来具体确定。更多非遗项目的传承人有自己的"非旅游化"传承路径，如擅长神像雕塑的民间匠人，主要工作是为晋中各地新修的庙宇制作神像；再如传统节庆和仪式，在特定时间举行的传统节庆和仪式都以热闹、红火为主节奏，实际上主要面向的是本地民众。对于外来游客而言，在限定时间内要游览多个地方，很多时候都是走马观花和猎奇性的，谈不上深度体验。

非遗类型中的传统音乐、传统舞蹈、传统体育游艺、传统医药、民间文学、传统戏剧、曲艺可以活态展演的形式进入旅游场景，能在短时间内把其经典片段向游客展现出来，但从长远看，旅游化对这些非遗的传承弊大于利。从晋中非遗与旅游的实际情况看，进入游客视野中的非遗表现形态与在社区民众中的传承样态基本是

---

① 平遥有个"张泥人"，泥巴入手皆成像［EB/OL］.（2018-01-18）. http://mini.eastday.com/bdmip/180118100358476.tml.

一样的。但越是地方性、传统性特征鲜明和传承基础深厚的非遗项目，短时间内越难以被大部分外来游客所理解和接受，游客对其往往是满足浅尝辄止的"新奇"体验而已。2013年前后，祁县晋中祁太秧歌艺术团每周末都会在晋中祁县乔家大院演出祁太秧歌，但又会有多少游客长时间驻足欣赏呢？当旅游者对非遗的消费缺少文化层面的理解时，非遗传承者面向游客的表演也会日益敷衍。长此以往，在缺少地方社会习俗文化基础，缺少真正喜欢、欣赏和熟悉某项非遗的民众互动的情形下，成为旅游景观组成部分的非遗传承就成为无本之木，无源之水，导致非遗蕴含的真正精髓逐渐消失，如武术功夫会变成花拳绣腿式的"武术操""太极操"，在这种情形下，亦即民俗学、人类学学者所说的非遗真实性的丧失，导致非遗传承水平不断倒退，一代不如一代。[①] 因此，在旅游消费视角下，文化内涵深厚的非遗需要一分为二地看待，有时某项非遗表现形态复杂和文化内涵深厚，反而是旅游开发时的劣势。

（二）依附于知名旅游景点的"非遗博物馆展示＋非遗展演"旅游开发模式

希拉里·迪克罗（Hilary du Cros）和鲍勃·麦克彻（Bob McKercher）指出，所有旅游活动都包含着体验和产品的消费，文化资产与文化旅游产品是有明显区别的，文化旅游产品是指那些出于旅游消费目的而经过特别转化或商品化了的资产。[②] 迪克罗和麦克彻特别指出"转化"这一表述，对于非遗而言，转化指的是非遗要运用哪些方式、方法来促成游客对非遗的理解和接受并进而愿意消费它，这是非遗与旅游成功结合的关键。晋中地区的非遗通过上述六种形式成为旅游观光和消费的对象，呈现出以下两个特点。

第一，晋中非遗旅游依附于知名景点，以实现游客的可进入性。晋中非遗旅游点的选址，以将非遗旅游设计在相关配套完善且比较成熟的热门旅游景区内或附近为最优选择，即非遗旅游点依附于知名旅游景点，与知名景点毗邻或者成为旅游景点、旅游观光线路的组成部分，使游客访问这些旅游景点时可顺便去参观该非遗项目。平遥古城内有多家非遗博物馆都有这个特点，如在前往榆次常家庄园和灵石县王家大院的必经交通要道上修建的老醯醋博园和灵石灵尚刺绣展厅，很多游客往往会在游览上述景点后顺便参观这些非遗展览馆。

与之形成比较的是，晋中其他县市建成的以旅游为主的非遗展览馆，如太谷县

---

① 当然也会出现另外一种现象，那就是这些非遗在与游客长期的互动中，包括表现形态、内在意蕴在内的传承样态会发生根本性的转变，但却为公众所认同，在晋中这种情况我们尚没有发现。

② ［澳］希拉里·迪克罗，［加］鲍勃·麦克彻. 文化旅游（第二版）[M]. 朱路平，译，北京：商务印书馆，2017：9.

非遗展览馆、中国清徐葡萄文化博物馆、清徐县"水塔"宝源老醋坊博物馆、太原市东湖醋园与晋中热门旅游景点距离都比较远，既不在著名旅游点的必经交通路线上，也没有公共交通可以方便游客前往，需旅行社特别安排或游客用专门的时间、专门的交通工具前往，这就使很多普通游客无法前往，因此除重要节假日外，其他时间这些地方的游客到访率并不高。

第二，以"非遗博物馆展示+非遗活动"的物质化景观形态为主的旅游产品。在晋中，目前除选择毗邻热点旅游景区作为开发非遗旅游的最佳地址外，另外一个需要考虑的关键因素就是非遗以何种形式面向游客。对于非遗的开发者而言，非遗与旅游结合起来时，其核心功能是向游客传播与非遗有关的文化内涵，让越来越多的人认识和理解与非遗有关的文化内涵，在此基础上，促成游客对非遗的消费。能够实现这一功能的办法是建一个有一定规模、适于游客参观的非遗展示馆、展示园。在修建非遗展示场馆的基础上，在特定时间如传统节庆期间举办传统戏剧、传统音乐、传统舞蹈、传统游艺类非遗项目展演活动，这种"博物馆展示+非遗展演"成为晋中地区非遗旅游主要模式。

设在平遥古城景区内的非遗主题博物馆，在展示中透出的文化特征与古城所宣传的见证明清历史文化生活的形象标识是一致的。由于平遥古城具备了高度成熟的可进入性与独特的世界文化遗产标识，因此这些非遗博物馆作为旅游产品成了平遥古街景区的补充，共同构成了平遥古城的旅游吸引物。

根据观察，游客通过参观非遗博物馆，总会对一项或几项非遗项目有一个全新的感受和认知，有的游客会对该产品产生购物冲动和继续逗留观看的意愿。但遗憾的是，在现阶段，除平遥古城内的非遗主题博物馆外，晋中各地由企业、政府建成的非遗展示馆是出于整理非遗传承历史、陈列相关实物、展示企业形象政绩等多个因素而建成的，并没有完全从旅游消费的角度进行打造，很多非遗展示场所规模并不大，且以行走移动式参观为主，游客花较少许时间便能完成，而在博物馆周边也没有餐馆、休息地等可供游客休息及其他吸引他们逗留的旅游景点和旅游项目。游客花时间专门前往这些非遗主题展馆参观，参观完却又只能离开，这种感觉往往是不尽兴的，所以大多数游客几乎不会多次游览此类非遗展示场所。

总之，虽然建成具有一定旅游规模的博物馆式展示场所供游客参观，同时在传统节假日期间尤其是春节、元宵节期间组织人员举行地方特色活动是晋中发展非遗旅游的主要模式，但只有建设在位于交通便捷、旅游服务完善的热门景点附近或景点区域内的非遗展示场馆取得了旅游商业上的成功，其他则由于偏僻的地理位置、难于前往的交通条件、单一的展示游览性体验形式而没有成为获得外地游客明显关注的旅游吸引物。究其原因，以展示为核心的非遗旅游模式仅以非遗的物质化呈现为基础，游客参观一圈即意味着结束，有的非遗展示场所甚至禁止游客二次进入参观自身感兴趣的部分。在实际调查中，这些非遗展示馆的旅游服务让人感觉到，其主导者对旅游业务的不重视，既很少从游客消费的角度全面而整体地考虑游客出行的实际想法，又缺少游客所期望的体验参与感。而在当代，游客对旅游的感受早就不满足于泛泛地参观了，长此以往，这些非遗旅游展示馆对游客的吸引力会越来越弱。

如何更好地实现非遗与旅游二者的结合，这仍需从非遗传承与旅游消费二者的角度来研究。

第二节　文化创意+体验互动的晋中非遗旅游发展策略

非遗旅游，其重点仍在旅游。旅游是一种消费性行为，旅游目的地因游客的造访和消费而获得经济收益。反过来对大多数普通游客而言，他们当然会考虑出行天数、出行距离、出行经济成本后再决定前往何处旅游，希拉里·迪克罗（Hilary du Cros）和鲍勃·麦克彻（Bob McKercher）指出：理性的消费者（游客）会以最划算的方式来选择如何安排旅行时间，如何消费，许多旅游者会在自己的逗留期内尽可能地参观或体验最多的旅游行动。那些使人们不惜时间、精力和成本以及距离前去访问的旅游产品必定有着强大的吸引力。[①] 开发非遗旅游也必须考虑与旅游有关的因素，尤其是游客方面的因素。

非遗是一种文化，是具有强烈地方性、民间性、传统性的文化，与非遗有关的旅游就是以游客对非遗的文化认知为基础的旅游行为。但游客不一定都是掌握了深厚知识的研究者，或对非遗蕴含的文化信息抱有强烈兴趣。此外，游客旅游的根本目的不是为了学习，而是通过前往一个与自身日常生活状态完全不同的"新""奇""娱"的地方游玩的过程，获得休息或放松的感觉，实现身心愉悦的目标。因此，很多时候游客尤其是来自外地的游客驻足观赏非遗的时间往往不多，并且也很难接受带有学术味的信息传递，游客更倾向于在"游玩+"的寓教于乐的过程中获得愉快和惊喜。基于游客这一旅游心理，成功的非遗旅游产品应能符合游客的心理期望甚至能提供高于期望的体验。对于晋中非遗旅游而言，应主要从非遗旅游吸引物和旅游配套服务两方面发展。非遗旅游吸引物，就是游客愿意花钱、花时间将

---

① ［澳］希拉里·迪克罗，［加］鲍勃·麦克彻. 文化旅游（第二版）[M]. 朱路平，译，北京：商务印书馆，2017：141.

非遗作为观光对象，旅游配套服务则是确保游客能快速、方便进行非遗旅游的保障。

一、增强现有晋中非遗主题博物馆对游客的吸引力

（一）在陈展的不同环节突出游客感兴趣的内容

目前晋中建成的以醋、酒、牛肉、手工艺类非遗为主题的各类展示场所，主要以实物陈列、游客参观为主，注重阐释非遗项目的发展历史和文化价值，教育性和思想性较强，但趣味性不足，让游客感觉还有点商品推销的味道，这在一定程度上降低了其吸引力，对游客的参观会产生一些不好的影响。有鉴于此，现有已建成的非遗专题博物馆应当从游客的角度深入而全面地分析各类游客对该非遗的熟悉程度，游客对该项非遗的关注点有哪些，在此基础上，对非遗展示内容及相关实物陈列进行调整，在不同的陈列点上突出游客感兴趣的地方。比如山西老陈醋的"夏伏晒，冬捞冰"关键技艺是旅游宣传重点，山西本地游客在参观老陈醋传统技艺展示前对此有一定的了解，但又不完全了解其原理，而山西省外的游客对此则全然不知道，那么展览区呈现这一技艺俗语所指的场景就是游客所感兴趣和可以从中获得很强新奇感的关键点，展览区在这一展示场景中就应设置关于老陈醋"夏伏晒，冬捞冰"的原理性解释的文字和图片，设计好与之相关的讲解词，并对讲解员进行培训，使游客在参观后获得一种恍然大悟的满足感。

（二）深度满足游客的怀旧感和好奇感

很多非遗都与民众的日常生活有密切关系，甚至一直是一方民众长期保持的生活习惯，当此类非遗成为博物馆式的陈展对象后，所引发的岁月感、生活感会成为游客最深刻的观光体验。笔者注意到，在东湖醋园老陈醋非遗主题展示馆，展区陈列有20世纪80年代前后山西民间社会普遍用来装醋的大玻璃瓶子，这一展品是很多30～60岁年龄的当代人共同记忆的一个载体，由此可以牵出很多人对过去点滴生活的回忆和情感，参观时很多山西本地游客被勾起了过往生活的回忆，并与自己的亲朋好友和孩子共同怀旧，而外地游客则十分好奇其与醋的关系以及过去为什么会用这么大的玻璃瓶子装醋。但在实际的参观中，讲解员鲜有介绍，在这个节点上游客很少能有时间停留下来，而展示上也没有任何解释，原因可能在于主办方对此十分熟悉，默认不用详细介绍或者认为予以专门介绍的价值不大，这实际上降低了游客对醋的观光感受。

于2017年面向游客开放的清徐葡萄文化博物馆，在清徐葡萄酒与民众生活关系方面的陈展内容为空白，这会使有的游客对清徐葡萄酒的认识很陌生，然而事实上清徐葡萄酒在整个山西晋中地区是家喻户晓的，尤其为40岁以上的当地人所熟

悉和认可、喜欢。

因此，从游客参观体验的角度思考，面向游客的非遗展示的经营者应注重持续搜集、整理与非遗有关的三类故事：一是与该非遗有关的历史传说故事、轶闻趣事；二是该非遗项目与当代重要人物的故事；三是该非遗与当代平凡人生活关系的故事。深入分析这三类故事的情节模式和吸引点，与搜集到的相关实物进行组合展示，使这些故事从心理层面整合进游客的参观体验之中，让游客感到自己正在参观的非遗既有历史感，又有接地气的生活感。

现状是基于人力、金钱等成本问题，保护区内非遗博物馆建成后便很少再进行改动和调整，但是如果主办方的初衷是以旅游为首要目标，就应该意识到使游客在参观过程中获得应有的满意度是非遗旅游吸引力不断增强的前提之一。在这方面晋中非遗主题博物馆尚有欠缺，遑论带有展示性质的销售商店。

（三）注重非遗旅游的娱乐性和趣味性

与自然景观、物质遗产类遗产不同，非遗旅游集中呈现的文化性特征并不意味着游客来此参观时不能获得轻松欢乐的感觉；相反，在旅游管理与规划层面，应设计一些与非遗有关的娱乐游戏活动，游与玩的结合，会给游客带来旅游观光时所期望的轻松感、喜悦感。在榆次三晋老醯醋博园内，空阔的露天场地和闲置房间都可以充分利用起来，设计一些与醋有关的游戏活动，比如竞猜与醋有关的成语，讲与醋有关的小故事或玩与醋有关的填字游戏等，在这种游戏互动的过程中实现山西老陈醋旅游文化性和趣味性的结合。

另一个案例是平遥牛肉博物馆，该馆对牛肉名称与牛的身体结构用图片进行了说明，实际上，从游客的角度出发，这一知识点完全可以开发成各种游戏，比如制作图片，让游客尤其是儿童在参观结束后填写3个左右牛身体部位的名称；制作拼图，每块拼图分别模仿牛的各个身体部位而制作，让儿童进行游戏拼图；制作精致的与牛相关的积木让儿童玩，让参与游戏的游客带走这些玩具，还可以让参与游戏的游客免费品尝不同的牛肉作为奖励，平遥牛肉博物馆牛肉销售区域是一处小院子，此类活动经过精心策划设计后完全可以在这处院子展开，围绕"牛"这一主题展开各种小趣味活动。

二、重点发展非遗创意体验旅游和非遗活动经济

研究经济的学者指出，继农业经济、工业经济、服务经济之后，体验经济将会取而代之成为主流经济模式，这有别于今天所说的以服务为主的经济模式，体验经济强调用户体验是一切伟大产品的灵魂，提供的是一种具有丰富感受，可以和每个消费者内心产生共鸣的综合体验。体验是在消费者个人内心生成的。实际上，体验

是在一个人的心理、生理、智力和精神都处于高度刺激状态时形成的，结果必然导致任何人都不会产生和他人相同的体验。每一种体验都源自被营造事件和体验者前期的精神、存在状态之间的互动。体验的快乐大于商品本身，消遣的快乐大于装饰品本身。①

既然体验经济是未来经济的发展趋势，对于非遗而言，非遗的载体是人，其精妙也只有人们亲自参与体验才能感受到，在当下以参观非遗陈展为主导旅游模式的基础上，设计、开发以非遗为主题的体验性旅游项目应成为晋中非遗旅游的重点发展策略。

在平遥古城，为响应国家提出的研学旅游的号召，景区管委会动员平遥非遗传承人面向游客展开非遗体验活动。在调查中笔者看到，手工布鞋、传统刻铜技艺、面塑等非遗传承人都在思考如何着手这一活动，核心问题是以什么形式展开，如何设计活动环节满足游客的体验。这一主题也是晋中发展非遗旅游的一个全新课题。有必要指出的是，保护区内许多县市都不是具有世界性、全国性知名度的火爆旅游目的地，由于游客量没有达到相应的规模，因此这些县市的非遗传承丧失了与旅游结合的可行性，但是面向本地及周边民众发展的以体验为主的非遗休闲短期游活动，却有着极大的潜力和可行性。类似活动在晋中各县已初露端倪，积累了一定的前期经验，主要有以下三种情况。

第一种是人数不多的传统手工技艺体验活动，参加体验的对象以本县青少年为主，活动内容以中小学生亲自动手制作非遗作品为主，简单且容易理解。在晋中太谷县，非遗项目太谷饼制作技艺和砖雕的传承人利用节假日时间，面向20名左右的幼儿或中小学生展开动手体验活动，配1~2名工作人员进行指导，小孩子自己动手制作太谷饼和捏制砖雕造型，然后用主办方的烤箱和砖窑完成作品最后的加工，小孩子交小额加工费用后便可带走自己做的物品。在调查时我们发现太谷砖雕传习所内摆满了少儿捏制的恐龙、玉米、小熊等卡通造型的泥坯，等待开窑烧制。

第二种是以美酒佳肴为主的非遗体验。这些饮食类非遗主题展示园都不在热门旅游景点周边，二者有一定的距离。东湖醋园、太谷饼非遗展示园在游客参观时，都能首先以其特有的香味吸引到游客，经过解说员的引导解说后，会在游览结束时让游客品尝醋或饼，用味蕾感受其特色后，游客再决定是否购买相关产品。清徐葡萄文化博物馆在游客参观结束后会有游客免费品酒的环节，先喝白葡萄酒，后喝红葡萄酒；先喝酒体清淡的，后喝酒体丰满的；先喝年份新的，后喝酿造陈的；先喝

---

① [美] B. 约瑟夫·派恩，詹姆斯·H. 吉尔摩. 体验经济 [M]. 毕崇毅，译，北京：机械工业出版社，2016：1-13.

甜度低的，后喝糖分高的，游客品完酒后自行决定是否购买葡萄酒。

第三种是在游客量大的平遥古城发展起来的非遗手工体验活动。外地游客在平遥旅游期间可以在非遗传承人的指导下，亲自动手制作剪纸、泥塑、瓦当拓片。有两个案例比较有代表性：平遥剪纸传承人温涛在平遥古城内开有一间小店，除销售装裱好的手工剪纸外，还会有旅行社联系她，选择在店内、酒店、博览园等地开展游客学剪纸活动，温涛会根据人数及时间收取一定的费用。而温涛剪纸传人向游客提供剪刀和纸等材料，选雪花、"囍"字、"春"字等图案教游客剪纸。而另一位是在平遥古城景区内营业的张荣，除了用泥巴为游客快速捏制肖像外，他也面向平遥古城景区游客开展泥塑、面塑体验活动，根据人数及时间向每人收取一定的费用，提供泥坯、面、橡皮泥等材料，现场指导游客自己动手捏制小作品。

游客对平遥古城这两个非遗手工制作体验活动反响不错。而且类似于剪纸、泥塑的非遗体验活动对场地没有要求，材料成本低，入门级作品易学易懂，也适合单个人进行。而且在安排上，游客参与此类活动的时间一般为一小时左右，既没过多占用游客的旅游时间，同时又满足了游客旅行的期望。游客们围坐在一起动手制作，交流互动，完成作品后的成功感、乐趣感能使游客发现自身创意方面的潜力，暂时忘却生活中的其他烦恼。

上述非遗游客体验活动都还处于探索阶段，并不是成熟的旅游体验活动，这一体验过程需要游客更多的思考和更强主观能动性的付出才能完成。从体验的角度开发非遗旅游，与非遗以人为载体的本质特征最为契合，注重游客对非遗的制作过程和感受，即"重在参与"，而不是注重非遗本身，旅游开发的重点从非遗产品转向游客如何参与体验非遗的相关活动，笔者认为应该关注以下两个要点。

第一，设计并开发游客参与非遗体验的旅游项目。目前，晋中各县市正陆续建成非遗综合传习中心以及各类非遗主题博物馆或博览园。在这些场所当中，有的为传承人现场表演留下了专门的场所，利用这些场所，现有的晋中以企业为经营主体的醋、酒、中药及其他传统手工艺类非遗项目传承团体都可以对自身非遗生产过程进行提炼设计，建成一个适合游客体验的小型非遗生产旅游线。比如复原过去手工酿造酒醋的场面并让游客能亲自体验酿造的场所，或者规划建设专门的品尝体验区，由游客自己展开创意性活动，从而丰富和拉近游客对非遗的认识，这有别于现在推销商品时的简单品尝。

第二，设计非遗"游戏化"体验活动。《体验经济》中指出，体验的维度有娱乐性、教育性、审美性、逃避性，根据公众参与的形式，又分为吸引式、浸入式、被动参与、主动参与，这八项要素交叉组合后又形成六种体验范围，营造出人们不同的体验感受。① 根据这一观点，开发非遗旅游应深入研究非遗与感官的关系，找到游客对非遗最为深刻的感觉，同时考虑游客参与的时间、难度和操作性，结合体验活动场所，针对不同体验，构思特定的主题，对非遗产品进行必要的改动和设计，形成不同类型的非遗"游戏化"体验活动，让不同年龄段的游客都参与进来，调动游客视觉、听觉、触觉、味觉、嗅觉等方面的感觉，在此基础上，开发或增加有助于回味体验的可携带的旅游纪念品。在这一方面，晋中最为明显的是面向游客开发的传统饮食体验活动，以吸引式娱乐性为主，从味觉上加深游客在晋中的旅游体验。平遥古城景区内有一家"晋升炉食"餐吧，店铺和餐具风格为西式风格，这种风格为游客所熟悉和高度认同，但饮食则以地方特色菜式为主，以"饮料"的定位推出自产的"晋升"油茶②，二者以套餐的形式固定搭配销售给游客。榆次老醯醋博园的"老醋食府"则着力于研制以醋为主的菜式，包括点心、主食，让游客集中感受陈醋入菜的美味。这些都以游客旅行过程中实际的餐饮感受为基础，不断提升游客对非遗产品的体验，效果明显。

结合晋中十大类每个非遗项目在触动游客感官方面的优势元素，还可以选择以下的某一形式或多个形式开发非遗体验式旅游项目：中药植物游览园、传统技艺的现场表演性展示、家庭成员或朋友可以一起参与的传统工艺美术活动、传统武术的体感游戏、传统美食的制作、各类非遗知识的竞猜游戏、传统节庆地方特色活动体验等，探索不同非遗项目与娱乐吸引式、教育浸入式、审美参与式等体验形式的最佳组合，注重非遗体验效果，同时摸索与之相适应的收费模式和定价策略。

三、开发晋中非遗旅游纪念品

非遗本身具有很强的地方特色，是旅游目的地为游客提供出行回忆最好的纪念品。目前与晋中非遗相关的旅游纪念品主要以可携带的地方特产为主，如醋、酒、平遥漆器工艺品、太谷饼等，高度雷同，甚至"地摊化"。整体上，晋中文化创意产业发展落后，晋中地方文化特色、内涵与文化创意产业脱钩，因此，未来围绕非遗从文化内涵、品牌、风格、功能、包装、便携性等方面开发相关纪念品，既是发展非遗旅游的策略之一，也是有效辅助非遗自我传承的途径之一。现有的纪念品主要为以下两类。

第一，直接运用非遗技艺制作具有实用性、现代生活感的旅游纪念品。平遥漆

---

① [美] B. 约瑟夫·派恩，詹姆斯 H. 吉尔摩. 体验经济 [M]. 毕崇毅，译，北京：机械工业出版社，2016：51.

② 山西省省级非遗代表性项目。

器相关从业者在这方面已有实践。在平遥古城景区内，我们可以看到个别商家售卖符合现代审美的漆艺项链、手镯、梳子、小杯子等产品。对于普通游客而言，虽然这些产品既具有平遥特色，又兼一定的时尚性、实用性，但售价不低。

第二，提炼、移植晋中非遗的某个元素尤其是特色元素，运用新材料、新工艺制作与非遗有关的衍生纪念品，或者与其他现代生活用品组合搭配，这将衍生出非常多的非遗旅游纪念品种类。要做到令人过目不忘，关键在于主题元素的提炼和造型设计，而不是简单的元素堆砌，在这一方面，晋中非遗尚是处女地。前文提到的灵石县灵尚绣品有限公司开发出的一系列以刺绣图案为主的纪念品很具有代表性，有刺绣风铃、刺绣书签、刺绣发卡、刺绣胸针、刺绣车钥匙链、刺绣项链、刺绣抱枕等一系列纪念品，风格鲜明，市场接受度很高。

四、合理规划路线，推动晋中非遗旅游与现有旅游热点的结合

当下，山西省大力提倡全域旅游，这为整合区域旅游资源提供了良好的机遇。针对晋中非遗旅游可进入性差和非遗体验活动少的现状，从非遗旅游的长远发展来看，可着重从以下三个方面入手改善。

第一，在晋中热门旅游景点附近，鼓励社会力量投资建造与非遗有关的民间小镇、博览园、博物馆，将非遗博物馆式保存、体验和文化创意活动与已有旅游景点结合起来，既能节约游客的旅游时间，又能增加游客的旅游内容，形成差异化旅游项目。

第二，针对晋中现有旅游景点高度雷同的缺点，从游客类型、地理位置、线路、旅游主题进行再规划，将晋中旅游热门景点与非遗旅游连接成互补型游览线路，面向游客既有游览晋中明清民居、古城、古建和自然风景的观光项目，又有动手、动脑、动口的晋中非遗体验旅游，从而更好地实现游客在晋中旅游时新奇性、文化性和有趣性的统一。

第三，打造晋中非遗旅游品牌。在旅游营销中，通过一系列的旅游发展措施，以一个简洁、易记和容易引起游客遐想的术语为核心，构建类似于"晋善晋美"的晋中非遗旅游形象，这是长期吸引游客必不可少的重要策略。

总之，把晋中热门旅游地与非遗旅游开发相结合，需要晋中旅游产业各经营者、目的地之间开展深入而实际的合作，以共赢的思想使旅游相关利益者均能从中获益。

人们都意识到，文化遗产旅游带来诸多挑战的同时，也提供了新的就业机会，留住了更多年轻人，使他们不必离开故土去异乡打工谋生。由于旅游带来的收入和

投资，也使非遗的保护有了更大的弹性空间，在市场经济背景下，旅游使得当地非遗传承人增强了自我认同和价值感，这有助于非遗保护。对于晋中而言，另一个意外收获就是传统手工艺及与之相关的传统建筑营造技艺重新获得市场的青睐。

2018年，山西省人民政府发布《山西省黄河、长城、太行三大板块旅游发展总体规划》（2018—2025年），从这三地旅游发展总体规划中可以看出，非遗总体上被视为当地重要的旅游吸引物，要求对非遗展开各种形式的旅游开发。从操作层面讲，这既是好事也是坏事，好处在于通过旅游有助于促使当代人接触和学习非遗，但同时哪些非遗项目适于旅游开发，为谁开发、谁受益、对非遗传承的影响是什么等内容上述规划都没有涉及。已有实践表明，对非遗与旅游的关系如果没有充分和深刻的认知，那么跟风而上的旅游开发会对非遗造成不可逆转的损失，更会降低其在旅游上发挥作用的核心因素——文化价值，削弱非遗在当地社会的传承基础。

第六章　新型城镇化背景下的非遗传承与保护

城镇化是指随着非农业产业的不断发展，人口从乡村逐渐向城市聚集的过程。2014年3月，我国颁布的《国家新型城镇化规划（2014—2020年）》（以下简称《规划》）是指导我国新型城镇化的宏观性指导纲领。此次"城镇化"增加了"新型"二字，着力打破以往城镇化建设服务于经济增长的单一模式，突出"以人为本"的理念，注重构建和完善城市民众能够"安居乐业"的"硬件"和"软件"生存体系。在我国现有城镇化建设过程中，地方文化特色渐趋消失的现象有目共睹，让地方文脉延续下去已是社会各界共识。《规划》提出新型城镇化基本原则之一是注重"文化传承，彰显特色"[1]。在这一背景下，保护非遗是留住乡愁的重要手段。尤其值得注意的是，当代由我国顶层设计并推动的新型城镇化进程与正在实施的非遗保护过程重合，新型城镇化进程中的非遗的传承与保护，是非遗研究领域的一项重要内容。

第一节　非遗：建设新型城镇的文化力量

目前我国各层次的城镇规划编制及执行主要由城乡建设部门负责，从已有的城

---

[1] 国务院. 国家新型城镇化规划（2014—2020年）[Z]. 北京：人民出版社，2014：57.

镇化指导意见中我们可以看出①，与文化有关的城镇化规划内容多从物质基础设施入手，对文物资源保护和文化服务所需的物质设施规划出具体内容。虽然有的城乡规划会提及非遗保护，但所占的分量和能被贯彻的程度仍值得商榷。在经济建设的背景下，社会资源并没有向非遗倾斜，要改变这一倾向，全社会首先应意识到非遗在城市发展过程中发挥的重要作用。

显然，人们在城市中不止是工作，还要生活、娱乐休闲，在城市中生活得是否幸福，生活品质是关键，生活品质是一个难以量化的概念，对不同的人有不同的意义，人们是否愿意迁入一个城市定居、工作、休闲，这个城市的生活品质是最重要的考虑因素。生活品质是指一个地方基于自然、历史、文化、社会等方面产生的吸引力。② 以生活品质为切入点，新型城镇化进程与非遗的关系不止于乡愁情怀，许多非遗与居住、工作、休闲在城市中的人们如影随形，是吸引人们热爱城市的重要因素之一，这是下文阐述的重点，笔者将以此论证今后新型城镇化规划和具体建设有必要在非遗保护上迈出实质性的一步。

一、保护自然生态

在当代，都市生活依赖的能源来自全球，城镇化程度越高，全球能源消耗越大，对自然生态的破坏越强，从而引发一连串的灾难：气候变化，自然灾害频发，生物多样性消失，土壤退化，生物没有了栖息地。这对极度依赖于环境和原料的非遗也形成了极大威胁。国家级非遗项目——茅台酒传统酿造技艺，其原产地茅台镇三面环山，拥有独特小气候、复杂地质结构及特殊水文地理的赤水河，是酿造茅台酒不可复制的微生物群落核心位置。但是，随着小镇人口及企业的增多，造纸企业的污水、酒作坊发酵粮食产生的有机废水等未经环保处理便排进赤水河。极具讽刺意味的是，酿酒者又继续从赤水河中取水酿酒。

无独有偶，保护区内国家级非遗项目汾酒传统酿造技艺因周边煤焦能源工业的

---

① 2016年《山西省人民政府关于深入推进新型城镇化建设的实施意见》中，提出按照"五位一体"总体布局和"四个全面"战略布局，积极推进创新、协调、绿色、开放、共享、廉洁和安全发展，坚持走以人为本、四化同步、优化布局、生态文明、文化传承的中国特色新型城镇化道路，按照"一核一圈三群"城镇化总体布局，加快推进以城市群为主要形态，以人的城镇化为核心，以提高质量为关键的新型城镇化建设。注重生态文明建设，环境保护。在深化户籍改革，土地机制、创新投融资机制、住房制度改革，全面提升城市功能和完善各类公共服务的基础上，加大农业人口城市化进程、中小城市和特色小镇的培育，以促进山西省城市群建设和带动农村发展。指出要加大对传统村落民居和历史文化名村名镇的保护力度。城区改造要与历史文化遗产保护、城市更新相结合。

② Joanne Petitdemange. 面对改变的策略——生活品质［M］// Ruth Rentschler. 文化新形象：艺术与娱乐管理. 罗秀芝，译. 台北：五观艺术管理有限公司，2003：133-134.

存在面临水源紧张、大气污染、高粱原料短缺的威胁。不止传统酿酒类非遗项目，许多传承已久的非遗项目因原料产地受到污染，品质水准急剧下降，传承团体被迫自建原料生产基地，以确保非遗的品质。人们可能觉得这与自己没有关系，但长远来看，本地人是当地环境污染负面代价的主要受害者，更多的人则可能遭遇不可知的健康隐患，患病风险极高，生活质量大打折扣。

事实上，与民众日常生活相关的非遗对周围自然生态从来就有着很高的要求，这使得非遗保护与自然生态保护有重叠之处，而城镇化建设不可避免地要对自然资源进行利用和改造，若要使人们继续享用高品质的非遗产品，就必须有意识并强制性地保护一些与非遗有关的地脉、水系等自然资源系统以及生物生命系统，避免自然生态遭到不可逆转的破坏。一个最基本的做法就是城建、环保等政府部门可进行环境评估，并就此做出控制性规划，任何建设项目危及这些地理和生物系统的良性循环时，政府审批、监督部门有权调整、控制甚至禁止，以维持地方自然生态循环系统的平衡，为非遗传承提供基础性保障。

而且，非遗"有关自然界和宇宙的知识和实践"是世居一地的民众与当地自然生态和谐相处的结果，储存着大量自然生态保护方面的有效信息。如山西晋中许多酿造技艺由来已久，背后有着民众长久以来积累而成的土壤、杂粮作物种类、农作物种植、治理虫害、气候方面的丰富经验，与之相配套的社会关系和互动方式则包含了维持生态环境平衡的观念和管理方式。

因此，面对当代城镇化进程中自然生态恶化的严峻挑战，以非遗保护为契机，梳理和重新评价农业、自然生态、民众生存观、日常生计方式等地方传统知识和经验并认定为非遗，将世代传承的人与自然和谐相处的传统知识及与之相关的人、社会实践经验纳入现代社会运行体系中，修正城镇化过程中出现的不利于自然生态保护的社会机制，实现社会与自然生态的可持续发展。这是新型城镇化进程中不能回避的工作，虽然实施起来困难重重，但必须思考如何将这种理念化为实际可行的方案。

二、保障粮食安全和生命健康

现代社会城镇化程度虽越来越高，但市民的日常饮食却只能依赖于种类越来越单一的粮食作物。而经常食用单一粮食作物对人类健康产生的副作用也越来越明显，最常听到的观点就是"饮食精细化，膳食结构失衡"，社会正在为这一生活方式引发的疾病付出高昂的"医疗成本"。而且，随着工业化、城镇化进程的不断推进，人们的生活节奏加快，速度是各行各业最普遍的追求目标，快餐时代来临，化肥、农药、生长剂等技术应用于提高动植物的生长速度，自然微生态系统遭到破坏，天然有机的食物成为一般民众难以购得的奢侈、昂贵的商品。人们亲自制作食物并与亲友分享的方式不再受到追捧，社区中人与人的亲密度和信任感，以及人与自然的和谐关系逐渐被瓦解。这种趋势令人担忧。而那些远离标准化食品工业的传统农业知识经验和传统食物加工方式，被有识之士认为是缓解这一趋势的有效措施。

由于全球不同地域在日照、温度、土壤等方面都存在差异，因此各地选种、农具使用、害虫防治等传统农耕方式也不相同。不同地区农民累积的丰富传统农业知识和经验，是粮食作物多样性保存和利用的重要资本，这也从"舌尖"源头上决定了城市市民能吃到多少种食物，吃到的食物花样有多少。

用于加工食物的传统技艺，既是人们日常生活多样性的表现，也是保证身体健康的重要手段。传统食物加工技艺都倾向于选用本地自然生产的杂粮和时令蔬果，将其制成各类小吃、酱菜、果脯、酒、粉、干菜等，能从不同方面平衡人们的膳食结构。由于种植这些作物和加工的成本都比较低，因此是普通民众容易获得的食品，这些作物在补充人体必要的能量、微量维生素、矿物质等营养元素方面占有优势，是缓解城市市民"亚健康"的重要食品，能最大程度地降低日常饮食对粮食的浪费程度。这些家常传统食物制作方式，从现代食物营养的观点看，高温烹煮的食物流失了许多营养元素，腌渍菜被认为不宜经常食用，但其远没有大棚蔬菜和工业流水线上加工的食品那么有杀伤力。

基于传统经验，各地民众都擅长用一种粮食做出不同口感的食物，如千变万化的山西面食。在此基础上，食物加工技艺向艺术化迈进，体现了民众惊人的文化创造能力。那些由普通妇女慢工细活制作出来的精美花馍和面塑就是山西面食在艺术上的升华，给人以美的视觉享受。玲珑精致的地方小吃，传统烹饪技艺下的美食，一起悠闲进餐的快乐，正是城市市民享受美好生活的体现。

传统医药则是不同地区的人们在认识植物特性的基础上，从生物种类、使用分量等方面出发，结合自然变化，组合出不同的药方，可治疗不同的疾病。许多经过时间考验的传统治疗理念和医疗实践，给城市生活压力日益增加的人们提供了更多选择。

在新型城镇化进程中，对传统农业知识、食物加工技术和好的传统医疗实践予以重视，有意识地关照这些非遗在城市的传承，推进城镇化进程时不应该人为强制性地剥夺这些非遗传承者继续生存的条件，是关乎粮食安全和人类健康的百年大业。

三、塑造城市内在形象

以修建富丽堂皇的摩天大楼、宽阔马路、大型购物中心及地标性建筑为代表的城市美化行动，在拆除屋棚、街巷的同时，也摧毁了世代存在的邻里关系、民俗习惯、社会价值观，导致城市风貌趋同，人情冷淡，文化低俗。人们慢慢地意识到，一座城市好不好，在于城市的内在品质和市民的生活感觉，如果说漂亮的建筑硬体结构、昔日的历史古迹是城市外貌的话，那么非遗就是城市的声音、血和肉，传送的是有"人气"的城市形象。各个城市中那些令人眼花缭乱的美味佳肴，功效不一的美汤，背后都有口口相传的有趣故事，文人墨客的小品散文，记录着他们与这些特色饮食的故事，点点滴滴，慢慢渗出的是城市内在的文化性格。这正是融入人们想象力、创造力的非遗从人们最平常的感觉上营造出的城市文化形象。

较之于物质遗产，在日常生活中重复的衣食住行中诞生的非遗更能呈现一个城市的独特性。许多源自乡村的非遗项目，如山东潍坊风筝、广西壮族民歌、苏州刺绣早已成为潍坊、南宁、苏州等城市的形象标志。这些独具特色的非遗的消失，实际上是我们生活质量下降的表现。换言之，城市中传统美食、艺术、节庆活动的丰富程度和市民在多大程度上能获得它们，是评价一个城市生活品质的重要指标，是构成城市形象不可或缺的因素。

基于上述论述，如何培养民众对本土文化的热爱是此类非遗世代传承的关键。政府城建、文化部门应联合起来，向民众广泛征求意见，展开多种形式的讨论，以此对非遗与城市的关系做出多角度的评估分析，将不同的素材和观点汇集起来，在新型城镇化规划中制定出具有可操作性的措施，使非遗更好地贡献于城市的可持续发展。这一做法，本质上使进入城市的民众不仅只是适应城市环境，也可以让他们有机会自主设计、规划他们的新生活，把自己对生活的见解表达出来，把他们以往日常生活的优秀文化肌理移入新环境中，使新环境更人性化，这也是在延续并再创造传统。

四、助益城市文化民主

诸多非遗在很长一段时间内处于社会边缘，其传承者无论生存还是社会地位，都没有获得主流话语的承认和尊重，在西式生活方式与城镇化进程几乎同步的背景下，许多非遗传承日显困难。目前，我国政府把具有不同价值的传统和民间文化表达形式纳入不同级别的非遗代表性项目名录中，给予不同程度的资助。同时在政府的协助下，不同非遗传承人及其作品有机会参与城市举行的各种展览表演，这不仅增强了非遗在城市公众中的熟悉度，也增加了在城市公众中出现关系到某一非遗项目未来发展的人物的概率，是文化民主的体现之一。

更值得注意的是，从乡村进入城市的非遗在得到很好的传承和有意识的保护的同时，也满足了不同社会阶层的文化趣味，增加了公众可以自由选择的文化种类和机会。表演性较强的音乐、舞蹈、戏剧、曲艺类非遗，可满足不同阶层市民的视听需求；传统技艺、传统美术类非遗，可制作出兼具审美和实用价值的艺术品，满足不同阶层市民的实用、收藏需求；传统体育、游艺与杂技，如围棋、象棋等，更是普通老百姓生活中常见的环保型休闲益智活动。灯会、庙会等民俗活动是人们在传统节日的集体活动。这些非遗源自乡村，不像那些要交费用的瑜伽、健身舞、保龄球、高尔夫球那么"高不可攀"，对从乡村进入城市生活的村民有着明显的亲和力，而且费用成本低，这不仅有助于人们平等地享有文化权利，还能有效缓解城市市民的精神压力，避免染上恶习或沉溺于不良嗜好，促进城市的包容性发展。

照此下去，借助非遗，进入城市的农民可提升在城市的生活能力和文化趣味，建立起内在的自我尊重感。我国正在开展的非遗保护在这方面正日益显现出效果。2014年5月至10月，位于保护区核心地带的祁县组织剪纸大赛，全县有101人参加，290组剪纸作品参加评选，并在县城公开展览，题材以祁县风土为基调，时尚与传统并重，剪纸手法细腻，充满了儒雅、清丽的乡土气息。剪纸创造者受到民众的尊重和追捧，激发起民众对非遗的兴趣，推动了非遗的创意性转化。可以说，人在城市的聚集就是人的智慧创意的汇集，作为一种"身体性文化"，有生命力的非遗融入城市，把不同民众每天的点滴创意汇集起来，为城市新的文化产业和服务提供了有力基础。这既能提高民众的生活品质，又能展现这一城市的创造力指数和发展信心，这是文化民主的最终旨归。

五、形成城市认同感

文化认同感有两个层面：第一个层面，是指对他者创造的文化的尊重和喜欢，有时这种认同感会被认为是对外来文化的崇拜，但如果他者文化的确能引起我们的共鸣和热爱，则表明其具有自身独特的魅力；第二个层面，是指对自身所在社群创造的文化的欣赏和热爱，它有别于对他者文化的尊重感，是产生文化自豪感的根本。本地存在已久的名胜古迹和民间信仰、传统节庆、歌舞音乐、特色食品等都是民众文化创造力的产物，是民众形成自我认同感的重要形式。但普遍存在的一个现象是，当地人虽都知道本地的名胜古迹，不过鲜少造访，而传统节庆、歌舞音乐、特色手工食品却频繁和周期性地出现在人们日常生活中。这说明，较之于物质遗产，非遗对人们自我文化认同感的形成能产生决定性影响。

在城市急剧扩张的今天，很多城市都有"城市病"，城市管理混乱，交通拥堵、环境恶化、生活压力大，与之形成对比，普通民众对这个城市的美好印象经常与非遗有关。如太原特产宁化府老陈醋，其老字号作坊"益源庆"最早是明朝太原宁化王府专用醋坊，后变为公开向市民出售。在长期的发展过程中，宁化府老陈醋养生保健功能已为市民所认识，生活在益源庆醋坊附近的市民很少感冒是这一城市津津乐道的话题。更为有趣的是，太原市民闻着醋香便能找到老字号所在的小巷，排队专打宁化府散装醋，这种场景在春节前后尤盛，这是太原独有的城市风景。由于宁化府老陈醋的选料、酿造技艺独特，酿造时间到位①，甜绵香酸的醋味被外出的游子视为故乡和家的味道②。

与乡村的"熟人社会"不同，城市是一个以陌生人际关系为基础的社会空间，穿梭在城市街道中，人与人擦肩而过时，彼此并无任何关联，这是城市生活的常态，非遗却是这些互不相识的人们的文化认同纽带。因为非遗是经人五官体验后形成的共同认知，人们一旦从感觉上形成对类似宁化府老陈醋等非遗有关的记忆和认同，就意味着对这些文化形式具备了一定的认知和鉴赏度，这种记忆会固执地与身体一起成长，成为一个人难以消退的认同感。

长久以来，我们以他者文化作为价值参照，不断放弃和摧毁历史和传统文化根基，事实证明，这是难以行得通的。在太原这个城市，有什么能取代老陈醋与各类饮食的完美搭配而让年轻一代也发出内心的赞美呢？中国每个城市都有类似老陈醋的非遗，正是这类非遗使城市变得如同人的身体一样有了温暖的感觉。真正融入了传统精粹的非遗，进入城市后，仍有着强劲的生命力，让民众愿意去体验和品味它们，是凝聚市民自我文化认同的活力点。

六、留给城市未来的礼物

目前许多非遗源自乡村，迈入城市后这些非遗是否还能继续传承？是否还有必

---

① 宁化府老陈醋，只能用山西忻州和晋中的高粱，皮薄、粒大、饱满，淀粉含量高，蛋白质含量高。做大曲用的豌豆，必须用晋西北的小豌豆，因为它的脂肪含量大，蛋白质含量高，用它做出来的大曲，发酵效果特别好。宁化府老陈醋制醋工艺也有它的独到之处。首先酒精发酵是一个固态发酵的过程，原料的处理是把高粱磨成面，拌上一些辅料填充剂，然后经过蒸煮灭菌，再加上发酵剂，也就是用豌豆和大麦做成的大曲，拌好以后放在大缸里，然后把它的口封好。经过 10 天的发酵，就把这种酒做出来了。酒精发酵完成以后，把酒精从这个缸里挖出来，再加一定量的水、疏松剂，以及磨面剩下的麦皮，然后再把它放在一个小瓮里，盖上草盖子，又经过 10 天的发酵，就完成了一个醋酸的发酵过程。紧接着，把发酵好的醋醅放到一个大缸里，又经过 6 天的熏烤，把醋醅由黄色变成黑色。[引自师彦才．宁化府里话陈醋 [EB/OL]．(2007 - 04 - 09)．http://www.sx.chinanews.com/2007 - 04 - 09/1/45635.html.]

② 具体内容可详见大众点评网不同时期网友对宁化府老陈醋的留言点评：宁化府益源庆醋业：http://www.dianping.com/shop/3351742/review_all/p2.

要保存？如果说文化遗产是留给后代的礼物，那么这些问题的答案也只有在未来才能揭晓。

我们可以用今天的事实来回答 100 多年前人们提出的类似问题。19 世纪欧洲在城市改造、拆迁过程中，把那些世纪古堡、教堂、名人居所等建筑、历史街区保存下来，100 多年后，这些历史遗产逐渐显现出巨大的文化魅力和旅游观光吸引力，让本地人引以为豪。也就是说，在过去保存下来的不同风格和价值的历史遗产，与不同时代的人们的创意结合后，历久弥新，释放出巨大的文化魅力和经济能量，成为一个城市新的人流汇聚地，是当地人必向外来游客推荐的地方。

这提醒我们，文化的实用效益往往一两代人是难以看到的，保护文化遗产所产生的各种实效更是当代人难以看到的。文化的成长如同一个人的成长，其成效的显现是一个比较漫长的过程。与一个人的生命相比，文化发展的周期更长。今天的人们若要对得起生活在未来的子孙后代，在文化层面思考"为后代留下些什么"时，务实和有担当的做法就是自觉保护和传承各类遗产。

同为文化表达形式，非遗也遵循上述发展规律。2010 年，西班牙弗拉明戈舞入选联合国教科文组织"人类非物质文化遗产代表作"。"弗拉明戈"源自阿拉伯文"逃亡的农民"一词，这一舞蹈形式源自 15 世纪末，移居西班牙南部安达卢西亚地区的吉卜赛人颇受歧视，法律禁止他们从事农耕之外的行业，将他们驱逐到山区。吉卜赛人便以自己的歌舞来表达抗争。后该舞蹈进入城市，从即兴娱乐逐渐走向了职业化，从形式到内涵都发生了变化，成为慷慨、狂热、豪放和不受拘束的生活方式的象征。① 迄今，马德里城市街巷的不同角落都活跃着弗拉明戈舞，舞蹈动作充满了激情和张力，是人们释放压力的有效方式。

当然，非遗从乡村迈入城市，能否留在城市，成为城市未来生活的一部分，需要各方力量的努力。相比其他不断萎缩的传统表演艺术，我国东北二人转成功地在城市扎根立足。东北各城市都有二人转专门演出剧场，经济收益非常可观。② 杨朴指出，城市中二人转的表演较之在农村中的表演，表演时间变短，强化了丑角的戏谑表演，娱乐性和趣味性主题被大大强化，这些变化，是城市观众参与二人转创作的结果。③ 二人转在城市有如此的发展空间，首要因素是传统二人转表演功夫过硬的实力派演员的不断涌现，其次则是十几年间二人转与影视"联姻"持续培养受众

---

① 冯霄. 观西班牙弗拉明戈舞 [N]. 人民日报·海外版, 2013-02-05 (8).
② 长春市二人转特色文化 [EB/OL]. (2012-04-07). http://www.cchcyy.com/diamondnewshow.asp? ID=236.
③ 杨朴. 戏谑与狂欢：新型二人转艺术特征论 [M]. 沈阳：辽宁人民出版社, 2010：196.

的结果。换言之，二人转的成功是许多组织和因素共同作用的结果①。因此，从保护的角度出发，我们必须重视利于非遗在城市传承的内部和外部的立体支撑体系。

因此，在当下新型城镇化进程中，人们会有意识地把各种传统节庆仪式、故事、手工艺、经验知识等视为非遗，以各种方式保护起来，使其流传于城市人群中，有时它们只是市民的某种业余乐趣，但却能带来多种演变方向，能有效提升人们的生活品质。而城市文化的创新，一方面应从非遗中汲取创意灵感，另一方面也应把非遗融入现代各类元素和想象过程中，使非遗以另一种方式得以传承。

当下人们对非遗保护仍有很多误解。伴随着城市化进程，一个显而易见的事实是，许多非遗即使被保护了，也很难再传承下去。但认为保护非遗的初衷本来就不是保护所有传统和民间文化，而是保护一个非遗项目，是对非遗保护的最大误解。在新型城镇化进程中重视非遗保护，是着眼于我们所面临的生活困局和每位社会个体的生活品质，向那些把智慧隐藏起来的非遗传承群体学习，这关乎人类生存的自然生态保护、粮食安全和生命健康。并且作为草根民众文化创造力的结晶，非遗展现了地方独一无二的特色，在城市中保护和"盘活"非遗，就是要从人们每天切身体验的生活中塑造城市形象和文化认同，让迈入城市的人们过上有品质的生活。

第二节　城镇化进程对非遗传承的影响

大多数人认为，城镇化进程使非遗难以继续传承下去。因为非遗是农耕文明的产物，城镇化却是从农业生产方式转变为非农生产方式的过程，这一过程裹挟着经济、技术、教育等层面的社会变迁，城镇化在社会机制、社会结构层面不仅对仍传承于农村中的非遗产生了影响，更使进入城市的非遗面临生存挑战。非遗在这样的变迁过程中是否一定无法传承下去？我们应该如何看待和应对？对这类问题的回答，需要厘清的就是城镇化进程带来的各种社会变化及对非遗传承造成的具体影响。

一、城镇化进程对农村非遗传承的影响

（一）以村落为主的非遗传承空间逐步解体

在城镇化进程中，许多距离城区较近的农村逐渐成为城区的一部分，农用土地

---

① 更具体的分析参见本章第三节内容。

变更为城市建设用地，农民整体迁入楼房小区，农民居住格局虽有了变化，但农村原有的人际脉络在城市中会继续延续。另一种情况则是城镇化进程为社会个体提供了自由流动的机会，人们离开出生的村庄，进入不同城市寻找生计并定居城市，使村庄"空心化"，以村落为单位传承的非遗后继无人。而进入城市的民众则由于相互间的陌生化程度比较高，以及职业组织形态发生改变，需要大量人员参与传承的非遗项目往往很难继续。

从规模上讲，保护区内的城市类型主要为县级城市，每个县级城市都是该县的政治、经济、文化中心。工业以及第三产业经济组织也多集中在县城及其周边，吸引着农村青年进入城市寻找谋生机会。在此基础上，年轻人移入城市，还因为城市生活基础设施配备齐全，生活方便舒适。更重要的是，城市有农村难以比拟的优质教育资源，许多"70后""80后"自孩子上幼儿园开始，便尽可能选择在县级及以上的城市中生活和就业，以便为自己的孩子创造良好的上学条件。出于上述考虑，近年来越来越多的农民在县城购置住房，年轻一代选择在城市定居的意愿度越来越强。

随之而来的是乡镇农村的逐渐空心化，人口老龄化趋势加剧，这是全球性现象。这使以村落地缘为根基的非遗丧失了薪火相传的年轻血液。因为在这一过程中，有的非遗并没有随之进城。保护区内的昔阳县非遗项目"滚叉"，其传承地昔阳县乐平镇崇家岭村中能熟练表演这一项目的村民年龄均在50岁以上，且这些村民也与许多年轻人一样外出打工。目前一场完整的滚叉表演已难以组织起来，而且日常的传承练习也已中断。

年轻人从乡村迁入城市就业、定居，对那些依赖地方资源的非遗的影响极大。保护区内的国家级非遗项目清徐老陈醋、介休洪山琉璃烧制技艺等生产基地都在农村，年轻人迁入城市后，这类非遗的劳动力雇佣成本便会增加，甚至难以招到优秀的年轻人才。

（二）非遗传承者的村庄居住分散，市场竞争力弱

目前，保护区内的大部分非遗传承人都生活在农村或小镇，居住分散，虽然交通、通信等较之以前大为方便，但同类非遗的传承人日常少有机会来往，谈不上相互的交流合作，涉及传承事宜时，时间和精力的消耗很大。寿阳县剪纸艺人便是这种情况，村与村距离过远，使一些慕名者想从他们那里取幅剪纸作品都很困难。从更深层次看，以居住分散且不自觉的状态传承非遗，随着城镇化进程的推进，它们会很快被无处不在的强势大众文化商品所淹没，而这正日益成为事实。

从市场角度看，传承者居住分散，各自经营，个体商业经营能力有限，仅有非遗的传承者，缺少非遗产业发展需要的人口密度、区位规模、相关行业协同的集聚

优势，就会导致产品成本偏高，此类非遗即使有商业潜力，但转化为可营利的文化商品难度非常大。随着城镇化进程中人们生计方式的变化，此类非遗的传承基础肯定会被不断地削弱。这种状况在我国普遍存在，同时城镇化进程恰为解决这一问题提供了机遇。

（三）传习非遗的农村年轻人难以解决生活开支

作为以实践经验为主的"身体性知识"，许多技艺性非遗项目的学习周期都很长，一位非遗传承者从入门到练习再到开悟精通，在全身心投入的前提下需要十几年甚至更长时间才能出师，更重要的是，师傅的当面传授是非遗传承必不可少的前提条件。在这一阶段，非遗传习者自身没有收入来源，必须依赖他者的资助和供养维持生活。这一特性决定了非遗传统传承方式主要是家族传承、村落传承、科班传承，因为这些方式能很好地解决非遗传习者在吃、住、行方面的生活成本以及传承需要的场所。

随着城市化进程的推进，外出打工成为越来越多农村年轻人的选择，通过上述非遗传承方式传承非遗的年轻人急剧减少，扩大徒弟的选择范围势在必行。在对保护区内的清徐县、灵石县、平遥县、祁县等地非遗项目的实地调查中，我们看到，刺绣、木雕、砖雕、石雕、泥塑、彩绘、漆器、祁太秧歌等非遗项目都有年轻人愿意学习，但这些年轻人主要来自农村，他们生活与学习非遗的地方距离较远，生活成本由此增加很多。鉴于农民家庭经济状况和对非遗的认知水平，许多家庭通常不会供养孩子长期学习非遗，师傅们也不承担其生活开支。吃、住、行方面的花费成为农村青少年学习非遗的最大障碍，这使大部分年轻人都难以长期跟随师傅学习。更重要的是，很多非遗的生计前景并不好，加上农村大部分年轻人在22～25周岁成婚，一旦有了家庭，他们就必须为养家糊口而奔波，自然选择中断非遗的学习，为生计而另谋他业。其中一个好的选择是从事与非遗相近的行业赚钱，以支持自己继续学习非遗。

一些具有商业潜力的非遗如灵石县和和顺县的刺绣、左权将军布老虎、平遥漆器等都需要一定数量且具一定技艺水准的从业人员。为发现有潜质的非遗传承者，这些非遗项目的经营者会开设培训班招收附近村民前来学习。但这些经营者限于个体实力，有的也难以妥善解决来自外村村民长时间的吃住问题，因此，这类培训也只能是零散的、暂时性的，而非常态性的。结果就是仍会漏掉民间许多优秀的传承人才，没有持续的优质传承人才，这些具有产业潜力的非遗项目也难以实现真正的代际传承。

二、城市扩张过程中非遗传承场所日益紧张

基于历史原因，非遗一直未能受到应有的重视。在这种情况下，城区的重建和扩充，导致土地资源的紧张和使用成本的上升，城市中少有专门用于传承非遗的场所，已有的场所则因基础设施不到位，功能发挥有限。这种情况有以下五个表现。

第一，一些非遗传承团体宣传的"前店后厂"经营格局，若位于城区繁华闹市地带，随着工厂规模的不断扩大，通常会将工厂迁出，只保留店面和部分生产场地。

第二，一些毗邻县城的农村已逐渐变成城区的一部分，在这个过程中，非遗通常并不在城市规划的考量之中，在规划城市建筑、交通时，人们很难有意识地为传统节庆活动保留原有的场地空间，而是挪作他用。由于缺少了相应的场所，一些传统人生礼仪仪式、庙宇祭祀仪式以及其他庆祝活动在城市中便难以为继，依附于庆祝仪式的民间艺术也随之萎缩消亡。

我们可以看到，农村中原用于戏曲表演、闹元宵活动的村中心广场逐渐变为交通要道，或为楼宇商铺日益蚕食，便于非遗展演和观众前往观看的公共场地渐趋消失。如太原铁匠巷高跷因城市街道改造而完全丧失了传习与表演场所。村庄与城区逐渐融合的晋中祁县三合村，新修的房子越来越多，一年一度的春节传统"游九曲黄河阵"活动由此很难找到一处开阔平坦的场地，加上九曲黄河阵扎制技艺者日渐稀少，今后的发展尚未可知。

我们也可以看到，在很多城市建成的居民生活小区及其周边很难发现能容纳50人以上且有展演空间的公共场所，如简易文化活动中心或小型广场。这样，戏剧、音乐、手工艺展览等稍具规模的非遗项目在城市中几乎不可能进入此类人口密集度高的居民生活小区。如元宵节期间祁太秧歌在城区表演时，出于场地和安全性的考虑，表演舞台会搭在县城城区比较偏僻的地方，这一做法虽使祁太秧歌有了表演场地，但市民前往观看则非常不便，久而久之，非遗与城市民众亲近的机会日益减少，其生命力也日益萎缩。

第三，一些非遗传承者在城市中没有合适的场所展开系统、常态的传承培训工作，往往限于私人家庭宅院、公园、广场等地方。国家级非遗项目左权小花戏，作为以肢体训练为主的民间舞蹈，类似舞蹈室的传习场所必不可少。在左权县，优秀的左权小花戏老师会有十位以上学生跟着学习，但他们在县城很难找到一处条件合适、廉价的场所长期、稳定地展开教学工作。这种情况随着县城人口密度的增加，用地日益紧张而更加突出，非遗传承者的积极性明显受挫。

第四，一些非遗传承者有强烈展示非遗的愿望，但受政策、个人财力、个人眼

界的限制，难以寻找到一处合适的展示场所或地方修建展示场所。清徐县民间雕刻技艺传承人想建立一所展示自己工艺美术作品的展馆，但因没有合适的批地和资助而未能如愿。国家级非遗项目平遥道虎壁王氏中医妇科，相关传承人自身虽有实力修建博物馆，基于场地限制和日常管理的需要，在平遥县道虎壁村王氏中医妇科诊所街道对面建起王氏妇科医药博物馆，但由于占地面积小，难以详尽展示王氏中医妇科传承脉络。介休大生堂中医孔繁亮欲翻修在市区的诊所，也因没有拿到合法的政府批文而一直没有进行。

第五，因基础设施配套不全，在城市中建成的一些非遗保护利用设施的功能发挥有限。最明显的例子就是保护区内已建成的非遗传习中心、传习所、博览园由于没有相应的取暖设备配备，人们冬天无法在这些场所内展开相关活动，但许多非遗传承活动往往在冬季农闲季节进行。当代民众家庭生活条件正日益改善，非遗传承场所的基础配套硬件却跟不上，其中透出的倾向无疑是消极的。

三、社会变迁过程中非遗的濒危传承

（一）经济机制变迁过程中非遗的濒危传承

众所周知，在我国长期以小农经济为主的农业社会中，大多数非遗是传承人在"熟人社会"体系中耳濡目染习得并掌握的生活和生存技能，渗透于民众琐碎的日常生活中，其根本目的在于满足自身的生活需要而不是市场交换。在自给自足经济体系下，决定非遗传承水准的因素取决于传承者内心最真诚的感觉和认识。所以，除了传统医药、传统技艺具有一定的保密特征外，大多数非遗开放且无偿共享的程度很高，如民间故事、民歌、剪纸、刺绣和传统知识等。一名剪纸能手闻名乡里，剪纸"花样"被人们争相"复制"，这并不会带来丰厚的经济回报，但传承人从周围民众的认可中获得了非常强烈的自豪感和荣誉感。

改革开放后，我国市场经济和非农产业逐渐成为社会主要的经济运行方式和产业形态。在市场经济体制下，人们要生存，需通过市场把自身创造的劳动成果转换为货币，否则无法获得财富和其他生产生活资料。在自给自足的农业经济下只能由民众自己动手制作才能获得的非遗如剪纸、刺绣品、手工艺品等也成为可以在市场上交换的商品，从种类、样式到制作成本、价格，选择的余地很大。许多闻名一方的非遗传承人由此不再受到乡民的尊崇和追捧，村落、家族间围绕某一非遗互相分享的氛围渐趋消失，自给自足经济下形成的非遗传承社会基础日益瓦解。

在市场经济体系下，交换成本、利益、经营风险等成为人们生活时必须考虑的因素，非遗也不例外，传承者仅关照自身内心还不够，还必须考虑传承非遗时所投入的时间、劳动力和智力等资本及交换的利润所得。很明显，如果一些传承者不断付出但连生存都无法维持，非遗的萎缩就不可避免。当下，由于非遗所需时间、劳动力成本以及智力投入都非常巨大，许多高品质的非遗产品价格不菲，在市场尤其是本地市场往往"有价无市"，很难成为大众消费的商品。

非遗与市场经济相结合，还意味着非遗传承进入了一个以货币为媒介的复杂的劳动力分工和合作体系中，这要求人力、技术、经济和文化等社会资源要素在这一体系中平衡分配。过去我国片面强调以经济建设为重心，并没有围绕非遗配置相应的产业环节和社会合作体系，因此，国家虽大力推动非遗产业化，但收效还有待审视。

我们还可以看到，很多传承人在非遗方面虽有高超的传承水准，但却缺乏市场所要求的经营管理等方面的社会能力，也没有顺利获得非遗在市场环境下继续传承的协作性支持，由此难以适应从自给自足经济到市场经济带来的一系列变化，导致无法以自己传承的非遗为生。

（二）技术变迁过程中非遗的濒危传承

任何一种文化都以外在媒介为依托，被我们视为非遗的传统文化表现形式是以身体为媒介的，属"身体性"文化的一种，一些传统手艺使用的工具是身体某个部位的延伸，非遗的表现手法和内涵深度取决于传承者对身体的控制。人们在农业社会以身体为媒介发展出各种传统技艺和传统艺术及相应的行业，并形成一套完整而独特的社会文化体系。当其遭遇新的媒介和技术挑战时，其原有的行业生态、社会机制结构、从业者都将面临残酷的淘汰和痛苦的转型。当文字从用笔手写转为依靠键盘时，不仅是书法艺术的式微，围绕手写方式形成的一整套生产行业链条（与文房四宝有关的传统手工艺及行业），其发展前景也渐渐变得黯淡。

从日常生活诸多现象中我们也可以看到，人类思维意识与不直接依赖于身体的工业生产结合起来，如机器刺绣、摄像、电脑数字绘图、医学仪器诊病、电子秤①，机器炒茶等，这种模式（社会—人之意识—机器技术）所产生的成果广泛应用于社会生活，正不断取代那些依赖身体的文化形式。在这个过程中，从来没有消失的是那些必须以身体作为媒介的行为、技艺（能）形态，消失、改变的只是具体的表现形式，比如曾作为我国重要表演艺术的戏曲逐渐被影视剧所取代。媒介技术、机器生产工艺技术的不断革新是造成部分非遗濒危的原因之一，但那些在与机器生产竞争过程中生存下来的非遗，说明它们已经达到一个新的艺术、文化和市场高点。②

---

① 电子秤、计算器的出现使手工制秤技艺濒危，人们度量衡知识和心算能力趋于弱化，珠算在2013年被联合国教科文组织列入"人类非物质文化遗产代表作"。

② 钱永平. UNESCO《保护非物质文化遗产公约》述论［M］. 广州：中山大学出版社，2013：95.

（三）教育体制变迁过程中非遗的濒危传承

我国目前实行幼儿园、小学、初中、高中、大学分阶段学校教育，采用的是西方正规教育模式。从教育内容和教育方式上看，以解释性知识为主要授课内容，标准、规范的文字性教材是学校教育的主要媒介。这类知识注重规则性、理论性、逻辑推理性，具有普适性，但内容与实际生活语境相脱节。而非遗却与传承者自身生活情感、经历和文化背景密切相连，只能通过体验和反复实践而不是逻辑推理获得，因此，以文字性教材和逻辑论证为主的正规教育与非遗传承南辕北辙，非遗传承难以嵌入当下以文字知识教育为主的正规学校教育中。

而且，从学生学习时间安排上看，生活在城市中的青少年从3岁左右进入幼儿园，一直到22周岁左右，大部分时光会在校园中度过，但我国社会长期以来忽略传统和民间文化的贬损，使我国各地的非遗从来不是各阶段正规教育的主要授课内容，自幼儿园起进入校园的青少年便没有机会亲自体验非遗，自然很难对传统和民间文化产生兴趣，保护意识则更为淡薄，更谈不上文化自觉的培养。这样看来，20世纪70年代以后出生在城市中的人对非遗都比较陌生，他们对家乡极有特色的传统戏剧、传统音乐、手工艺、传统医疗没有接触和体验，对此极不感兴趣。保护区内的介休市、灵石县一带的干调秧歌、和顺县凤台小戏和夫子岭弦腔等民间小戏的艺人年龄都在60岁以上，传承人数量越来越少，知晓的年轻人更是寥寥无几，传承面临濒危。我们在对晋中学院大学生的随机调查中发现，从小在本地县城长大的青少年甚至都没有听说过家乡的这些非遗。

而许多非遗又总出现在经济、正规教育不占优势的农村地区，由此对人们形成一种误导：非遗是老年人才会喜欢的文化，经济不发达地方的人才会去学非遗。年轻人当然不愿与过时联系在一起，与贫穷联系在一起，这极不利于非遗的传承，导致非遗在城市生活中不断地被边缘化。随着农村许多儿童涌入城市接受正规基础教育，远离在农村中传承的非遗，这种情况将变得更为严峻。

更值得注意的是，以音乐、舞蹈、美术艺术专业为主的学校教育全盘采用西式教育课程体系，使民众很早就形成西方艺术优于民族艺术的刻板认知，即使意识到民族艺术的精髓而欲在学校开展教学，由于西方艺术的表现特征、内在认知与我国传统艺术完全不同，接受了西式音乐、舞蹈和美术专业教育的学生，受已有认知思维的引导，也很难理解和掌握本民族的传统艺术。前文曾提到，晋中学院有老师想把国家级非遗项目祁太秧歌引入地方高校的音乐本科专业教育中，最终以失败告终。原因不止出在教育理念和教学体制上，更深刻的原因是祁太秧歌作为民间小戏，从音乐旋律、唱腔、乐器演奏和舞台表演形式，与本科生接受的西方音乐教育完全不相融，学生难以掌握。

当代学校正规教育与非遗相隔离的负面影响早已显现，在 20 世纪 80 年代，民族音乐研究者黄翔鹏就指出，在正规音乐学科教育体制中把西式音乐理论作为教学基础，就是从根源上切断了中国传统音乐自承一体的音乐表现方式。[①] 非遗保护如何突破因正规教育形成的他者文化观念的思维惯性，在正规学校教育中坚持一脉相承的文化体系，是最具挑战性的问题。

四、日常生活方式的"城市化"与非遗的濒危传承

城镇化进程是指推动乡村社会向以工业和服务业为主的城市社会转变，在这一过程中，会发生产业结构、土地使用以及职业等方面的巨大改变，随之带来人们生活方式及价值观、态度和行为方面的变化，传承人进入城市后如果不能很好地适应城市生活，非遗往往处于濒危状态。

（一）职业组织形态发生转变，改变了非遗传承人的生存状态

城市中人们从事的职业以非农化、专职化为主，职业组织从以前的农业生产组织变成政府行政机构、事业单位、企业公司、商业机构、城市非政府组织、居民小区等，管理、整合民众的社会组织以职业单位为主。为适应这种变化，在非遗传承过程中，一方面出现了以企业公司为组织专职从事非遗的谋生者；另一方面是一些民俗集体活动的组织主体由以前的村落组织逐渐转变为各类单位组织，如政府机关、学校等。随农民进入城市的非遗如果没有从传承组织上顺利完成上述转变，则很难再传承下去。

（二）方言萎缩、普通话普及，传统口头艺术传承困难，地方知识消失

在城市中，人口流动速度加快，来自不同地方的人的接触变得更加频繁，为便于交流，需要人们使用同一种语言，这导致方言的使用率越来越低。但传承于各地的地方戏、曲艺、民歌、民间故事等往往用方言才能演绎出其独有的魅力。随着普通话的普及，说普通话的人越来越多，通过方言展示的非遗逐渐萎缩，此类口头传统已很难被不懂方言的人所理解和接受，无法传播到更大范围的群体中去。

更重要的是，方言的萎缩还会导致地方知识的消失。在我国，对当地特有自然物候的经验认识、医疗方法和各种独有的技艺经验都被世居于地方的民众用方言进行描述，并且直接运用于实践中，在解决自然生态问题方面有巨大潜力。当它们被转用普通话表述和文字进行记录时，会遗漏很多关键信息，因此，方言的萎缩，某种程度上也是人类智慧的消失。

---

① 黄翔鹏. 论中国传统音乐的保存和发展 [J]. 中国音乐学, 1987 (4): 4-21.

(三) 日常生活的时间标准发生转变,非遗传承缺少时间保证

在我国,农村和城市生活参照的时间标准是不同的,进而农村与城市中人们的生活、工作节奏大不相同。

在农村,农民生活劳作参照的时间标准是依照自然物候的节律和发出的信号形成的,人们的时间观念与冰雪融化、候鸟迁徙、花开花落保持同步。我国农村时间安排以阴历为准,这一时间体系下的人们没有星期、周末、假期的概念,只有农历节气的时间感觉。一天的劳作结束后人们可能会安排一些娱乐活动,女性忙完家务后则会做手工布艺活,长达几个月的冬季农闲时段能够确保农民有足够的时间学习非遗。当代我们所认定的大部分非遗正是在这种时间安排下被创造和世代相传的,重要的民俗节日和人生仪式时间很少被安排在劳作繁重或食物匮乏的时节,许多民间艺术也正是与周而复始的农历节日和人生仪式活动相结合而得到代代传承。

而城市则采用西方的公历和星期制来安排人们的工作和休息,实行每天8小时、一周五天工作制、周六日双休的时间制度,重要节庆实行公假制度,人们的生活没有农忙和农闲的区别。专职化谋生方式加上以时间、人力来计算成本的市场经济使城市的工作和生活节奏快速而紧张。非遗以口传心授、耳濡目染为主要学习方式,需传承者不断重复的模仿和专心练习,学成时间很长,确保学习非遗的人有足够练习的时间和维持基本生计是成功传承非遗的前提。但对于许多普通人而言,城市的生存方式和时间制度使他们难以专注于非遗传承。

而且,自辛亥革命后我国日常生活的时间安排就以公历为标准,导致中国民俗的深厚底蕴不断被稀释。而农历春节、清明节、中秋节、端午节一直是国人最为看重的重要节日,在2007年上述传统节日成为法定公假前,在公历时间体系下生活工作的人们很难以一种放松、快乐的心态度过这些节日,人们要不放弃过节正常上班,要不请假或旷工去过节,在这样的矛盾选择下,传统节日所蕴含的民俗精神在人们生活中变得可有可无。

(四) 非遗信息的传播极其有限

许多非遗传承举步维艰,还与其在城市日常生活中的传播弘扬缺失有关。一般来说,城市中的市民为多样而海量的媒体信息所包围,这深刻影响着他们获取文化的途径和观念。与城市传媒体系中滚动传播的通俗流行文化产品相比,有关非遗的内容所占比例极低,而许多非遗呈现给受众的形式又难以引起年轻群体的注意。如左权县的将军布老虎、清徐县的炼白葡萄酒、介休洪山的全料香,这些非遗的品质优良,但相关经营者却没有在产品和年轻受众间架起一座展示自我的平台,导致这些非遗在一个县区的品牌识别度、知名度都不高。

可以说,非遗在当代传承困难,并不全是人们所以为的非遗与时代不相宜的缘

故，而是社会发展主导者几乎没有为包括非遗在内的文化发展提供实质性的硬件设施、政策制度等应有的实际性支持，这种导向也使公众对非遗的态度日益消极。

而在城镇化进程中，人们的生计方式、交流交易方式、衣食住行、生活节奏等都发生了结构性转变，人们的心态观念也在转变，看待非遗的眼光也自然地发生转变，这才是传统和民间文化形式传承在城镇化背景下面临的最大挑战。

同时在全球化进程中，从文化上定位城市的个性特色越来越显得重要，非遗是呈现地方特色的重要标志。当经过精心培育的非遗开始显现出其经济上的优势时，这表明，以文化来指导城市建设，一方面保护了文化遗产，另一方面也使城市文化消费逐渐成熟，二者是互赢的。在这一层面，凡有识之士，在城市新的规划和建设中都必然自觉把非遗纳入考量。

第三节　新型城镇化进程中的非遗保护策略和路径

城镇化是伴随工业化发展，非农产业在城镇集聚、农村人口向城镇集中的自然历史过程，是人类社会发展的客观趋势，是国家现代化的重要标志。当下人们都有这样的感觉，即城镇化程度越高，非遗消失得越快。然而，这不是不可逆转的时代使然，只是在相当长时期内，城市建设重经济轻人文，重西方轻本土，缺少对非遗的尊重意识。随着我国非遗保护的实施，人们对非遗的态度正逐渐改变，非遗对城市发展的重要性得到肯定。那么在此次新型城镇化战略和非遗保护重合的背景下，从农村进入城市的非遗如何有活力地传承下去？实施路径是什么？这都是值得我们深思的问题。

现有非遗保护实践表明，影响非遗传承的诸多因素往往在非遗项目本身之外，与社会文化态度取向、政策导向、民众行为等社会运作逻辑有关。因此，非遗在城镇化进程中遇到的困难，不是文化部门主管下的非遗保护工作所能完全解决的。把握时代机遇，我们应仔细考虑非遗保护与此次新型城镇化所关注的城市就业、交通住宅、城市公共服务、三大类（绿色、智慧、人文）新型城市建设及实施之间的联系，在城镇工程硬件建设规划展开之初就应把非遗传承考虑进去，使其与城市日常生活对接，这是真正意义上的非遗整体性保护，也是有别于以往城镇化和非遗保护的新的尝试。下面将透过那些在城镇化进程中成功传承的非遗案例，探讨我国在此轮新型城镇化进程中推动非遗继续传承的具体策略和途径，为保护区内的非遗保护提供启发和借鉴。

一、在新型城镇规划中纳入非遗传承与保护

我国《国家新型城镇化规划（2014—2020年）》（以下简称《规划》）已完成顶层设计，但在具体实践中如何解决城镇化进程与非遗传承之间的矛盾，社会各界还没有形成共识，非遗也几乎没有进入各城市总体规划的制定和修编者的视野中，在实际的城镇建设中则更无从谈起。要改变这种状况，需改变以经济指标为唯一衡量标准，城市管理方在顶层设计层面做城市规划时就应通盘考虑城市生活和非遗的关系，考虑非遗传承群体如何生活、工作、娱乐及身处何种环境。在这种情况下，规划者绝不只是一个规划"起草者"，而是必须清晰地想象出规划上的文字、图示在实际生活中是何种样貌，产生何种效果，以将非遗保护工作与城镇基本建设、产业发展、城镇管理机制统合起来，同步规划、同步实施。笔者认为，应从以下六个方面考虑将非遗传承与保护纳入新型城镇规划中。

（一）利用古建筑场所展示非遗

此次新型城镇化进程非常重视各类物质遗产的普查与保护，这是《规划》的重要内容。保护区里的榆次区、太谷县、祁县、平遥县等地都保存了数量、类型众多的古民居院落、古建筑。如太谷县旧城尚有8000余间老宅，150余处四合院保存基本完好。祁县昭馀古街区仅渠家大院就有8个大院，19个四合小院，240间房屋。有的县城则修缮了带有特殊年代历史印记的街道，如昔阳"农业学大寨"特色街道。有些城市则修建了仿古街。除此以外，大部分县市还有自然风景区、古村落、文化遗产旅游景区等场所。这些景区中空置的房屋非常适合作为非遗的展示场所。

这一思路在保护区已有尝试。一些非遗实物、仿制品陈列在国家指定的文物单位暨景点中，如乔家大院民俗博物馆、太原文庙的省民俗博物馆。而国家级非遗项目平遥纱阁戏人在平遥清虚观陈列展出。目前一些娱乐类、实用类非遗项目正被新的社会文化、技术形态所替代，逐渐退出当地人的日常生活。如介休、灵石、平遥一带流传的干调秧歌、盲人三弦曲艺和传统手工杆秤制作技艺，目前传承状况都不佳，后继无人。对于这些难以寻找传承人的非遗，经过普查和系统整理后，可将与这些非遗项目有关的物件和信息完整记录并加以保存，以各种静态媒介、模型、雕塑等形式陈列和展示在物质遗产空间中，供民众参观，让后代有机会了解那些曾世代相传的非遗。因此，将保护区内此类濒于消失的各类非遗的信息和相关实物在物质遗产场所中陈列展出，与物质遗产一起被保护起来，不仅能全面彰显地方特色，也能引导民众重新关注祖辈创造的文化。

结合非遗考虑物质遗产的保护，还能发现另一番新天地。当下许多地方把物质遗产封闭保护或列为收费景点，将之与当地民众及其传承的传统民间文化活动相隔

离，结果这些文物建筑保护反而得不到民众的理解，进而难以得到妥善的维护。山西盂县县城的大王庙、左权县城的城隍庙，四周均被居民楼所包围，没有任何缓冲地带，仅庙宇得到文物管理部门的看护，毫无生机。附近民众虽有文物保护意识，但同时也有文物和自己生活没有直接关联的认识。某种程度上，如果考虑在这些物质遗产场所举办非遗展演活动，也许不会形成上述局面。

所以，根据不同非遗的属性，因地制宜，充分利用古建遗产空间实施非遗保护，能使之避免成为闭锁的文物建筑，有效提升物质遗产的功能。这符合《规划》所指出的：注重在旧城改造过程中保护历史文化遗产、民族文化风格和传统风貌，促进功能提升与文化文物保护相结合。

（二）保留或建设非遗传习和展演的场所

《规划》指出："建设人文城市，要传承和弘扬优秀传统文化，推动地方特色文化发展，保存城市文化记忆。"传习所建设是非遗保护的重要环节。在城市建设中，对那些有强烈传承意愿的非遗团体，在与之充分沟通的基础上，听取他们的想法和见解，结合国家各项政策，联合城建部门，把这些传习场所的翻修重建、搬迁、扩充修建作为建设项目纳入城市发展规划，使民间舞蹈、民间音乐、传统武术等人员规模较大的非遗项目的传习活动不受季节、气候的影响，实现常态化。

非遗展演场所主要指可以公开面向非遗受众群体展开表演的空间场所。在很多城市，戏剧、杂技、音乐等表演类非遗需居民购票进剧场观看，但剧场及配套来自西方生活方式。在规模较小的县市中，大部分基层民众没有付费进全封闭剧场欣赏文化的习惯，他们更喜欢容易前往且能自由出入的表演场所如露天广场、露天戏台、公园、体育场馆等。2014年第八届中国曲艺"牡丹奖"颁奖仪式暨惠民演出活动在南京莫愁湖公园抱月楼举行，这是"牡丹奖"自2006年落户江苏后首次移师场外举行，从剧场走向开放的公园广场，使这场表演惠及每一位想观看的市民，观众现场反响异常热烈。

有鉴于此，在此次的新型城镇化进程中，结合公共文化服务，城市管理者应关注有利于非遗传承的城市空间的规划和布局，主要从以下三方面着手，这也是当下城市空间建设规划中所缺乏的。

第一，许多村庄被纳入新城区的建设规划中，在未来则成为城区的一部分。从村庄转向城区的过程中，一些长期为村民认可的开放式文化空间应在保留的基础上再更新改造，如庙宇及周边的开阔场地、街区等，使传统戏剧、社火表演等非遗能在城市生活社区中继续传承，这也是地方文化脉络的延续。

第二，对纳入城区规划中的乡村中已有的戏台及旧城区中原有的开放式剧院、广场、公园等公共空间，不应轻易挤占或拆除，这是非遗在城市得以传承的物质基础之一。结合当地民众生活实际，再以戏台、剧院等为轴心向四周延伸出其他类型的文化设施，设计修建非遗传承场所，为民众容易接触到非遗创造条件。

第三，合理规划、建设普通住宅小区及周边的各类文化场所，如配备多功能的小型广场或场馆，这类似于当下各县、乡、村建起的文化艺术中心，在特定假期、节日等重要时刻周期性地引入戏剧、民歌、音乐、杂耍、传统工艺美术等民间艺术，使城市的儿童、年轻一代能够年复一年地亲自接触和体验非遗，发现非遗之美。

（三）建设利于非遗传承群体宜居的园（街）区

现下各地热衷于为商业类非遗专辟文化产业园区，用以吸引人才和资金。但这些园区的建成必须从人们生活基本需要出发，配有便捷的交通线路，有普通民众负担得起的各类住房和生活设施，完善的教育、就业、医疗、文体休闲等公共服务体系。这样才能吸引越来越多的外来者来此从事非遗方面的生产、贸易零售等产业活动，不断增加就业岗位，做到非遗产业集聚与人口集聚的同步化。这涉及《规划》中关于交通网络、城市就业、城市空间结构等硬件要素以及城市基本公共服务、管理理念、发展机制等软件要素，需要政府规划局、房管、市政、城建、水利、交通运输等诸多部门联合展开工作。

应当说，宜居的非遗产业园（街）区，可以解决前文提到的非遗传承者在农村居住分散、交通不便的问题，既有利于非遗传承者之间的交流与竞争，也为非遗后继者的常态化培训提供了居住和时间上的方便，使愿意传习非遗的年轻人以较低的生活成本学习非遗。这样的园（街）区能汇聚各年龄层次、各种教育背景的人，有利于化解非遗传承人目前在选择徒弟和从业人员时所遭遇的各种困难。此类规划如果执行到位，将逐渐营造出激发非遗传承者创意灵感的成熟的社会条件，而这正是非遗在城市传承发展的关键，更为非遗项目产业链奠定了地缘集群和多元人才的基础。

（四）修建城市非遗象征标识物

《规划》指出："注重在新城新区建设中融入传统文化元素，与原有城市自然人文特征相协调。加强历史文化名城名镇、历史文化街区、民族风情小镇文化资源挖掘和文化生态的整体保护，传承和弘扬优秀传统文化，推动地方特色文化发展，保存城市文化记忆。"将修建非遗象征标识物包含在城市公共设施建设中是弘扬非遗的重要手段。甘肃庆阳是"香包之乡"，庆阳市城北广场矗立着一组有两三层楼房高的"空间香包"雕塑，把小小香包放大了几千倍，用现代雕塑艺术呈现出来，极富美感。晋中市左权县把小花戏的道具——扇子以巨型雕塑展现出来，醒目地立在左权县城交通要道上。这些做法以非遗作为标识，有效彰显了城市的文化特色。

因此，在城市建设中，由艺术家运用现代设计理念和手法如城市雕塑等，将体现本地特色的非遗内容元素提炼出来，在联结城市的各类交通要道、人流量大的商场、街区、主题酒店等城市空间中把地方非遗以各种形式呈现，形成视觉上的冲击震撼，有力增强民众对非遗的记忆。

（五）建设非遗特色小镇

《规划》提出：要"把具有特色资源、区位优势的小城镇，通过规划引导、市场运作，培育成文化旅游、商贸物流、资源加工、交通枢纽等专业特色镇。远离中心城市的小城镇和林场、农场等，要完善基础设施和公共服务，发展成为服务农村、带动周边的综合性小城镇"。保护区内有些城市正向此方向迈进，如以醋、葡萄闻名的山西清徐县就是依托毗邻太原市但又不在太原市区的地缘优势，发挥既有农业优势，修建醋文化博物馆、葡萄休闲度假区，同时持续举办醋文化节、葡萄采摘节等活动，宣传造势，发展文化观光产业，打造"葡乡醋都"主题小镇。

而以非遗为核心建设有文化特色的风情小镇和村落，这种想法在地方民众中也正不断被酝酿着。全料香、洪山琉璃、洪山陶瓷三个非遗项目是介休市洪山镇独有的传统手工产业，以这些非遗为开发资源，介休市洪山镇民众提出发展洪山休闲观光产业的设想：兴建香道和茶道结合在一起的香吧，陶瓷和茶道结合的陶吧，香道和书籍结合的休闲书店，与介休周边旅游景区联结，将介休洪山镇发展为富有文化感的特色小镇。"民歌王"石占明的故乡——山西晋中市左权县石匣乡红都村，以石占明为领军人物，以红都村田园景观为基础，以左权民歌为文化资源要素，于2017年建成了山西"桃花红·杏花白"民歌传承基地，主要包括民歌培训基地、原生态民歌博物馆及传习场所、民歌演出广场、农业生态园、旅游接待中心等，在桃花、杏花盛开的季节，会举办大型民歌集会活动，以吸引游客，发展乡村田园景观和文化相结合的农业旅游。

这些想法的实现，当然需以当地实际情况为基础。而一个城市的发展，会带来物质资源的消耗和生物系统的改变，所以首要前提是警惕环境衰退，不破坏外在的生态景观，更不能破坏人们难以看到的地下水系、土壤、矿物等自然资源。再者，不断完善城市社会生活基础设施，使其适宜人们居住，否则无法吸引年轻人长久留居于此。

（六）善用各类传统美术和建筑技艺传承者

在晋中国家级文化生态保护实验区，活跃着许多古建筑公司，承担着重要的古建修缮、重建等工作。除此以外，榆次、太谷、祁县、平遥、介休、灵石等地还零散地活跃着许多民间工匠，他们以个体经营的形式从事各类工艺美术、庙宇塑像、雕梁画栋、民间雕刻（木雕、石雕、砖雕）的修建或修缮等工作。这些古建公司、民间工匠都在利用自身的技艺经营谋生。根据《规划》中提出的"强化城市产业就业支撑"意见指导，调整优化城市产业布局和结构，使这些传承者的经营活动成为晋中地方特色产业而得到不断的发展。

在普查并评估相关非遗传承人技艺水准的基础上，此次新型城镇规划和建设应特别注重吸收民间工艺美术工匠、传统建筑技艺工匠加入古建筑修缮、庙宇修建以及传统风格建筑的建设中，重视他们的技艺特长、经验及意见，尊重他们的合理利益诉求。这样既能使物质遗产的传统风貌得到修缮，也能使活态的传统工艺、古建筑技艺继续传承下去，是传统古建筑技艺、传统工艺美术与当代生活相融合的途径之一，是培养此类年轻非遗传承人才的一个重要方式。

同时，运用各种手段方式弘扬和开展非遗教育，让非遗搭上城市电子传播平台，利用各类传播方式，反复向民众输出各类非遗知识，增进市民对非遗的熟悉和认可度。随着我国自上而下非遗保护的展开，这方面的力度正不断加大。但在县一级的城市中，仍需思考适合本地民众认识水平的非遗推广和教育方式，让城市中的青少年有机会接触家乡非遗，引导他们发现并尊重非遗，逐渐树立起非遗保护意识，这是非遗世代传承的起点。

有意思的是，在实际的调研中我们发现，政府机构负责制订各类规划的工作人员曾明确提出，无论哪种规划，都以国家法律为准绳。目前文物保护已经明确被纳入与之相关的各类规划中，在执行中应责任到人。然而，非遗却是他们还尚不明了的，甚至还没有意识到非遗保护已有法可依，因此更谈不上制订规划时考虑非遗。这又是一个值得我们深思和研究的问题。

这也表明，基于中国现行条块垂直分割的行政管理体制，跨部门共事非常不易，所以在此次新型城镇化进程中保护非遗的构想若要转变为能够被执行的规划，须突破部门分类管理的局限，首要且迫切的就是建立非遗主管部门与城市规划部门的合作机制，让政府管理者、来自不同专业的研究者、非遗传承群体、非遗相关利益者等参与进来，发展出能自我改良和适应并协调各方的运作机制，处理非遗传承与城市建设的关系，使保护非遗成为当地民众主动释放才华、创造力并贡献于城市发展的过程。

二、社会变迁过程中的非遗传承路径

挑战即机遇，换一个角度思考，伴随城镇化而发生的社会变迁赋予非遗什么样的机遇？人类学研究表明，传统本就具有适应变化和重构自身的力量，而实践也已证明，许多非遗是可以在当代社会变迁进程中成功实现代际传承的。下面以统合各种社会变迁的城镇化进程为切入点，梳理在当代尤其是仍在城市中传承的非遗案例及其成功因素，提出新型城镇化进程中的非遗传承的具体路径。

（一）完善文化产业链是非遗在市场经济社会继续传承的关键

基于事物发展的表面现象，许多人认为非遗在当代尤其是城市中传承濒危，是由于市民审美趣味与乡村文化艺术格格不入，但这并不具有说服力。一个案例就是原在农村流传的东北二人转进入城市后反而有了更大的发展。

吉林长春是目前东北二人转演出市场最火的城市，拥有和平大戏院、东北风剧场、刘老根大舞台三家知名度极高的演出企业，遍布全市的10个演出剧场（和平大戏院5个、东北风剧场3个、刘老根大舞台1个、大东北1个），各剧场每天上座率都在80%以上，日观看演出的观众近8000人次，票价从10元到120元不等，每天19：40～22：40时段演出。演出内容以改良后的风趣、幽默见长的二人转为主，掺杂一些综艺节目。长春市东北风民康路剧场可容纳600多名观众，以75%上座率计算，每天仅门票收入就高达2.25万元，除去各种费用，演出纯利润在1.5万元以上，一年下来剧场的收入在500万元以上。和平大戏院、刘老根大舞台的经营状况要好于东北风剧场，其效益可想而知。①

相比其他不断萎缩的传统表演艺术，二人转在城市有如此的市场空间，其成功的关键就是二人转表演不断开拓在城市的表演空间，吸纳不同的社会力量介入二人转的传承中，在城市中形成了有利于二人转表演的文化产业链。

首先，培训二人转演员的机构众多。面对城市中通俗文化的强势竞争，二人转若要立足下去，首要且最核心的因素是要有源源不断的表演人才作为后盾，做到这一点，城市中必须有相当规模的二人转演员培训机构。正是基于东北城市二人转演出市场的成熟，催生了东北各城乡中各类传授二人转学校、培训班的涌现。至2011年年底，辽宁省辽阳市某二人转学校已培养出近200名二人转演员，这些演员活跃在东北三省、内蒙古和山东、河北的舞台上。学校里还有近60名学员，最小的12岁，最大的26岁。学习二人转的费用从5000元到8000元不等，包教包会直至出徒，出徒时间长短视个人悟性而定，快的3个月出徒，慢的则要二三年。②

暂且不论这些机构能否培养出杰出的二人转演员，重要的是这些数目众多的二人转艺校、培训班，从数量上为二人转优秀表演人才的出现奠定了极为有利的基础。正因为如此，较之于同类其他非遗项目后继乏人的窘状，二人转目前拥有数量

---

① 佚名. 长春市二人转特色文化 [EB/OL]. (2012-04-07). http://www.cchcyy.com/diamondnewshow.asp? ID=236.

② 秦逸. 东北二人转正从农村走向城市 [EB/OL]. (2011-10-22). http://www.chinanews.com/cul/2011/10-22/3407070.shtml.

较多的实力派演员，表演功夫过硬。他们的共同特点是认真学习了二人转积累了几百年的传统精髓，又把传统精髓融入城市舞台的二人转表演中。现在全国大众熟悉的赵本山、潘长江、闫学晶、小沈阳、宋小宝等人，都有着扎实的二人转表演功底，他们又创造性地把二人转元素融入小品、影视剧等其他类型的表演中去，获得了成功。

其次，产业链各环节人才的配合支撑。非遗传承的决定性因素是人，这里所说的"人"，是指能让一项非遗顺利传承下去所需要的各行业的人才。二人转在城市的成功立足，不仅因为有一群优秀的表演者，还离不开具有现代理念的编创、传媒宣传、商业营销等方面的专业人才。最为知名的刘老根大舞台拥有编剧创作队伍、舞美、导演及宣传营销人才共近百位，这些人才遵循市民欣赏趣味，在幕后为二人转表演提供了一系列的配套支撑。也就是说，东北各城市已形成由表演人才、编创人才、传媒人才、营销人才、消费受众组成的二人转演艺文化产业生态圈。

最后，与传媒深度结合。一切事物的繁荣都不是偶然的，二人转在城市的成功还在于它较早地成为影视媒体反复传播的对象。20世纪90年代初电视娱乐业刚刚兴起，当时能收看电视节目的公众就已经开始接触CCTV播放的赵本山、潘长江等人表演的二人转风格的小品剧，观众通过电视反复观看此类小品的过程中，也潜移默化地了解了二人转表演。随着影视产业的成熟，二人转与影视的"联姻"方式更加多元化，其方式也不是把二人转简单地放到电视上播放了。1996年潘长江的春晚小品《过河》，从音乐旋律、舞蹈动作到语言表达，充满了鲜明的二人转表演元素；1998年赵本山主演的电影《男妇女主任》，二人转在影视情节的发展中起到了烘云托月的重要作用。2000年后，以二人转演员为班底的影视剧越来越多。影视对二人转多层次的呈现，增强了二人转的艺术表现能力，也丰富了观众观看二人转的内心体验。从另一个角度看，这为二人转培养了基数巨大的观众，也就有了电视之外的二人转演艺产业的兴盛。

伴随二人转表演在城市的兴盛，东北地方电视台抓住二人转发展的有利时机，举办不同形式和层次的二人转表演比赛，开辟多个栏目，从多个角度对二人转进行展示，这无形中又扩大了二人转的社会影响和受众面。这些广泛面向受众的传媒平台，让年轻演员有机会尽情展现自己的才华，其中的佼佼者很快被观众所熟知。传媒对二人转的反复传播，对培养二人转的消费受众，推动其产业化发展起到了不可忽视的重要作用。

从农村进入城市的非遗面临翻天覆地的变化，要想继续传承下去，把市场经济思维注入非遗传承过程中是必然趋势，这也是当代民众传承非遗的最基本的生存动力，反对和排斥非遗的商业化并不具现实意义。我们应着力思考如何创造并完善与非遗传承有关的文化产业链，让精通非遗和精通市场的专业人才进入非遗的产业化传承过程中，提升非遗的文化品质，使其成为对市民有吸引力的文化商品。

（二）创意重构是非遗在城市继续传承的重要手段

非遗传承群体是发展中国家最重要的原创性人才群，他们所传承的歌曲、舞蹈、民间口头传统、手工艺、武术等是发展文化产业的基础资源。从保护视角看，非遗产业化的前提是这些非遗区别于其他文化的独有表现形态及内涵要由当代人及后代真正地继承下来。在此前提下，我们应顺应经济、技术变迁背景，引入"创意经济"思维，从外部机制重新定位非遗发展方向。创意是指从经营体制、产品开发、引入科技元素、形象构造、市场推销等方面重新解释、演绎非遗，将非遗转化成具有高附加值的消费产品。

以杂技为例，作为最具民族特色的非遗项目，我国拥有数量巨大的高水平杂技演员，但传承于各地的杂技在当代的发展却不容乐观。然而每天在上海马戏城表演的多媒体杂技舞台剧《ERA——时空之旅》却取得了文化和市场的双重成功，其围绕杂技展开的以下三个方面的创意重构对我国其他民间艺术演艺的发展有着积极的借鉴意义。①

第一，投资方在经营理念和机制上完成转型。在该剧形成前，其投资主体中国对外演出公司、中国对外展览中心从事业单位转型为中国对外文化集团公司，遵循市场和企业管理规律来经营企业，注重市场需求，研究消费者心理、生产和人力成本，以此为前提考虑要投资打造的文化产品。在借鉴加拿大太阳马戏团演艺经验和调查市场的基础上，与上海文广新闻传媒集团、上海杂技团联合，共同出资成立了专门的时空之旅文化传播公司，打造杂技剧。

第二，围绕中国传统杂技表演优势，创意构思杂技表演之外的元素，渲染杂技表演的视觉效果。以中国传统杂技表演为核心，时空之旅文化传播公司聘请了国际知名的作曲、舞台、编导方面的创作班底展开创意构思。以一个故事为主脉，把不同的杂技节目串联在一起，融入中国传统舞蹈、戏剧、传统音乐、武术等其他非遗和上海文化元素，辅以多媒体技术增强舞台视觉效果，但又不喧宾夺主，让杂技的难度和惊险充分展现，同时有很强的现代美感和人文情怀，使观众深深沉浸在营造出的视觉意境中。最终该剧成为一部国际公认的由中国原创的以杂技为主的多媒体舞剧。

第三，精心策划营销策略。在精心制作产品的基础上，时空之旅公司有针对性地制定了商业营销策略，利用旅游展开各种推介，同时实施有利于门票销售的各种

---

① 中央文化管理干部学院. 文化建设案例选编 [M]. 北京：文化艺术出版社，2011：197-203.

措施，针对商务人士展开宣传，开发衍生品。目前该剧已成为上海市民和外来商务人士留宿上海时受欢迎的夜间行程安排，在此基础上，该剧成为国内外演出机构邀请的对象，在国内外进行巡演。

至2015年，《ERA——时空之旅》演出已有10年，以每年364场的频率上演，实现了单一剧目连续驻演10年，系列演出总计4985场，接待中外观众超过450万人次，国外来华观众超过300万人次，票房收入达到4.5亿元的突出业绩，创造了"出口不出国"的文化"走出去"新模式。①

上海早已是国际性大都市，以我们目前对城镇化与非遗传承关系的理解，非遗在上海这座城市中是难以传承下去的。但《ERA——时空之旅》"中国元素，国际制作，中国故事，国际表述"的定位正是以上海作为国际性都市和海纳百川的城市生活为基础的，灵活地运用城市商业体制，不仅汇集国内外各种人才为该剧提供最有力的创意支撑，也获得了最稳定的客源——国际游客，将中国杂技成功转变为具有盈利性的文化商品。

在这一案例中，来自各地的杂技演员在上海马戏城专职从事杂技表演，以此赚取收入。他们是文化产业生产端的重要成员，其现场表演水准决定着该剧在市场的生存周期，同时与之相关的剧情、演员服饰、舞美等及市场营销策略经过创意重构被成功引入杂技的传承过程中，使杂技作为产业的最核心部分具备了经济增值能力。因此，面对从农村到城市的巨大变化，创意重构是非遗在城市继续传承的重要途径，成功的创意会使非遗在商品化过程中获得新的传承形态，也使非遗成为城市独一无二的文化象征。

（三）将非遗作为技术产品的有益补充和灵感来源

在科技迅速发展的时代，全球化进程的推进，使以手工技艺为核心的非遗不断遭到淘汰，一些仍在传承的非遗则在工序流程中加入了机械制造和科技元素，这解放了人们的身体，把人们从沉重、重复性的体力劳动中解脱出来，使人们把主观创造力转向了与机器有关的技术革新、发明和各类造型设计。邱春林在讨论当代工艺美术行业的发展时认为，传统工艺美术的发展不可能完全拒绝现代科技，应"巧妙地让双手与机器工具结合起来，让人脑与电脑结合起来，才能降低成本，才能在市场经济环境中生存下去"②。

沿着这一思路，面对非遗传承与科技发展的冲突，确保当代人及后代高水准继

---

① 专题报道. 十年改革创造新时空——多媒体舞台剧《时空之旅》久演不衰的创新实践意义［N］. 中国文化报，2015-10-13 (5).

② 邱春林. 设计与文化［M］. 重庆：重庆大学出版社，2009：223.

承非科技体系下的非遗核心要素是非遗保护的主要目标。在此基础上，当代替代非遗的各类产品可从非遗中汲取灵感进行再创造，在这个过程中，很多制作者的文化记忆并没有被削弱，由他们设计，由机器生产出来的产品仍能保留原有传统手工艺形成的文化特色和内涵。我国北方春节时大部分家庭张贴的对联和版画来自机器胶印制作，是在吸收手工版画艺术风格、书法风格后重新设计，由机器胶印生产的，其耐用性、色彩搭配、视觉效果并非都"粗俗不堪"[①]，大众接受度很高，但此类机器生产工艺并不在非遗范畴之内。

非遗还从形式和内容上为当代相关产品的生产提供了大量可资借鉴的元素，二者如果结合得成功，会具有历久弥新的气质。如民间美术的图案元素（年画）、剪纸、皮影、戏剧脸谱等传统图案样式被印制到当代服饰T恤上，其原有的民俗内涵或者被默认，或者通过叠加、改变等方式产生新的文化内涵。大量的传统文化内容则因使用新材料和新工艺而有了再创造的新空间，如在传统音乐领域，许多传统音乐的曲调在当代被音乐人运用新的乐器、音响方式重新演绎后，令人耳目一新。

（四）将非遗纳入城市顶层发展规划和公共管理体制中

城市风貌趋同、缺乏地方特色的"千城一面"在我国已是事实，但结合日常生活感受我们可以发现，非遗作为特定社区、群体或个人创造力的体现，贯穿于市民具体的行为方式、习俗、手工艺品中，当各类非遗普遍渗透于城市生活中时，正是这个城市文化特点的有效呈现。很多非遗在城镇化、市场、技术等社会变迁过程中难以传承下去，这与过去社会发展观念中缺少非遗传承意识有关，人们在具体的管理措施中常忽略或排斥非遗的存在；反之，非遗的命运则截然不同。

以广州最有特色的春节习俗——花市为例，周边农民种植花卉已有1000多年的历史，广州春节花市是在农村、小镇花圩的基础上发展起来的，其间经历了花圩—花市—夜花市—除夕花市的过程。随着广州城市区域的不断扩充，由花农自主发起的摆摊已不可行，它需要城市管理部门的介入，就摆摊地点、布局陈列、花卉价格等事宜进行提前规划和实施有效管理。广州政府管理部门正是较好地做到了这一点，即使是日本侵华时期负责城市管理和治安的警局、城建、卫生、工商等部门，也对花市表现出支持的态度，而合理的花价也调动了花农培养花卉的积极性。现在广州花市设在交通紧张的城市街道上，涉及的竞价投标、摊位布局、大型道具和灯光布置时都需文化、交通、交警、工商、城建等多个政府部门联合统筹管理。由此可见，广州花市虽是民众生活的一部分，但如果没有地方政府和其他社会组织

---

① 马丽云，李榆，赵轶，朱海婧. 木版年画与胶印年画的抗衡——朱仙镇木版年画创新发展现状的个案调查［J］. 文化遗产，2010（1）：125－133.

在城市公共服务方面实施有效管理,花市不可能每年都出现在广州不同的市区街道中,更不可能成为广州春节特有的民俗活动。

当代很多城市出于安全等因素的考虑而罔顾民意,禁止与非遗有关的活动的举办,如有的城市在端午节禁止举办龙舟比赛。借鉴广州城市管理的成功经验,保护非遗绝不只是文化部门的专职工作,而是城市诸多公共管理部门的常规性工作。重新思考非遗传承与社会发展的关系,更新政府管理理念,建立、发展并完善与非遗有关的城市公共管理模式和机制,应成为此轮新型城镇化进程中着力解决的重要问题。

三、实现非遗传承与城市日常生活的有机衔接

无论社会如何变迁,非遗作为一种生活方式,只有融入人们新的生活中,其生命力才能继续保持,可以发现,那些经历了社会变迁仍得以传承的非遗主要从以下三个方面重构了生存环境。

第一,非遗为职业人员所传承。城市中一些非遗没有消失的重要原因就是其顺利地为城市职业人员所传承。最典型的案例是民间口头文学,非遗视角下的民间文学不是指通过文字、影像记录下的静态内容,而是指仍有人用口头语言讲述民间文学。当下,现实生活中绘声绘色讲传说故事的人不再只是农民,正逐渐转变为旅游景区讲解员、儿童节目制作者或主持人。

在山西,许多旅游景区组织人员收集整理与景区有关的民间传说,并由讲解员将这些传说融入景区的信息传播和讲解中。如介子推的传说、圣母娘娘的传说、赵氏孤儿的传说都已成为介休绵山、太原晋祠、盂县藏山旅游景区导游讲给游客的必备内容。好的导游会把民间传说讲得引人入胜。而当下动画剧、少儿节目使用新的表达方式重新讲述民间传说故事,借助传媒传递给受众,通过上述方式民间文学在民众当代生活中得以继续流传。

这也提醒我们,有的非遗在面临社会转型时如果没有顺利找到从事新职业的传承人、新平台,自然会不可避免地消亡。

第二,非遗传承与市民休闲生活相结合。适应城市生活节奏和时间安排,利用周末和假期,将政府财政支持的各类综合性和民俗类博物馆、公园、文化活动中心作为非遗传承场所,在有时间和场所的前提下,鼓励市民将非遗作为兴趣爱好加以传承。广州市非遗保护中心面向本市儿童,邀请非遗传承人当老师在当地博物馆、文化活动中心等场所举办周末、暑期"非遗课堂",涉及的非遗项目有舞狮、广绣、广彩、古琴、粤剧、天灸、武术、沙湾飘色、广府月饼等,以此增强本市儿童对非遗的兴趣。与此同时,以武术、传统艺术表演、手工为主的非遗项目的有偿培训在城市中也悄然兴起,成为市民兴趣教育的有机组成部分。

第三，构建非遗新的存在方式。从农村到城市，许多非遗传承者都须有意识地重建新的生存形式，并争取获得越来越多市民的认同。在山西，国家级非遗项目太原锣鼓原为农村社火活动的娱乐性表演，随着太原城市化程度越来越高，太原锣鼓传承团体成立了演艺公司，以此为经营主体，寻找各类表演机会，出现在各种晚会、公司年会、婚庆礼仪、企业庆典以及旅游景区、比赛活动中，以此赚取出场收入谋生。实际上，我们可以认为该非遗项目在城市中找到了新的生存方式。

推动非遗在城市的传承，面向地方民众，以会展业为模板，还可有意识地构建以非遗为主题的新的节庆，以此推动非遗在城市的传承。我国许多城市已有以非遗为主题的节庆，代表性案例主要有北京地坛庙会、潍坊国际风筝节、南宁国际民歌艺术节，这类非遗主题节庆在过去二三十年的发展过程中，从非遗传人培养、创意转化、商业经营及教育研究方面，动员众多的城市市民加入非遗的传承过程中来，是主办城市最重要的会展类文化产业，成功带动了非遗的持续传承。

非遗的大量消失并非在社会变迁过程中完全不可避免，过去的教训证明这是在明确政策导向下出现的必然结果。当下新型城镇化作为我国近百年内又一次巨大的社会变迁，与以往城镇化最大的区别在于它以人为核心，注重人在城市中的生活。市民能否享受到多元丰富的文化产品是这一内涵的重要体现，发展文化产业是当下有效满足市民文化需求的必然选择。无疑，最具地方、民族特色的非遗是文化产业的重要资源。

同时，也只有城市才能为非遗传承提供必不可少的信息、人才、技术等支撑以及劳动分工合作机制，加上国家大力提倡文化供给侧结构改革的政策导向，与这些优势因素结合起来，一些非遗项目在城市中就能够创造就业机会和促进经济增长。当然，在现有社会发展背景下，同样的投资如果用于城市各类物质设施建设，在短期内就能收到更高利润。但是包括非遗在内的文化的重要性不仅仅只在于其经济价值，更在于其蕴藏于民众中源源不绝的智慧创意、对城市环境的滋养以及民众认同感的培养等，这些因素影响着各类专业人才、投资商以及旅游者对这个城市的好感度，进而影响着城市的经济发展水平。因此，非遗并不是城市物质建设可有可无的点缀，而是与住宅、交通、土地资源等城市建设密切相关的重要文化资源。

城市权威部门应从经济战略的角度整体思考包括非遗在内的文化在城市软实力竞争中扮演的角色，把非遗传承与城市文化产业发展、市民生活品质、生活空间美化联系起来，以此提升城市的文化氛围。非遗传承和保护工作因城镇化更具挑战性，新型城镇化因非遗保护而更复杂。然而，人们终将会意识到，因非遗带来的城市社区的和谐安全、独特文化氛围、新兴产业，既丰富了城市的内涵，对城镇经济也将产生持续的积极影响。

第七章 迈向可持续发展的非遗整体性保护

第一节 可持续发展：非遗保护新方向

联合国教科文组织在2003年出台的《保护非物质文化遗产公约》明确非遗是可持续发展的保证①，但当时并没有阐释其具体内涵。2014年，联合国教科文组织召开题为"在国家层面保护非遗和可持续发展"的专家会议，会议分析了非遗对可持续发展的重要性②，这次会议成果成为2016年联合国教科文组织《非遗公约业务指南》新增的"在国家层面保护非遗和可持续发展"的主体内容，该内容经联合国教科文组织2014年11月召开的"保护非遗政府间委员会"会议审议后，于2016年提交《保护非物质文化遗产公约》第六届缔约国大会，经审议获大会通过。这一新增内容倡导各国"在非遗保护措施中努力保持可持续发展三个方面（经济、社会和环境）的平衡，保持非遗与和平、安全之间相互依存的关系"。联合国教科文组织在非遗保护上的这一变化是基于国际社会对文化与发展关系近半个世纪的研究和实践得出的共识：文化在人类可持续发展过程中扮演重要角色。在这一共识基础上，将非遗与可持续发展的内在关系予以具体化，把推动可持续发展作为联合国教科文组织非遗保护的新目标。

笔者就联合国教科文组织关于非遗与可持续发展关系的最新观点及在非遗保护方面的调整变化抛砖引玉，以期从研究和实践层面引起国内相关人员对非遗与可持

---

① 《保护非物质文化遗产公约》序言第3段：考虑到1989年的《保护民间创作建议书》、2001年的《教科文组织世界文化多样性宣言》和2002年第三次文化部长圆桌会议通过的《伊斯坦布尔宣言》强调非物质文化遗产的重要性，它是文化多样性的熔炉，又是可持续发展的保证。

② 会议成果以《非物质文化遗产与可持续发展》为名由联合国教科文组织在2015年11月出版。

续发展理念两者关系的重视。

一、可持续发展理念内涵的演进

在全球范围内,"可持续发展"并不是新出现的一个术语。进入工业文明时代后,人们都将经济发展等同于物质生活的改善和提高,在这种认知下,许多国家不惜一切代价追求经济利益最大化,导致一系列危及人类生存问题的出现:环境污染、能源危机、核能和有毒化学物泄露、南北贫富分化、恐怖主义、社会武装冲突等。在此背景下,1987年,时任联合国世界环境与发展委员会主席格罗·哈莱姆·布伦特兰向联合国大会提交了题为《我们共同的未来》的报告,正式提出"可持续发展"理念:既满足当代人的需求,又不对后代人满足其需求的能力构成损害的发展。这一理念旨在倡导人类摒弃只顾眼前利益和局部利益的做法,改变以经济增长为唯一目标的发展模式,将发展的焦点重新聚集于人:人,而非物质,才是发展的根本动力,而且倡导人与自然的协调,寻求人类持续生存的发展新范式。

以环境保护为起点,从1962年《寂静的春天》[①] 到1972年《增长的极限——罗马俱乐部关于人类困境的研究报告》[②] 两本著作的出版,再到1987年联合国报告《我们共同的未来》,加上一系列与自然环境变化有关的重要会议的召开,各国对可持续发展的研究和认识不断深入。可持续发展成为当代人非常熟悉的一个术语,也是联合国致力推动的一个重要目标。2012年,联合国报告《实现我们共同憧憬的未来——给秘书长的报告》对可持续发展理念做了进一步阐释:以人权、平等和可持续为核心价值观,以可持续发展三大支柱——经济、社会、环境为核心,以"包容性社会发展、包容性经济发展、环境可持续发展以及和平与安全"四个高度相互依存的方面为关键目标,详细阐述现有经济增长模式对人类生存带来的各种挑战,指出实现"我们共同憧憬的未来"是要求各国"对现有的生产和消费过程、自然资源的管理以及治理机制作出革命性的改变。因此,它也呼吁采取基于社会公正,结构转型,经济多样化以及增长的一项广泛的发展办法"。这突破了以往以纯物质财富增长为指标的狭义发展观,将经济和社会的包容性、自然生态平衡、人类生活品质和健康作为衡量发展的指标,充分考虑这些因素在社会发展中的结构性功能,探索在这些方面可同步取得成效的发展范式。这使可持续发展逐渐成为许多国家制定政策法律和具体措施的重要指导思想。

---

① [美]蕾切尔·卡森. 寂静的春天 [M]. 吕瑞兰,李长生,译,上海:上海译文出版社,2014.
② [美]丹尼斯·米都斯,等. 增长的极限——罗马俱乐部关于人类困境的研究报告 [M]. 李宝恒,译,长春:吉林人民出版社,1997.

2015年9月25—27日,联合国在纽约召开的可持续发展峰会正式通过《变革我们的世界:2030年可持续发展议程》,该议程正式通过17项可持续发展总体目标和169项具体目标,是指导今后15年全球可持续发展的纲领性文件,被称为"2015年后发展议程"。中国国家主席习近平出席了该次峰会,承诺中国将以落实2030年可持续发展议程为己任。① 习近平提出创新、协调、绿色、开放、共享的新发展理念后,为建设美丽中国,我国政府适应经济发展新常态,出台了一系列重大举措,如精准扶贫,以绿色发展应对气候变化和产能过剩问题等,这都与可持续发展理念异曲同工,成效正不断显现出来。2016年G20杭州峰会,习近平在峰会不同场合向世界传达了中国坚持有质量的可持续发展的决心和魄力。

二、非遗对社会可持续发展的重要性

为响应联合国倡导的可持续发展行动,在《保护非物质文化遗产公约》框架下,联合国教科文组织倡导可持续发展理念与各国非遗保护政策制度结合起来。联合国教科文组织报告《非物质文化遗产与可持续发展》从"包容性社会发展""包容性经济发展""环境可持续发展""和平与安全"四个维度阐述了非遗对可持续发展的重要性(见表13②)。

表13 非遗对可持续发展重要性的四个维度

可持续发展的四个维度	非遗对社会可持续发展的重要性
包容性社会发展	非遗对饮食安全有重要作用
	传统医疗有助于人类健康
	非遗有助于获取安全清洁的水资源和促进水资源的可持续利用
	非遗从内容和方法上为教育提供活态案例
	非遗能强化社会凝聚力和包容性
	非遗在创造和传播性别角色和认同方面有决定性作用,有助于实现性别平等
环境可持续发展	非遗有助于保护生物多样性
	非遗有助于环境的可持续发展
	与自然有关的地方知识有助于环境可持续发展方面的研究
	能为社区提供解决气候变化和抵御自然灾难的办法

---

① 习近平在联合国发展峰会上的讲话(全文)[EB/OL].(2015-09-27). http://www.xinhuanet.com/world/2015-09/27/c_1116687809.htm.

② 本表是笔者根据联合国教科文组织《非物质文化遗产与可持续发展》报告整理而成,详细内容参阅该报告,http://unesdoc.unesco.org/images//0024/002434/243402e.pdf.

续表13

可持续发展的四个维度	非遗对社会可持续发展的重要性
包容性经济发展	非遗是支撑社区生活方式必不可少的组成部分
	非遗为很多人提供了收入和体面的就业，包括需要救济的人及其他弱势群体
	活态的非遗是创新的源泉
	社区能在与非遗有关的旅游活动中受益
和平与安全	非遗有助于促进和平
	非遗有助于阻止或解决冲突争端
	非遗有助于修复和平与安全
	非遗是维护和平与安全的一种方法

从实践层面看，可持续发展理念在联合国教科文组织《人类非物质文化遗产代表作名录》中正得到体现。2001—2008年，该名录①以传统表演艺术类和美术手工艺类非遗项目居多，主要以表现艺术创造力为主。自2009年起，该名录中体现可持续发展内涵的非遗项目不断增加，如有助于水资源合理使用的传统实践"西班牙地中海海岸的灌溉者法庭：穆尔西亚平原贤人委员会和巴伦西亚平原水法庭"（2009，西班牙）、与传统医药有关的"中医针灸"（2010，中国）、与健康饮食有关的"地中海饮食文化"（2013，多国联合申报）、有助于素质教育的"中国珠算"（2013，中国）、有助于生物多样性保护的"照料阿甘树的知识与实践"（2014，摩洛哥）、有利于身心健康和养生的"印度瑜伽"（2016，印度）、有助于和平与安全的"Gada，Oromo社会政治民主自治制度"（2016，埃塞俄比亚）等。这些项目在当地社区文化认同、性别平等、扶贫、环境保护等可持续发展方面发挥着作用。

联合国教科文组织将非遗与可持续发展联系起来，相对于从历史价值、美学价值、文化价值和科学价值层面认识非遗重要性，是从人类生存的高度明确了非遗的重要性，承认非遗与其他文化、知识一样蕴含着应对和解决社会发展问题的智慧资源，在解决当代人类生存问题方面扮演着关键角色。这也使那些由本土民众创造传承、于民众生活有着重要作用的传统和民间文化走出被忽视与受压制的困境，从社会边缘回归社会常态发展，服务于人们生活的各个方面。从可持续发展角度看，保

---

① 2001—2017年间，联合国教科文组织《保护非物质文化遗产公约》下《人类非物质文化遗产代表作名录》项目总数为399项，参阅联合国教科文组织. https://ich.org/en/lists? text = &multinational = 3&display1 = candidature_typeID#Representative List.

护非遗就是在保护人类当下及未来的生存。

在全球化语境下，以人类生存面临的不同危机为主线，联合国教科文组织明确非遗是可持续发展的驱动力和保证，这是对"普世性"现代科学的反思。现代科学不可能独自解决人类发展的所有问题，适用于所有地区的普遍发展模式也是不存在的，思维转换和路径选择不可避免，各国不应盲目移植他者的发展方式，而是应思考如何利用本土文化来确立自身的发展之道。具体到非遗保护，是以非遗所在社区的实际发展为基础，通过各类规划、政策、措施及具体实施，发现、激活和利用非遗，以非遗来提升社区民众能力，参与地方社区的发展，使非遗成为地方发展的内在动力之一，寻求现代科学与传统文化、地方知识的相互借鉴的可持续发展之路。

2016年《非遗公约业务指南》的新增内容表明，联合国教科文组织对非遗与可持续发展的关系已从理念认知进入推动各国出台政策的行动阶段。这一转变，对更新各国非遗保护观念，调整现有非遗保护方向，促进世界各国从可持续发展角度认识本国非遗有深远意义。

我国在发展过程中也面临着自然资源过度消耗、生态环境污染、不公平和财富分化等一系列"不可持续发展"的问题，这削弱了经济上取得的成就，影响了民众幸福感的获得。自国家展开非遗保护以来，非遗日益为民众所认同，但我国非遗保护与社会可持续发展结合的程度还比较低，需结合我国国情展开研究并调整非遗保护实践。

三、可持续发展视角下中国非遗保护存在的问题

（一）非遗项目评价标准未明确体现可持续发展理念

2005年，国务院发布《国家级非物质文化遗产代表作申报评定暂行办法》①，该办法对非遗的评价总体上以突出非遗的地方独特性，及其之于中华民族文化认同的重要性、杰出性为主，其中"具有展现中华民族文化创造力的杰出价值"这一评审标准虽可涵盖环境保护、生物多样性、性别角色、生命健康等可持续发展内涵，也能从一些非遗项目中追踪到非遗对社会可持续发展的重要性，但这些内容并没有

---

① 第六条具体评审标准如下：
（一）具有展现中华民族文化创造力的杰出价值；
（二）扎根于相关社区的文化传统，世代相传，具有鲜明的地方特色；
（三）具有促进中华民族文化认同、增强社会凝聚力、增进民族团结和社会稳定的作用，是文化交流的重要纽带；
（四）出色地运用传统工艺和技能，体现出高超的水平；
（五）具有见证中华民族活的文化传统的独特价值；
（六）对维系中华民族的文化传承具有重要意义，同时因社会变革或缺乏保护措施而面临消失的危险。

以明确的文字被表述出来。实际的非遗项目评审和给出的评价也未将可持续发展理念考虑在内。以第一批国家级非遗名录为例,有关名酒和名醋传统酿造技艺①的非遗项目评价内容都提及地方自然环境、微生物种群、水质、酿酒原料与传统技艺相互依存的关系。山西清徐老陈醋酿制技艺的项目评价内容还涉及以高粱为原料酿造的"粮食醋"的保健功能②,但这些项目评价内容主要用来阐明其鲜明的地方性特征,与小气候环境保护、生物多样性保护、水源保护等有关的可持续发展内涵则并未提及。

(二)非遗名录的可持续发展主题代表性低

在联合国教科文组织《保护非物质文化遗产公约》框架下,2001—2018 年间,我国有 32 项非遗项目进入《人类非物质文化遗产代表作名录》,传统和民间艺术类项目有 18 项③,占到总数一半多的比例,但尚未把口头说唱类非遗纳入其中,这些项目着重于突出我国地方民众的艺术创造力与文化认同。我国入选该名录的 6 项传统手工技艺非遗项目虽涉及自然生态环境,但仍以彰显其美学和创造力为主,明确体现医疗健康、环境保护、生物多样性等内涵的非遗项目所占比重极少,仅有中医针灸、藏医药浴法——中国藏族有关生命健康和疾病防治的知识与实践、珠算和农历二十四节气,分别与传统保健、素质教育、自然界和宇宙的知识和实践有关。

在我国现有的四批国家级非遗代表性项目名录中,传统音乐、传统戏剧、传统舞蹈、传统美术、传统曲艺这五类非遗项目占到国家级非遗项目总数的 53%④,均以表现艺术特征和文化底蕴为重心,许多民俗类非遗项目也以民间表演艺术居多。国家级非遗代表性项目名录所列十大非遗类型中,鲜明体现可持续发展内涵的是传统医药类非遗,截至目前有 45 项,占国家级非遗项目总数的 2.4%。一些受到民俗学关注的农业习俗、历法和传统管理实践也被认定为非遗项目⑤,但数目不多。与

---

① 分别为茅台酒、泸州老窖、杏花村汾酒和绍兴黄酒传统酿造技艺,详细评价内容见周和平. 第一批国家级非物质文化遗产名录图典 [M]. 北京:文化艺术出版社,2007:908-913.
② 周和平. 第一批国家级非物质文化遗产名录图典 [M]. 北京:文化艺术出版社,2007:914.
③ 主要有如下项目:昆曲(2001)、古琴艺术(2003)、新疆维吾尔木卡姆艺术(2005)、蒙古长调民歌(2005)、中国篆刻(2008)、中国书法(2009)、中国剪纸(2009)、中国朝鲜农乐舞(2009)、侗族大歌(2009)、甘肃花儿(2009)、蒙古族呼麦(2009)、福建南音(2009)、热贡艺术(2009)、藏戏(2009)、西安鼓乐(2009)、粤剧(2009)、京剧(2010)、皮影戏(2011)。
④ 四批国家级非物质文化遗产代表性项目和三批国家级非物质文化遗产扩展项目总数为 1836 项,其中,传统音乐、传统戏剧、传统舞蹈、传统美术、曲艺这五类非遗项目总数为 972 项。
⑤ 如农历二十四节气(2006)、鄂温克驯鹿习俗(2008)、蒙古族养驼习俗(2008)、长白山采参习俗(2008)、查干淖尔冬捕习俗(2008)、江西河南的药市习俗(2008)、藏族天文历算(2008)、南海航道更路经(2011)、苗族栽岩习俗(2011)、柯尔克孜族驯鹰习俗(2011)、侗族规约习俗(2014)、江西万年稻作习俗(2014)等。

可持续发展内涵有着千丝万缕联系的传统饮食技艺自非遗申报起就引发各方争议，及至后来国家级非遗名录项目评审从数量上限制其入选。① 总体来看，国家级非遗项目名录在可持续发展主题方面呈低代表性。

（三）非遗保护实践及评价缺少可持续发展导向

综合地看，我国非遗保护主要从非遗保护机制、非遗名录、非遗传承人认定与培训、非遗保护队伍建设、文化生态保护区建设、保护示范基地建设、非遗传习基础设施建设、非遗展示与传播这八个方面展开，它们也正逐渐成为考核非遗保护工作的主要指标。本质上，这些做法主要围绕非遗项目本身展开，仍是为"保护非遗而保护"的思路在实际中的体现，很少将非遗置于社会整体发展框架中来实施保护。

在非遗开发利用方面，当下我国主要聚焦于非遗项目的开发路径和模式，探索非遗如何与旅游相结合，如何与当代文化创意、民众文化趣味、科技发展等相结合，引导人们将关注点集中于眼球效应强、商业价值高的传统手工技艺、传统工艺美术类等非遗项目上。这一做法体现了当下难以改变的一个事实：人们习惯将一切事物都折算为商业数值来衡量，忽视了非遗开发利用过程中产生的对可持续发展不利的因素，也忽略了那些商业价值不高或尚未体现出商业价值的非遗在可持续发展方面的巨大作用，进而使此类项目难以引起社会重视，甚至得不到有效保存。

在非遗保护宣传与弘扬方面，不少新闻报道了非遗在保健养生、扶贫、促进女性就业等方面发挥的作用，将非遗与改善民生联系起来，在可持续发展框架下，这些是包容性社会、包容性经济的重要组成部分，相关案例不胜枚举，但我们又很少结合可持续发展理念明确向公众进行传播，公众也很难理解非遗对我国社会可持续发展发挥的重要作用。在习近平提出五大发展理念的新时代背景下，这是我国非遗保护领域的重要缺憾。

导致上述问题的原因是多方面的。目前，民俗学、人类学、艺术学学术观点是非遗项目评审的主导观念，传统艺术是这些学科研究的重点与热点，学者多注重阐释其艺术学、文学、历史学与民俗学意义，学术成果丰富且全面。长期以来，可持续发展一直被视为与经济、社会、环境等有关的宏观问题，并不在这些学科的关注范畴之内，从而导致非遗项目评审标准中可持续发展理念的缺位。

国内也不乏直接以"可持续发展"为关键词的非遗研究②，但主要着眼于某一

---

① 周润健. 冯骥才：饮食类申请"非遗"应有所控制［EB/OL］. (2010-07-23). http://cppcc.people.com.cn/GB/34961/182405/195688/12234494.html.

② 张毅. 非遗保护与传承的历史使命是推动其可持续发展［J］. 文化遗产, 2016 (5)：8-11.

类或某一个非遗的"可持续发展",即这些非遗如何能存在下去。从非遗面临的当代生存危机入手,提出相应保护建议,以使非遗能持续传承下去,研究思路、观点属"新瓶装旧酒",研究视角主要指向非遗项目的具体保护。而联合国教科文组织是把非遗视为处理社会发展问题的资源,从包容性社会发展、包容性经济发展、环境可持续发展及和平与安全四个方面来讨论非遗的传承保护。所以我国现有相关非遗研究的可持续发展内涵界定、结论和实践指向与《非遗公约业务指南》框架下所指的可持续发展内涵有非常大的差异。

同时,我国许多研究从传统宗教、民间信仰、民族习俗、传统习惯法、传统民间技术、传统医药等方面论证了民族传统文化在保护地方生物多样性、自然生态环境,维护民众健康方面的重要性,分析了现代化生活方式对当地生物多样性、环境生态带来的负面影响。① 这些研究与联合国教科文组织所指的非遗与可持续发展内涵有内在的一致性,但其成果主要运用于自然生物多样性领域。2007 年 10 月 24 日,国家环境保护总局发布的《全国生物物种资源保护与利用规划纲要》把"与生物资源相关的传统知识保护与利用"列为 12 个重点领域之一,有的成果则运用于联合国粮食及农业组织(FAO)的农业文化遗产项目的识别。②

此类传统地方知识与非遗的内在关联并没有得到明确的阐释,实际的非遗保护也没有将传统地方知识囊括其中。目前,仅有江西万年稻作农业文化系统既在农业文化遗产项目名录中,其稻作习俗又进入第四批国家级非遗代表性项目名录。可以说,在非遗研究中,虽明确文化生态是特定地方的各种文化要素与自然生态环境共生共存的动态系统,但文化与自然研究的区隔严重影响了人们对非遗完整性特征的理解。

而从实际的管理情况看,在垂直行政管理体制下,非遗保护工作主要由国家—省—市—县各级文化部门负责实施,这些部门主要分管文学、艺术方面的工作性事务,很多具有可持续发展内涵的非遗项目并不在其工作职能范围内。基于分工思维的学术研究和实际工作管理等方面的原因,目前我国非遗保护与开发实践缺少可持续发展导向。

---

① 如李文华主编的"农业文化遗产研究丛书"、薛达元主编的"生物多样性与传统知识丛书"系列研究著作。
② 2002 年,联合国粮农组织发起了全球重要农业文化遗产保护项目,旨在建立全球重要农业文化遗产及其有关的景观、生物多样性、知识和文化保护体系,并在世界范围内进行了试点性遴选与保护,使之成为可持续管理的基础。我国浙江稻鱼共生系统、云南哈尼稻作梯田系统、江西万年稻作文化系统、贵州侗乡稻鱼鸭复合农业系统被认定为全球重要农业文化遗产保护项目。

四、融可持续发展理念于我国非遗保护实践

我国民众已能普遍理解经济发展与生态系统的关系,尊重自然、保护自然成为公众共识。但国际社会对可持续发展的理解早已从环境领域扩展到社会、经济、文化等领域,联合国教科文组织在《非遗公约业务指南》(2018 年版)中指出,缔约国应努力承认、提升并增强非遗作为战略资源的重要性,以实现可持续发展。① 结合我国实际,加强研究,将可持续发展理念融入非遗保护实践,制定、出台切实可行的政策、制度及措施,是使我国非遗保护再上一个新台阶的重要契机。

(一)对我国社会可持续发展与非遗展开研究

当下,注重文化、社会和自然领域多个学科的有效交叉和融合,结合可持续发展理念对我国非遗传承与保护展开研究是有必要的。参照《非遗公约业务指南》(2018 年版)所指出的"鼓励缔约国促进科学研究和调查方法",笔者认为,当下我国非遗研究可把以下两个方面作为重点,以清晰阐述我国各类非遗"对可持续发展的贡献,以及非遗作为处理发展问题的资源,明确显示出的价值及必要时包括的适应指标等的重要性"②。

第一,专题性研究。以我国非遗具体案例为切入点,从素质教育、性别平等、经济创收、就业、社会凝聚性、解决纠纷等方面对非遗与社会可持续发展关系展开系统、深入的专题性研究,形成符合我国发展实际的理论观点,这是非遗研究的一个新视角。

第二,跨学科课题研究。与西方现代科学知识相对照,《非遗公约业务指南》中以下内容被称为"本土知识"(Indigenous Knowledge)或"地方知识"(Local Knowledge):①与食品安全有关的农业、捕鱼、狩猎、放牧、食物采集、准备及保存的传统知识和实践;②与医疗保健有关的传统知识、遗传资源、实践、表达;③与水资源可持续利用有关的传统知识和实践;④自然和宇宙的知识和实践;⑤与抵御自然灾害和气候变化有关的传统知识和实践。此类本土知识与非遗的关联如何,是否有必要并以何种形式、类型纳入非遗范畴,如何看待同一个项目被其他文化遗产名录重复收录的问题及如何对其实施保护,这一系列问题需非遗领域与自然学科领域的研究者合作,在统观我国此类本土知识研究和保存现状的基础上,展开深入研究,借助非遗在当下舆论中的高热度,推动其贡献于社会可持续发展,这是非遗研究的一个新课题。

---

① 《非遗公约业务指南》(2018 年版)第 173 段。
② 《非遗公约业务指南》(2018 年版)第 175 段。

（二）修订非遗名录项目评审标准，增强名录在可持续发展主题方面的代表性

作为非遗保护的首要环节，名录评审主要是指对非遗的展开价值或重要性方面的判定，这一环节所确立的价值观是后续保护实践致力维护的目标。与非遗有关的学术成果也主要在这一环节上转化为价值标准，并通过一次次的名录申报、评选、公布等环节在大众中不断传播开来。我国非遗保护实践成熟的标志之一，就是建立起以价值为导向的保护政策，灵活回应社会发展的需要。①

借鉴《非遗公约业务指南》第六章内容，利用名录这一工具，以可持续发展的四个维度为参照，制定名录项目评审标准，以专题形式增加到现有国家级非遗代表性项目名录的评审标准中，鼓励申报、识别并确认体现可持续发展理念的非遗项目，以增强我国国家级非遗名录在可持续发展主题方面的代表性，充分发挥非遗名录的社会功能，有效引导和带动整个社会注意并思考非遗与可持续发展的关系，可能会出现以下六个变化。

（1）以往基于精英艺术视角而受到抑制的饮食类传统技艺、艺术价值低的传统技艺从可持续发展的角度予以深入阐述，被识别并被确认为非遗项目。

（2）有助于提升弱势群体职业能力、减贫、促进性别平等以及民间解决纠纷办法方面的传统和民间文化实践被识别并被确认为非遗项目。

（3）适应地方气候环境并体现生物多样性的传统生计经验被纳入非遗名录中，如晋中国家级文化生态保护实验区内的平遥长山药是国家地理标志证明商标产品，其传统种植技艺及与之相关的存储烹饪方法和传统医疗养生经验有助于推动当地包容性社会和经济发展，可整体纳入非遗范畴。

（4）民间文学类非遗突破民间神话传说故事范畴，对那些蕴含不同地区气候、生物多样性和医药等传统知识的谚语、俗语进行系统整理，分门别类，以专题类型申报非遗。

（5）民间文学类非遗突破民间神话传说故事范畴，对培养人们如何热爱故乡的谚语、俗语，如何处理邻里关系等人际关系的谚语、俗语进行系统整理，以专题类型申报非遗。

（6）与地方自然生态环境保护、自然资源利用、防灾减灾有关的传统经验、知识和实践，以专题类型申报非遗。

可以想象，我国各级非遗项目名录中列入上述类型的非遗项目，将极大增加非遗名录在可持续发展主题方面的代表性和可见度，引起公众广泛关注。

---

① 钱永平．非物质文化遗产的价值评估与保护实践［J］．重庆文理学院学报（社会科学版），2012（6）：1-7.

(三）以可持续发展理念为导向，调整非遗整体性保护实践

在非遗保护中融入可持续发展理念，首先应突破非遗与社会可持续发展"井水不犯河水"的局限性，参照《非遗公约业务指南》，以可持续发展理念的四大核心"包容性社会发展、包容性经济发展、环境可持续发展、和平与安全"为总体目标，以其下15个子内容、38项具体建议设计出一套目标性指标体系，以此考察我国借助非遗在社会可持续发展领域的目标完成情况及实施经验，必要时融入国家发展战略、制度建设中，在新时代、新征程、新发展背景下，这将成为我国在非遗保护领域的一项重要创新。

以可持续发展为导向，我国非遗整体性保护实践也应有所调整。这方面一个典型的例子就是很多省、市、县出于各种考虑，把传统饮食技艺一股脑纳入本级非遗名录中，降低了非遗名录的引导性、权威性功能。但结合可持续发展视角，纳入非遗名录的传统饮食技艺不应再聚焦于其商业价值，而应与传统农业生计、食物储藏方式和地方生态系统联系起来进行整体性评价，实施整体性保护。再者，很多人都认识到非遗项目的传承面临生态环境污染、原料枯竭等方面的威胁。对此，从可持续发展角度出发，以非遗保护为契机，由国家联合多个部门，从气候环境、土壤、水质和原料生产等方面切入，对非遗周边生态环境进行系统、全面的治理，使地方自然生态系统得到整体改善和恢复，这一结果的受益者不止是非遗项目，当地民众也因此能得喝到洁净水，吃到无污染粮食，享受到优美的自然环境。毫无疑问，结合社会可持续发展理念实施非遗保护，不仅利于非遗传承，更利国利民。如果这一保护实践取得上述效果，不仅践行了绿色发展理念，也是非遗保护管理机制的一次重要变化，在这一实践中取得的政策经验对许多发展中国家也将有很强的借鉴意义。

党的十九大后，生态文明建设成为国家最重要的社会发展战略[①]，可持续发展观是其思想基石。在新时代推动非遗保护与可持续发展相结合，是大势所趋。从可持续发展角度完成非遗项目的识别工作后，突破对非遗项目的单一保护，从传统知识创新、政策法律、政府管理、人才建设与研究等方面进行整合，以非遗为"旗舰"，以政府为主导，建立管理合作平台，进行系统部署，对与非遗有关的因素展开联动保护。而在当下垂直行政管理体系下，构建有利于推动可持续发展目标的非

---

① 2012年党的十八大把生态文明建设纳入中国特色社会主义事业"五位一体"总体布局，"美丽中国"成为生态文明建设的宏伟目标。2017年党的十九大审议通过《中国共产党章程（修正案）》，将"中国共产党领导人民建设社会主义生态文明"写入党章，作为行动纲领。2018年第十三届全国人大一次会议第三次全体会议投票通过的《中华人民共和国宪法修正案》把"生态文明"写入宪法。

遗保护体系存在很大难度。为此，在国家层面必须思考各部门如何起步，由哪个部门来负责建立并维护一个合作平台，采取哪些行动来促成不同部门间的合作，以使非遗保护在"包容性社会发展""包容性经济发展""环境可持续发展""和平与安全"四个方面同时取得实际成效，为我国人民创造美好的生产生活环境。

第二节　基于可持续发展理念的非遗整体性保护管理

和物质遗产最初的"隔离式保护"①不同，自人们提倡非遗保护时，就将其与传承社区及周边环境考虑在内，强调非遗与社区生活的融合。而且，传承非遗的决定性载体是人，而人首先要能够生存下去，这就决定了非遗保护必须与现实生活保持互动。从这个角度来说，人们对非遗的保护从未与社会变迁、城镇化进程、产业开发和民众诉求隔绝开来，问题的关键在于如何协调它们的关系。我们认为，要实现我国非遗保护与人民追求美好生活的内在统一，非遗保护实践必然要与社会可持续发展理念相匹配。对于文化生态保护区而言，则更有必要重新审视非遗整体性保护，使其助力于社会可持续发展。

非遗整体性保护是指"要保护文化遗产所拥有的全部内容和形式，也包括传承人和生态环境"②。也就是说，非遗的具体传承很难与特定的时空相剥离，"不能将具体文化事象从它的生存环境和背景中割裂出来'保护'，否则只能是切断具体传统文化事象自我更新、自我创造的能力，最终使我们的优秀民族文化的根基受损。"③因此，不能仅保护单个的非遗项目，在保护中还应关注非遗传承的社会生态，这种非遗整体性保护理念通过设立文化生态保护区得到了实际体现。笔者通过对晋中国家级文化生态保护实验区建设多年的观察和体会，认为对非遗整体性保护还应从以下三个方面进行再认识。

一、非遗整体性保护不是"非遗＋物质遗产"的保护

根据《文化部办公厅关于加强国家级文化生态保护区总体规划编制工作的通

---

① 主要指物质类遗产早期保护主要由专业精英主导，通过博物馆收藏、人为隔离等方式使其相对静态地保护起来，与公众关联不大。

② 王文章. 非物质文化遗产概论（修订版）[M]. 北京：教育科学出版社，2013：309.

③ 刘魁立. 非物质文化遗产及其保护的整体性原则[J]. 广西师范学院学报（哲学社会科学版），2004（4）：5.

知》(办非遗函〔2011〕22号),可以看到,已出台和正在实施的文化生态保护区规划,都将受到保护的各类文化和自然类物质遗产予以详细列出,以体现整体性保护思路。"以非物质文化遗产为核心的文化生态保护区,其保护的主要对象是创造和传承文化遗产的人及其生存的生态环境。"① 根据这一观点,文化生态保护实验区建设与一般的文化产业开发区建设是有本质区别的。但在具体的保护操作中,不能将对物质类遗产和自然环境的保护等同于保护非遗传承的生态环境,把保护区内的传统村落、古镇、历史街区及文物单位、自然保护区单位与非遗统合起来进行规划和实施保护视为非遗的整体性保护。这会给人们形成一种误导,那就是非遗与物质类遗产一样,是有别于我们日常生活的文化形式,是被专门保护并用于旅游观光的文化现象,其很难融入民众日常生活,这不是非遗保护所期望的结果。非遗的代代传承需要在每代人日常生活的生态环境中实现,而不是在相对隔离的文物环境中实现。

众所周知,非遗保护与物质类遗产保护最直接的区别在于,非遗传承的唯一载体是人而非物,与非遗有关的实物是非遗传承的结果,而不是非遗传承的决定性因素。因此,非遗的保护对象是人,非遗传承人在哪里生活,如何生活,非遗的生态环境就在哪里,这种生态环境,与传承人生活的时代背景、地理区位、生活状况和条件以及社会运行结构、机制、社会发展因素息息相关,这是一个非遗传承人和非遗传承群体所无法左右的。

这样理解的话,非遗传承所依赖的生态环境及其相伴而的社会经济、文化结构也不可能通过保护这一外在干预方式使其不变,这是无法做到的,如城镇化进程、工业技术化进程作为不可逆转的社会发展趋势,其带来的经济结构、人际关系、就业方式、日常生活时间安排上的种种变化,并不利于产生于农业社会的非遗传承,但当下我们不能通过非遗保护来阻止这样的社会发展进程。这时要思考的是非遗代际传承与再创造的条件、路径。对此笔者就新型城镇化背景下的非遗传承与保护这一主题已有论述,不再赘述。

本章也反复强调,我们认为许多具有重要文化价值、艺术价值和美学价值的非遗项目传承困难,根本原因在于过往社会整体上对传统和民间文化的漠视和忽略,没有将其纳入国民正规教育知识体系中。民众尤其是年轻一代对以非遗为代表的传统和民间文化形式相当陌生,不懂如何欣赏和领略其所蕴含的内在文化意蕴,"理念是行动的先导,一定的发展实践都是由一定的发展理念来的",如同让学生学习

---

① 马盛德. 文化生态保护实验区建设要关注的几个问题 [J]. 中南民族大学学报(人文社会科学版), 2018 (4):28.

唐诗宋词一样，采取各种方式培养年轻一代的文化遗产保护意识是非遗整体性保护成功的前提，唯有有了保护意识，才会有实际行动来保护非遗。

二、非遗整体性保护内涵再认识

首先，非遗整体性保护是以非遗为旗舰项目，对与非遗传承相关的关键要素有意识地加以保护，使民众从非遗保护中受益。非遗保护不是"单打一"，不是只针对项目及政府指定的传承人展开。许多非遗项目都有决定其传承的核心因素和不可或缺的关联要素，这些关联要素都具有可见性和可管理性，如果这些关联要素被破坏，非遗传承就很难继续，对这些关联要素需有意识地采取保护措施，这是非遗整体性保护的一个具体着力点。笔者在前文已提及，保护区内酒、醋传统酿造技艺类非遗项目要实现代际传承，仅仅保护其酿造技艺是不够的，对水脉、地脉、土壤、作物种植到酿造过程和最后的产品这一系列密不可分的要素都应有意识地进行干预式保护，使其免遭污染。再如城镇化进程中，城市规划部门在做城市规划时，不能随意拆除非遗所依赖的文化空间以及改变出行路线。而许多传统戏剧和音乐类非遗项目被公认为不受当代年轻人欢迎，其原因一方面是构成传统表演形态的因素没有被高水平传承下来，另一方面是高水平的剧本和音乐方面的编创人才缺失，以及缺少针对年轻人的宣传营销策略。

这表明，非遗整体性保护作为一项工作，不是政府一个文化部门自上而下实施垂直管理所能完成的，国家也意识到了这点。近年来，在国务院层面，许多非遗保护工作文件往往由多个部门联合下发和推动实施①。2019年3月1日起实施的《国家级文化生态保护区管理办法》规定"国家级文化生态保护区总体规划应纳入本省（区、市）国民经济与社会发展总体规划，要与相关的生态保护、环境治理、土地利用、旅游发展、文化产业等专门性规划和国家公园、国家文化公园、自然保护区等专项规划相衔接"。这要求各地把国家级文化生态保护实验区的建设上升至一个地区的整体顶层设计和发展规划中，对国家级文化生态保护实验区的规划不再是孤立单一的专题规划，而是与本地区以前和今后出台的各类专题具有衔接性的综合规划，这就要求设立国家级文化生态保护实验区的各省政府从机制上进行相应的调

---

① 如：1. 中共中央宣传部、教育部、财政部、文化部发布《关于戏曲进校园的实施意见》（中宣发〔2017〕26号）。

2. 文化和旅游部、教育部、人力资源社会保障部关于印发《中国非物质文化遗产传承人群研修研习培训计划实施方案（2018—2020）》的通知（文旅非遗发〔2018〕4号）。

3. 文化和旅游部办公厅、国务院扶贫办综合司《关于支持设立非遗扶贫就业工坊的通知》（办非遗发〔2018〕46号）。

整。该法同时规定成立的"国家级文化生态保护区建设管理机构应当根据非物质文化遗产各个项目、文化遗产与人文和自然环境之间的关联性，依照确定的保护区域范围、重点区域和重要场所保护清单，制定落实保护办法和行动计划"。这一规定第一次表明保护办法和行动计划是围绕非遗及与之相关的因素展开的，要求制定出相应的清单。该《办法》在注重做好非遗项目保护工作的基础上，以国家级文化生态保护区建设管理机构为牵头单位，注重将非遗保护与城镇规划、青少年教育、扶贫、民众文化活动、传统工艺行业振兴、旅游观光、乡村振兴结合起来，助力社会可持续发展，实现"遗产丰富、氛围浓厚、特色鲜明、民众受益"的目标。这说明，以国家级文化生态保护实验区建设为依托，非遗整体性保护在我国从工作层面有了更为深入的推进。

其次，社会各方力量形成非遗保护的协作性力量。新出台的《国家级文化生态保护区管理办法》规定国家级文化生态保护区应成立国家级文化生态保护区建设管理机构，作为管理平台，以此带动和协调政府部门共同展开非遗保护。这正是基于非遗整体性保护而制定的。笔者在第三章到第六章的阐述中已反复表明，非遗整体性保护要产生实效，还应注意到以下两个方面。

其一是社会各方力量在非遗传承方面发挥各自的作用。在我国，应是政府工作人员、商人、媒体人员、文化创意人员、研究者和普通民众等都参与非遗传承、传播、宣传、振兴、开发等具体保护措施实施过程，发挥各自的作用，对非遗传承形成协同性支持，非遗整体性保护才会产生实效。

其二是在一个非遗项目的传承过程中，可以一个保护主体或传承主体为主导，针对非遗传承涉及的各个环节，吸引相关人才进入这些环节展开工作，以完善这些配套环节。如对非遗从产业层面实施生产性保护时，从原料采购、设计、技艺生产、宣传营销、销售和售后服务等环节均需有相应人才展开经营和相互配合，才能使非遗成功占领市场，这是非遗整体性保护的另一种具体体现。

更重要的是，从非遗整体性保护角度看，非遗传承者自身的主观能动性、社区参与理念需与传承保护实践结合起来。不同时期非遗传承面临的社会境遇各不相同，传承人及其团队除有精湛的传承水准外，只有不断调整自己，增强自身解决和应对各种挑战的社会能力，才能通过自己的努力为非遗的顺利传承争取到人才、资金、技术等各种社会资源，构建起非遗传承所需的社会文化生态环境。而社区参与理念影响着保护实践的结果和走向，只有社区民众愿意传承和保护非遗，非遗才能真正代代相传，并推动社会的可持续发展。

三、实施非遗整体性保护的建议

第一,建立多个管理部门协同工作的非遗保护管理机制和实施办法,这是国家设立文化生态保护区的用意所在。新出台的管理办法要求成立文化生态保护区管理机构,这意味着非遗整体性保护在管理机构层面迈出了实质性的一步,接下来应出台具体的实施细则,推动非遗整体性保护实践更深层次的发展。

第二,把非遗传承活动及传承人、文化空间、传习场所等保护内容纳入文化生态保护区新制定和修订的区域性规划、城市规划等顶层设计的考量中,并指定具体的负责单位和负责人。

第三,确认一项非遗顺利传承下去时涉及的社会主体及其角色、作用,采取相应措施调动其保护、利用非遗的积极性。

总之,从观念到具体行动上对与非遗传承相关的"人"的额外关注,持续思考哪些传统和民间文化作为非遗应该被保护、如何保护、为谁保护和与谁一起保护,鼓励越来越多的民众参与非遗保护中,发展有利于非遗传承的社会规划和政策。这是前文以不同视角和不同案例反复阐述的核心观点,也是非遗整体性保护的研究重点。

综观整个文化生态保护区,非遗传承与保护没有统一、标准的模式和方法,相反,非遗传承和保护实践的多样化才是常态。一些非遗项目适合作为商业开发的产业项目,通过市场体现其价值和功能,如传统工艺美术类非遗;一些非遗项目则适合以公众爱好、兴趣为基础展开小众范围内的"冷门"式的长期传承,如戏剧、民歌、传统武术;一些非遗项目则适合作为培养青少年文化兴趣、艺术修养、特色体育技能而存在,如书法、雕刻、传统拳术等非遗;一些非遗项目则适合以传统行业形态继续存在,如与民间信仰有关的民间美术、泥塑等非遗项目。在此基础上,还需要研究者以客观、科学、严谨的态度对传承于不同地区的各项非遗展开持续地观察和研究,给出科学的建议,需要政府管理部门适时地从保护层面进行干预,确保非遗在民众中的活态生命力。

如果有一天国人不再过春节,不再有中国书法,没有人听戏、听相声,我们的生活会变成什么样子?简言之,如果今天我们正在保护和传承的非遗在我们生活中彻底消失的话,我们会是什么样子?我们所处的当下社会又会变成什么样子?事实上,这种情景已经出现,许多非遗被视为处于"濒危"状态,实际情形就是这些非遗正日益退出人们的生活:各地木版年画已消失、各种民间小戏已趋于消亡、对农历的陌生、对节气的感知变差,很多非遗成为生活中的"历史"而不是正在发展的生活。随着中国经济全球化程度的加深,放任非遗消失的做法会直接导致我们的历史感和文化共同感越来越弱。更为重要的是,自我创新丧失了向祖先、过去学习的机会。而事实上,非遗中蕴含的历史经验和知识恰恰是当下和未来创新的重要源泉和智慧灵感。

参考文献

法规文件

［1］联合国教科文组织. 2003 年《保护非物质文化遗产公约》基本文件［Z］. 2010.

［2］联合国教科文组织. 2003 年《保护非物质文化遗产公约》基本文件［Z］. 2018.

［3］联合国教科文组织. 保护非物质文化遗产伦理原则［Z］. 2015.

［4］中华人民共和国非物质文化遗产法（主席令第四十二号）［Z］. 2011.

［5］中共中央，国务院. 国家新型城镇化规划（2014—2020 年）［Z］. 2014.

［6］财政部. 财政部关于印发《中央补助地方农村文化建设专项资金管理暂行办法》的通知（财教〔2013〕25 号）［Z］. 2013.

［7］文化部. 文化部关于印发《文化部"十三五"时期文化产业发展规划》的通知［Z］. 2017.

［8］中共中央宣传部，教育部，财政部，文化部. 关于戏曲进校园的实施意见（中宣发〔2017〕26 号）［Z］. 2017.

［9］中共中央，国务院. 乡村振兴战略规划（2018—2022 年）［Z］. 2018.

［10］文化和旅游部，教育部，人力资源社会保障部. 关于印发《中国非物质文化遗产传承人群研修研习培训计划实施方案（2018—2020）》的通知（文旅非遗发〔2018〕4 号）［Z］. 2018.

［11］文化和旅游部办公厅，国务院扶贫办综合司. 关于支持设立非遗扶贫就业工坊的通知（办非遗发〔2018〕46 号）［Z］. 2018.

［12］文化和旅游部，国家发展改革委，等. 关于促进乡村旅游可持续发展的指导意见（文旅资源发〔2018〕98 号）［Z］. 2018.

［13］文化和旅游部. 国家级文化生态保护区管理办法（中华人民共和国文化和旅游部令第 1 号）［Z］. 2018.

［14］山西省人民代表大会常务委员会. 山西省发展中医药条例［Z］. 2013.
［15］山西省人民政府办公厅. 关于支持妇女手工艺制品产业发展的意见［Z］. 2016.

著作

［1］［法］沙海昂. 马可波罗行纪［M］. 冯承钧，译. 上海：上海古籍出版社，2014.
［2］刘大鹏. 退想斋日记［M］. 太原：山西人民出版社，1990.
［3］顾明远主编. 教育大辞典（第一卷）［M］. 上海：上海教育出版社，1990.
［4］［美］丹尼斯·米都斯等. 增长的极限——罗马俱乐部关于人类困境的研究报告［M］. 李宝恒，译. 长春：吉林人民出版社，1997.
［5］［英］麦克尔·卡里瑟斯. 我们为什么有文化：阐释人类学和社会多样性［M］. 陈丰，译. 沈阳：辽宁教育出版社，1998.
［6］顾明远. 教育大辞典（增订合编本）（上）［M］. 上海：上海教育出版社，1998.
［7］平遥县地方志编纂委员会. 平遥县志［M］. 北京：中华书局，1999.
［8］［澳］Ruth Rentschler. 文化新形象：艺术与娱乐管理［M］. 罗秀芝，译. 台北：五观艺术管理有限公司，2003.
［9］冯俊杰，王志峰. 平遥纱阁戏人［M］. 太原：山西古籍出版社，2005.
［10］殷俊玲. 晋商与晋中社会［M］. 北京：人民出版社，2006.
［11］王杰文. 仪式、歌舞与文化展演：陕北·晋西的"伞头秧歌"研究［M］. 北京：中国传媒大学出版社，2006.
［12］冯骥才. 灵魂不能下跪——冯骥才文化遗产思想学术论集［M］. 银川：宁夏人民出版社，2007.
［13］周和平. 第一批国家级非物质文化遗产名录图典［M］. 北京：文化艺术出版社，2007.
［14］章建刚. 山西省民间音乐遗产的传承与保护［M］. 北京：中国社会科学出版社，2007.
［15］胡泽学. 三晋农耕文化［M］. 北京：中国农业出版社，2008.
［16］孔美艳. 山西影戏研究［M］. 太原：三晋出版社，2008.
［17］李敢峰，杨继兴. 峨口挠阁［M］. 太原：山西人民出版社，2009.
［18］廉振华. 中国侯马皮影［M］. 太原：山西教育出版社，2009.
［19］马立明. 晋风：山西省非物质文化遗产精粹［M］. 太原：山西人民出版社，

2009.

[20] 邱春林. 设计与文化[M]. 重庆：重庆大学出版社，2009.

[21] 徐中孟. 中国文化创意产业研究[M]. 台北：秀威资讯科技股份有限公司，2009.

[22] 张多堂，张栋. 中国广灵剪纸[M]. 太原：山西教育出版社，2009.

[23] 杜旭华. 吕梁市非物质文化遗产荟萃[M]. 太原：山西人民出版社，2010.

[24] 杨朴. 戏谑与狂欢：新型二人转艺术特征论[M]. 沈阳：辽宁人民出版社，2010.

[25] 李锡东. 文化产业的营销与管理[M]. 北京：清华大学出版社，2011.

[26] 武丽敏. 晋中民间美术的造型与观念[M]. 北京：中国文联出版社，2011.

[27] 胡国华，罗颂平. 全国中医妇科流派研究[M]. 北京：人民卫生出版社，2012.

[28] 黄旭涛. 民间小戏表演传统的田野考察——以祁太秧歌为个案[M]. 北京：知识产权出版社，2013.

[29] 卜琳. 中国文化遗产展示体系研究[M]. 北京：科学出版社，2013.

[30] 李钢. 太原非物质文化遗产图典[M]. 太原：山西科学技术出版社，2013.

[31] 王文章. 非物质文化遗产概论（修订版）[M]. 北京：教育科学出版社，2013.

[32] 汾阳市非物质文化遗产保护中心. 汾阳市非物质文化遗产项目汇编[M]. 太原：山西人民出版社，2014.

[33] [美]蕾切尔·卡森. 寂静的春天[M]. 吕瑞兰，李长生，译. 上海：上海译文出版社，2014.

[34] 宋俊华. 中国非物质文化遗产保护发展报告（2014）[M]. 北京：社会科学文献出版社，2014.

[35] 武济文. 文水鈲子[M]. 太原：山西春秋电子音像出版社，2014.

[36] 薛达元. 中国民族地区生态保护与传统文化[M]. 北京：科学出版社，2014.

[37] 谢玮. 山西现代漆艺发展思问[M]. 北京：光明日报出版社，2014.

[38] 易小力. 文化遗产与旅游规划[M]. 北京：北京大学出版社，2014.

[39] 汾阳市非物质文化遗产保护中心. 汾阳磕板秧歌传统唱段选编[M]. 太原：山西人民出版社，2015.

[40] 李明珍，刘瑜，刘瑞琪. 左权小花戏[M]. 北京：新世界出版社，2015.

[41] 李文华. 中国重要农业文化遗产保护与发展战略研究[M]. 北京：科学出版社，

[42] 榆社文化局. 榆社县非物质文化遗产丛书[M]. 太原：山西人民出版社，2016.

[43] 周建明，刘畅. 文化生态保护区理论与实践[M]. 北京：中国建筑工业出版社，2016.

[44] [美]B. 约瑟夫·派恩，[美]詹姆斯·H. 吉尔摩. 体验经济[M]. 毕崇毅，译. 北京：机械工业出版社，2016.

[45] [澳]Hilary du Cros，[加]Bob McKercher. 文化旅游（第二版）[M]. 朱路平，译. 北京：商务印书馆，2017.

[46] 晋中市文化局. 晋中市非物质文化遗产名录图典[M]. 太原：三晋出版社，2017.

[47] 何守法. 汾阳地秧歌[M]. 汾阳市文化广电新闻出版局，2011.

[48] Janet Blake. Safeguarding Intangible Cultural Heritage：Challenges and Approaches (A Collection of Essays) [C]. Institute of Art and Law，2007.

[49] [美]约翰·奥莫亨德罗. 人类学入门：像人类学家一样思考[M]. 张经纬，等译，北京：北京大学出版社，2017.

期刊论文

[1] 黄翔鹏. 论中国传统音乐的保存和发展[J]. 中国音乐学，1987 (4)：4－21.

[2] 赵汝泳. "晋商"的历史地位及其产生发展的原因[J]. 理论探索，1987 (4)：50－53.

[3] 田青. 阿炳还活着——听山西左权盲人宣传队[J]. 艺术评论，2003 (1)：37－41.

[4] 刘魁立. 非物质文化遗产及其保护的整体性原则[J]. 广西师范学院学报，2004 (4)：1－8.

[5] 黄旭涛. 民间小戏中的口头诗学——山西祁太秧歌的一种研究视角[J]. 民俗研究，2005 (3)：94－106.

[6] 刘守华. 论文化生态与非物质文化遗产保护[J]. 华中师范大学学报，2006 (5)：109－112.

[7] 郭士星. 也谈戏曲的保护与创新[J]. 中国戏剧，2007 (6)：46－48.

[8] 刘魁立. 文化生态保护区问题刍议[J]. 浙江师范大学学报，2007 (3)：9－12.

[9] 商雅琼. 明清晋商的伦理道德教育与晋商的成功[J]. 山西档案，2007 (2)：45－48.

[10] 王秀玲,万强. 明清时期晋商家族教育浅析 [J]. 历史教学(高校版),2007 (4):17-21.

[11] 黄旭涛. 从文化生态视角看祁太秧歌的生成 [J]. 河南教育学院学报,2008 (2):17-22.

[12] 梁维卿,文晓苏,王岗. 非物质文化遗产项目晋南威风锣鼓的体育文化价值 [J]. 体育文化导刊,2008 (3):41-43.

[13] 马丽萍. 落实国家文化发展规划 推进徽州文化生态保护实验区建设 [J]. 中华民居,2008 (Z1):133-136.

[14] 马建华. 闽南文化生态保护实验区建设情况简介 [J]. 福建艺术,2008 (3):17-21.

[15] 邱春林. 发现民间智慧:大理州民族扎染业考察纪实 [J]. 民族艺术,2008 (2):66-73.

[16] 吴效群. 文化生态保护区可行吗？[J]. 河南社会科学,2008 (1):24-26.

[17] 薄清江. 山西布老虎:地域民间文化的寓意探析与传承保护 [J]. 文艺理论与批评,2009 (5):137-139.

[18] 丁永祥. 怀梆戏剧文化生态研究——自然环境对怀梆发展的影响 [J]. 郑州航空工业管理学院学报,2009 (2):78-81.

[19] 刘登翰. 文化生态保护的几点理论思考 [J]. 福建论坛,2009 (8):116-121.

[20] 吕品田. 重振手工与非物质文化遗产生产性方式保护 [J]. 中南民族大学学报,2009 (4):4-5.

[21] 刘文峰,王学锋. 从贾村赛社的变化看非物质文化遗产的保护 [J]. 中南民族大学学报,2009 (3):5-7.

[22] 李豫闽. 闽南文化生态保护实验区建设的几点思考 [J]. 闽台文化研究,2009 (3):17-20.

[23] 马建华. 文化生态保护理念再探讨 [J]. 闽台文化研究,2009 (3):6-16.

[24] 钱永平. 晋中非物质文化遗产保护解析 [J]. 晋中学院学报,2009 (5):96-101.

[25] 盛学峰. 关于文化生态保护区建设的思考——以徽州文化生态保护实验区建设为例 [J]. 生态经济,2009 (7):146-149.

[26] 田茂军,吴晓玲. 发掘与重构:一种文化生态学的阐释——湘西土家族苗族文化生态保护区建设的几点思考 [J]. 吉首大学学报,2009 (1):73-78.

[27] 王亮,赵海英,郭威. 上党八音会现状调查 [J]. 文艺研究,2009 (9):

73-82.

[28] 叶明生. 傀儡戏的宗教文化生态与非物质文化遗产保护[J]. 文化遗产, 2009（1）：38-49.

[29] 卞利. 文化生态保护区建设中存在的问题及其解决对策——以徽州文化生态保护实验区为例[J]. 文化遗产, 2010（4）：24-30+66.

[30] 陈勤建, 尹笑非. 论文化生态保护区的非文字文化保护[J]. 江西社会科学, 2010（9）：25-30.

[31] 马丽云, 李榆, 赵轶, 朱海婧. 木版年画与胶印年画的抗衡——朱仙镇木版年画创新发展现状的个案调查[J]. 文化遗产, 2010（1）：125-133.

[32] 聂元龙. 山西民俗文化资源与非物质文化遗产保护[J]. 山西社会主义学院学报, 2010（1）：74-80.

[33] 王金亮. 中医药非物质文化遗产——平遥道虎壁王氏妇科[J]. 中医药文化, 2010（6）：25-27.

[34] 张晋峰. 地域特色传统武术文化的品牌传播——浅析"一代天跤·挠羊英雄会"之品牌文化[J]. 搏击·武术科学, 2010（12）：99-100+103.

[35] 陈亚凡. 回到技艺：对现代漆工艺品格的思考[J]. 美术观察, 2011（6）：18-19.

[36] 程晓婷. 山西平阳木版年画的地域性特征[J]. 装饰, 2011（8）：98-99.

[37] 董毅芳, 王晋平. 山西民间剪纸资源现状调查及产业化思考[J]. 美术向导, 2011（5）：64-65.

[38] 高海燕. 多维视角下的温曲武秧歌[J]. 中央民族大学学报, 2011（4）：93-97.

[39] 顾希佳. 桑蚕生产民俗的文化生态保护：以杭嘉湖为例[J]. 文化遗产, 2011（1）：23-29.

[40] 郭艳萍. 非物质文化遗产旅游开发研究——以山西省为例[J]. 生产力研究, 2011（2）：61-63.

[41] 黄竹三. 特色濒危剧种生存对策之我见——以山西地方小戏为案例探讨[J]. 文化遗产, 2011（2）：14-17+157.

[42] 孔美艳. 民间祭奠与晋南新编丧葬戏——以《抱灵牌》为个案[J]. 文艺研究, 2011（5）：101-110.

[43] 蔺平, 陈首军. 打造山西体育文化产业品牌——"挠羊赛"的策略研究[J]. 搏击·武术科学, 2011（12）：88-89+102.

[44] 刘婷婷, 李大鹏. 沁州三弦书盲人曲艺宣传队的现状调查[J]. 长治学院学报,

2011（3）：36-38.

[45] 彭栓红. 原生态民歌在民俗旅游中的功能及应用策略——以山西民歌为例[J]. 山东社会科学，2011（3）：58-61.

[46] 钱永平. 遗产化境域中的昆曲保护研究[J]. 文化遗产，2011（2）：26-35.

[47] 赛汉. 文化生态保护区中的文化、文化生态及其主体性——以内蒙古东乌珠穆沁旗游牧文化生态保护区建设为例[J]. 民族艺术研究，2011（1）：104-108.

[48] 宋俊华. 关于国家文化生态保护区建设的几点思考[J]. 文化遗产，2011（3）：1-7+157.

[49] 孙一鸣. 交响组曲《乔家大院》对山西民间音乐的汲取[J]. 山西大同大学学报，2011（2）：105-107+110.

[50] 孙一鸣. 山西民歌在音乐创作中的借鉴应用研究[J]. 音乐创作，2011（4）：137-139.

[51] 吴兴帜. 文化生态区与非物质文化遗产保护研究[J]. 广西民族研究，2011（4）：192-197.

[52] 姚建. "非遗"的商业化——企业的探索与追求[J]. 中国黄金珠宝，2011（4）：37-39.

[53] 王耀卿. 晋阳风火流星的兴衰演变[J]. 北京舞蹈学院学报，2011（1）：76-78.

[54] 陈勤建. 当代民众日常生活需求的回归和营造——非物质文化遗产保护方式暨生产性方式保护探讨[J]. 徐州工程学院学报，2012（2）：49-54.

[55] 程志立，王凤兰，宋白杨，等. 从"广誉远"看中医药非物质文化遗产保护的价值[J]. 中医药文化，2012（2）：23-26.

[56] 高丙中. 关于文化生态失衡与文化生态建设的思考[J]. 云南师范大学学报，2012（1）：74-80.

[57] 耿静. 羌语与羌族文化生态保护实验区建设[J]. 贵州民族研究，2012（1）：105-110.

[58] 郝建峰，王静. 山西省新农村体育开展形意拳的可行性分析[J]. 运动，2012（18）：148-149.

[59] 纪广. 山西民间舞蹈在"非遗"保护活动中的发展考略[J]. 山西财经大学学报，2012，34（S5）：53-54.

[60] 李晋东. 山西"离石弹唱"的名称甄别[J]. 音乐时空，2012（2）：20-21.

[61] 蔺永茂，解玉霞. 山西绛州木版年画的艺术特色[J]. 收藏，2012（7）：

42-47.

[62] 钱永平. 非物质文化遗产的价值评估与保护实践[J]. 重庆文理学院学报, 2012（6）：1-7.

[63] 王金权. 平遥道虎壁王氏妇科流派传承渊源探究[J]. 山西中医, 2012（2）：39.

[64] 王君. 浅谈东湖醋厂园区的景观规划设计[J]. 山西经济管理干部学院学报, 2012（2）：55-57.

[65] 张建忠, 孙根年. 山西大院型民居旅游地生命周期演变及其系统提升——以乔家大院为例[J]. 地理研究, 2012（11）：2014-2114.

[66] 赵艳喜. 整体性保护：区域性整体保护与文化生态保护区的建设[J]. 河南教育学院学报, 2012（4）：20-23.

[67] 陈上荣. 非物质文化遗产田野调查的重要性与必要性[J]. 神州民俗, 2013（11）：15-18.

[68] 段友文. 非物质文化遗产视野下的民歌保护模式研究——以山西河曲"山曲儿"、左权"开花调"为例[J]. 山东社会科学, 2013（1）：100-103.

[69] 黄永林. "文化生态"视野下的非物质文化遗产保护[J]. 文化遗产, 2013（5）：1-12.

[70] 康保成. 关于非物质文化遗产的改革、创新及其他[J]. 湖南社会科学, 2013（5）．200-203.

[71] 路畅. 民间戏曲的传承与保护问题——基于上党梆子的调查分析[J]. 文艺研究, 2013（1）：102-109.

[72] 李琳, 罗晨, 郑黎明. 文化生态视域下的湘北华容番邦鼓调查研究[J]. 三峡论坛, 2013（3）：94-98.

[73] 李文实, 郭丽妮, 黄炳林. 非物质文化遗产永春白鹤拳旅游发展研究——基于文化生态保护的视角[J]. 内江师范学院学报, 2013（6）：49-54.

[74] 彭栓红. 音乐类非物质文化遗产保护策略刍议——以河曲、左权原生态民歌保护为例[J]. 文艺理论与批评, 2013（2）：137-140.

[75] 乌丙安. 关于文化生态保护区建设基本思路和模式的思考[J]. 四川戏剧, 2013（7）：19-22.

[76] 卫才华. 山西高平八音乐班与民俗礼仪细乐调查——兼论新时期乡民艺术的传承特点[J]. 文化遗产, 2013（4）：114-123.

[77] 张海燕. 文化生态视域下的非物质文化遗产保护——以吴桥杂技为例[J]. 沧州师范学院学报, 2013（3）：98-101.

[78] 张松. 作为文化生态的非物质文化遗产保护与传承——中国保护实践的理论思考及问题分析 [J]. 同济大学学报, 2013 (5): 58-66.

[79] 林敏霞. 道—学—技—承: 中国非物质文化遗产理论图式建构的"中医"启示 [J]. 文化遗产, 2014 (6): 103-110.

[80] 马盛德. 非物质文化遗产生产性保护中的相关问题 [J]. 艺术设计研究, 2014 (2): 73-75.

[81] 段友文, 张小丁. 民间传说中傅山士大夫形象的多维构建 [J]. 北京社会科学, 2015 (10): 35-44.

[82] 钱永平. 传统医药类非物质文化遗产世代相传的历史经验及启示——以平遥王氏中医妇科为例 [J]. 文化遗产, 2015 (5): 32-38.

[83] 汪欣. 文化生态保护区建设的理论与实践——以徽州文化生态保护实验区为例 [J]. 河南教育学院学报, 2015 (5): 34-40.

[84] 董建琦. 山西省体育非物质文化遗产的结构及空间分布 [J]. 体育研究与教育, 2016 (5): 67-71.

[85] 段友文, 闫咚婉. 介子推传说的历史记忆与当代建构 [J]. 民俗研究, 2016 (5): 81-95+159.

[86] 卫才华. 太行山说书人的社会互动与文艺实践——以山西陵川盲人曲艺队为例 [J]. 民族艺术, 2016 (4): 74-87.

[87] 卫才华, 岑建如. 山西陵川说书与乡村礼俗生活 [J]. 艺术探索, 2016 (4): 81-88.

[88] 张毅. 非遗保护与传承的历史使命是推动其可持续发展 [J]. 文化遗产, 2016 (5): 8-11.

[89] 段友文, 刘彦. 山陕后稷神话的多元化民间叙事 [J]. 中原文化研究, 2017 (2): 102-109.

[90] 贾海洋. 晋商乔家的生存哲学与经商成功之道 [J]. 经济问题, 2017 (6): 120-124.

[91] 金光亿. 实践中的文化遗产: 看文化不见人 [J]. 西北民族研究, 2018 (4): 70-79.

[92] 蓝海红. 文化生态保护实验区管理理念与实践——以广东省文化生态保护实验区为例 [J]. 佛山科技学院学报, 2018 (3): 37-40.

[93] 林继富. 家园重建与羌族文化生态保护实验区建设研究 [J]. 中南民族大学学报, 2018 (4): 33-37.

[94] 马盛德. 文化生态保护实验区建设要关注的几个问题 [J]. 中南民族大学学报,

2018（4）：26-32.

[95] 王丹．从文化关系推进文化生态保护实验区建设［J］．中南民族大学学报，2018（4）：38-42.

[96] Richard Kurin. Safeguarding Intangible Cultural Heritage：Key Factors in Implementing the 2003 Convention［J］. International Journal of Intangible Heritage. 2007（2）：12.

学位论文

[1] 刘锦春．仪式、象征与秩序——对民俗活动"旺火"的研究［D］．天津：南开大学，2005.

[2] 李吏．河曲民歌中的民俗文化解读［D］．太原：山西大学，2005.

[3] 王学锋．贾村赛社及其戏剧活动研究［D］．北京：中国艺术研究院，2007.

[4] 王凤丽．非物质文化遗产的旅游开发研究［D］．武汉：华中师范大学，2008.

[5] 周曼曼．山西省大众参与民族传统体育的现状研究［D］．临汾：山西师范大学，2009.

[6] 佟鑫．山西河曲民歌现状调查及成因的探究［D］．太原：山西大学，2009.

[7] 刘彩清．山西中阳民间剪纸的传承与保护［D］．兰州：西北民族大学，2009.

[8] 闫增荣．挠羊赛的文化寻根［D］．临汾：山西师范大学，2009.

[9] 曹彬．太原莲花乐调查与研究［D］．临汾：山西师范大学，2010.

[10] 李永霞．河曲民歌的语言特色［D］．临汾：山西师范大学，2010.

[11] 李小娟．山西峨口镇"挠阁"的文化阐释［D］．沈阳：辽宁大学，2010.

[12] 沈晓筱．中国澄泥砚工艺研究［D］．合肥：中国科学技术大学，2010.

[13] 万还升．上党八音会索忠秀乐班调查与研究［D］．太原：山西大学，2010.

[14] 曾圣舒．长治堆锦研究［D］．北京：北京服装学院，2010.

[15] 陈瑜．晋北地区民间道教科仪音乐研究［D］．北京：中央音乐学院，2011.

[16] 韩敏虎．论河曲民歌的成因及艺术特色［D］．太原：山西大学，2011.

[17] 贾雪梅．山西柳林"盘子会"文化阐释［D］．沈阳：辽宁大学，2011.

[18] 牛晓珉．山西非物质文化遗产传承人生存现状及保护策略研究［D］．太原：山西大学，2011.

[19] 谢红萍．现代化境遇中的民间智慧——以万荣笑话为例［D］．沈阳：辽宁大学，2011.

[20] 高栩平．山西柳林盘子会民俗文化调查研究［D］．临汾：山西师范大学，2012.

[21] 郭妮丽. 新媒体影像在非物质文化遗产保护中的作用[D]. 太原：山西大学，2012.

[22] 郭阳. 山西花馍的造型艺术及其文化性研究[D]. 杭州：浙江农林大学，2012.

[23] 胡少杰. 山西民间剪纸艺术数字化在线创新研究[D]. 北京：北京工业大学，2012.

[24] 康延. 平遥漆器产业现状研究[D]. 北京：北京服装学院，2012.

[25] 芦苇. 潞绸技术工艺与社会文化研究[D]. 上海：东华大学，2012.

[26] 刘兴利. 山西北路梆子研究[D]. 临汾：山西师范大学，2012.

[27] 穆琦镇. 太谷县形意拳文化的传承与发展[D]. 太原：山西大学，2012.

[28] 仝磊. 长子响铜乐器的发展及其与社会文化的互动[D]. 太原：山西大学，2012.

[29] 任亚娟. 山西运城市"背冰亮膘"的研究[D]. 临汾：山西师范大学，2012.

[30] 盛静. 民俗类非物质文化遗产保护政策探讨——以山西洪洞走亲习俗为例[D]. 中国艺术研究院，2012.

[31] 王晓云. 行进中的艺术——徐沟背铁棍研究[D]. 临汾：山西师范大学，2012.

[32] 阎亮珍. 民俗学视野下的炕围画研究[D]. 太原：山西大学，2012.

[33] 安昊帅. 代县花馍艺术的传承与创新研究[D]. 太原：太原理工大学，2013.

[34] 白鹭. 非物质文化遗产视野下民间传说现代传承研究——以和顺牛郎织女传说为例[D]. 太原：山西大学，2013.

[35] 田菲. 山西忻州八音会的传承发展研究[D]. 临汾：山西师范大学，2013.

[36] 闫晋光. 非物质文化遗产视角下山西洪洞通背拳的传承保护与发展[D]. 西安：西安体育学院，2013.

[37] 杨静蓉. 山西襄汾陶寺天塔狮舞传承研究[D]. 临汾：山西师范大学，2013.

[38] 杨清. 山西霍州地方书调查研究[D]. 临汾：山西师范大学，2013.

[39] 郑昕. 山西民间舞蹈万荣花鼓研究[D]. 太原：山西大学，2013.

[40] 朱景. 山西高平鼓书调查与研究[D]. 临汾：山西师范大学，2013.

[41] 王禾奕. 汾河流域古村镇非物质文化遗产的保护与利用[D]. 太原：山西大学，2014.

［42］贺培培．汾阳地秧歌中武场秧歌课堂教学研究［D］．太原：山西大学，2015．

［43］马彦奇．山西省岚县"岚城面塑供会"民俗文化考察［D］．太原：山西大学，2015．

［44］王倩．山西晋城满月礼馍的锁福文化推广应用［D］．呼和浩特：内蒙古师范大学，2015．

［45］李欣．晋南威风锣鼓发展现状的调查研究［D］．太原：中北大学，2017．

报纸

［1］张明亮．耕耘在"非遗"的田野上——山西省非物质文化遗产保护工作回顾与展望［N］．山西日报，2010－06－21（C01）．

［2］马盛德．让古老技艺走进新生活［N］．人民日报，2011－06－09（24）．

［3］邱春林．生产性保护：非遗的"自我造血"［N］．中国文化报，2012－02－21（3）．

［4］冯霄．观西班牙弗拉明戈舞［N］．人民日报（海外版），2013－02－05（8）．

［5］周小璞．关于文化生态保护区建设的几个问题［N］．中国文化报，2014－11－21（7）．

［6］专题报道．十年改革创造新时空——多媒体舞台剧《时空之旅》久演不衰的创新实践意义［N］．中国文化报，2015－10－13（5）．

报告

［1］联合国．实现我们共同憧憬的未来——给秘书长的报告［R］．2012．

［2］联合国教科文组织．非物质文化遗产与可持续发展［R］．2015．

［3］北京大学社会学系课题组．晋中国家级文化生态保护实验区建设评估报告［R］．2016．

网络电子文献

［1］师彦才．宁化府里话陈醋［EB/OL］．（2007－04－09）．中国新闻网，http://www.sx.chinanews.com/2007－04－09/1/45635.html．

［2］周润健．冯骥才：饮食类申请"非遗"应有所控制［EB/OL］．（2010－07－23）．中国政协新闻网，http://cppcc.people.com.cn/GB/34961/182405/195688/12234494.html．

[3] 秦逸. 东北二人转正从农村走向城市［EB/OL］.（2011-10-22）. http://www.chinanews.com/cul/2011/10-22/3407070.shtml.

[4] 长春市二人转特色文化［EB/OL］.（2012-04-07）. http://www.cchcyy.com/diamondnewshow.asp？ID=236.

[5] 刘亮明. 灵石：绣出乡亲好日子［EB/OL］.（2015-04-30）. 人民网, http://sx.people.com.cn/n/2014/0430/c189132-21111816.html.

[6] 习近平在联合国发展峰会上的讲话全文［EB/OL］.（2015-09-27）. 新华网, http://www.xinhuanet.com/world/2015-09/27/c_1116687809.htm.

[7] 李韵. 文化部非遗司负责人就非遗传承人群研培计划答记者问［EB/OL］.（2016-02-26）. 中国社会科学网：http://ex.cssn.cn/wh/wh/whzx/201602/t20160226_2885512.shtml.

[8] 周飞亚. 非遗：从个体传承到人群传承［EB/OL］.（2016-03-17）. 中国经济网, http://www.ce.cn/culture/gd/201603/17/t20160317_9566421.shtml.

[9] 闫朝校工会举行"三八节"系列活动之刺绣培训［EB/OL］.（2016-03-17）. 北京印刷学院快讯, http://news.bigc.edu.cn/xykb/62210.htm.

[10] 山西省文化厅关于非物质文化遗产法贯彻落实情况的自查报告［EB/OL］.（2016-09-12）. 山西省文化和旅游厅：http://sxwh.gov.cn/dt/tzgg/201612/t20161211_269624.html.

[11] 聚焦不该被遗失的中医药：广誉远老药工的坚守. 网易财经［EB/OL］.（2016-12-21）. http://money.163.com/16/1221/09/C8Q594D0002580S6.html.

[12] 项兆伦. 全国非物质文化遗产保护工作会议上的讲话［R/OL］.（2017-06-02）. 山东省文化厅, http://www.sdwht.gov.cn/html/2017/whb_0603/40910.html.

[13] 平遥宝龙斋布鞋：一针一线密密缝百转千回手上功［EB/OL］.（2017-06-09）. http://www.sohu.com/a/147494735_719534.

[14] 平遥有个"张泥人"，泥巴入手皆成像［EB/OL］.（2018-01-18）. http://mini.eastday.com/bdmip/180118100358476.html.

[15] 平遥古城春节期间游客数领跑全省景区［N/OL］.（2018-02-25）. 山西晚报, http://www.sxrb.com/sxxww/xwpd/dsxw/7324225.shtml.

[16] 2018年清明节山西旅游共接待游客807.22万人次，旅游收入37.96亿元！［EB/OL］.（2018-04-23）. https://www.sohu.com/a/229118836_545092.

[17] 许伟明. "非遗扶贫"未必是好主意［EB/OL］.（2018-05-15）. https://

thisandthat. cn/s/129. html.

[18] 平遥古城旅游要花多少钱？这有一份花费明细［EB/OL］．（2018-08-10）． http://www.sohu.com/a/246411099_100204784.

[19] 广誉远前三季净利倍增核心产品定坤丹入选国家基药目录［EB/OL］．（2018-10-31）． http://www.guangyuyuan.cn/index/article/index/aid/728.html.

[20] 钱龙．2018年山西省戏曲进校园活动启动［EB/OL］．（2018-11-14）． http://www.sxrb.com/sxwb/aban_0/02_0/7814763.shtml.

后　记

　　文化遗产被人们视为传递给未来的礼物，当一项传统或民间文化被归入非遗范畴时，就意味着它需要受到保护，人们要对其进行自觉、有意识的干预，以实现非遗世代传承的目的。2010年，文化部批准设立了晋中国家级文化生态保护实验区，山西省非遗保护迈出了整体性保护的重要一步。作为一名晋中人，自2012年以来，本人一直在思考和总结晋中国家级文化生态保护区非遗保护的典型做法和经验，希望用自己所学构筑起晋中非遗保护的地方性知识，经过7年摸索，终于实现了自己的心愿，完成了这部著作，这也是我作为一名文人对家乡文化传承所尽的一点绵薄之力吧。

　　搁笔之时，我首先想到康保成教授和宋俊华教授，是两位恩师将我带入了非遗研究殿堂，博士毕业后，两位恩师多次来晋中指导工作。康老师深厚的戏曲史功底在调查各县戏台时表现得淋漓尽致，展现了学者的儒雅风采。宋老师在繁忙之中一直鼓励我大胆写作，勇于交流，不但拓宽了我的学术视野，也鞭策着我不断前行。如果没有两位恩师的严格要求，我是不可能写出第二本关于非遗的学术著作的。

　　7年来，我走访了晋中许多区县和农村，其中辛酸只有自己知道，好在有家乡父老的鼎力相助，才使我获得了大量第一手调查资料。山西省文化厅的李春荣女士、张卫东先生，晋中市文旅局的程志峰先生、王建平先生，晋中市博物馆的王志兵先生，祁县文旅局的崔骏先生，太谷县文旅局的赵振中先生、李汝慧女士，介休市文旅局的杨建军先生，清徐县文旅局的罗德海先生，左权县文旅局的李俊芳女士，平遥县文旅局的霍文忠先生，孝义市的陈涛先生以及很多热心人士都给我提供了大力支持与帮助，在此一并致谢。

　　我的研究工作也得到了晋中学院领导的关心和同事们的支持，孙建中院长、刘玉平书记、孙西欢院长、李长萍副院长、李山岗副院长、张存伟副院长非常关心晋中非遗的研究工作，于2012年成立的晋中文化生态研究中心，为包括本人在内的研究人员提供了条件优越的研究平台，让我们能够心无旁骛地安心治学，在此向各位领导表示衷心的感谢。还要感谢旅游与公共管理学院的刘志永院长、赵风云副院长和同事们对我的包容和帮助，学院里充满欢声笑语的愉悦氛围让人倍感温馨，让我能够以平和的心态从事研究工作。

最后还要感谢中山大学出版社的王延红女士、罗雪梅女士在本书出版过程中的辛勤付出，使本书能够早日付梓。

在晋中各县开展非遗调研的过程中，因缘际会，本人将晋中刺绣带入晋中学院的课堂，迈出了非遗进校园的一步，让刺绣成为大学生的选修课，没想到这门课受到了学生们的欢迎，莘莘学子的学习热情也深深地感染了刺绣传承人，李崇枝女士、余四萍女士等人每周二风雨无阻来校授课，使更多的大学生从中受益，她们也感受到了技艺传承的快乐。

中华优秀传统文化是中华民族的文化根脉，非遗又是中华优秀传统文化中的精髓，保护和传承包括非遗在内的中华优秀传统文化是每一个中华儿女的责任和义务。今后，本人将学以致用，继续致力于非遗的保护和研究工作，进一步弘扬中华优秀传统文化。

钱永平于北京大学图书馆
2019 年 12 月 12 日